ちくま学芸文庫

本地垂迹

村山修一

筑摩書房

山王曼荼羅（霊雲寺蔵）

春日曼荼羅（柳原義光氏蔵）

熊野那智社参曼茶羅（闘鶏神社蔵）

伊勢神宮社参曼荼羅（神宮徴古館蔵）

【目次】本地垂迹

本地垂迹

はしがき

わが国の神仏関係の歴史について本を書くのは今回が三度目である。昭和十五年出版の『神仏習合と日本文化』はささやかな小冊子にすぎなかったが、自分の処女出版として感銘深いものであった。それから大分たって昭和三十二年に『神仏習合思潮』という、これも新書判の手軽なものを出した。爾来、現在まで十数年を経過した。あまり勉強も進まず怠けているうちに戦後不振にみえたこの分野の研究は著しい発展をとげ、自分なりにももう一度習合史を書き直す必要を痛感させられていた矢先、『本地垂迹』執筆の依頼をうけたので、よろこんでお引受けはしたものの、次々と世に出る立派な業績に圧倒せられてつい筆が渋り勝ちになり、思わずまた歳を重ねる始末となったが、かくてはいつになっても素志は具体化しない上、来年還暦の歳が迫っていることに気付いた結果、この辺でひと先ず自分の学問的反省を新たにするの意義を思い、勇を鼓して一気に書き下したのが本書である。

厳密にいえば書名が「神仏習合」と「本地垂迹」ではややニュアンスが異なるので、その視野や立場が全く同一とはいえず、従って本書は前者を修正加筆したようなものでなく、全く新たに別の構想の下に書かれたため、取扱われた事象や史料もいささか出入りのあるものとなった。たとえば前者は民俗学的発想を多くとりいれたところから、理論的分野はそれに比して比重の軽いものとなったが、本書は題名に添うて理論的分野の記述に重点をおき、全く文献中心主義の立場を貫いた。もっとも前著の初版が出た頃とちがい、現在は民俗学的研究も本格化し、大著が相ついで刊行されており、民俗習合史といった分野さえ考えてもよい段階に立至っている。そこで取扱われる時代は従来の習合史で等閑視された近世が中心であり、今後その方面に一層研究のメスは目ざましく入れられてゆくであろうが、本書のごとき体裁の出版物では紙幅に制約があるため中世の神道論さえ割愛した部分が少くなく、到底近世まで十分に筆をおよぼすことができなかった。

のみならず古代・中世にあっても不勉強の致すところ、既刊のすぐれたさまざまな研究や業績に導かれ、漸く本書の体をなしえた有様である。お蔭をこうむった方々の芳名はそれぞれの個所に銘記してあるが、とくに西田長男・中野幡能・景山春樹・柴田実ら諸氏からは随所に御高説を引用させて頂き、景山氏には挿図についても御配慮を煩わした。あわせて衷心より深い感謝と敬意を表する次第である。なお本書でとりあげられなかった各地の社寺・霊場でも地方色豊かな本地垂迹思想の発展がみられるので、そうした方面の研究を今後心掛けてゆきたく思っている。

一九七三年十一月

著者しるす

一　大陸における本地垂迹説の起源と仏教の習合的発展

仏身に関する権実思想の発生と東進

近代史学において、はじめて本地垂迹《ほんちすいじやく》を体系的にとりあげたのは辻善之助博士であった。『史学雑誌』第十八巻（明治四十年）にのせられた「本地垂迹説の起源について」のはじめのところで、博士はその概念を次のように説明されている。

この説は本地即本有の妙理無始無終の絶対的なる仏陀が、人間を利益し衆生を済度せんが為めに、迹を諸所に垂れて、神となつて種々の形を顕はすといふので、我邦の神祇は、其本源をたづぬればみな仏菩薩にあり、仏も神も帰する処は一つであるといふのである。

この語の起りは、法華寿量品にあり、もとは久遠実成の釈迦即絶対的理想的の仏陀を本地とし、始成正覚の釈迦即現実的の歴史上の釈迦を垂迹とするのである。日本の本地垂迹説は、この説を拡張応用したのである。

右の文の前段はわが国における本地垂迹の定義、後段は日本に伝わる以前の大陸での起源をのべたもので、後段の事情が明らかになってはじめてわが国での本地垂迹思想の展開が十分理解されるのである。よってまずインドに発し中国におよぶ本思想の起源的発展からみてゆかねばならないが、上文後段の説明によってその思想内容に二つの重要な点が指摘されるであろう。

第一は仏陀を絶対的・理想的と現実的・歴史的の二種に分けて考えること、第二はこの二種の仏陀を関係づけるのに本地垂迹、つまり権現《ごんげん》ないし化身《けしん》の思想を用いていることの二点である。この権現・化身という権実（権は仮《かり》、実は真実）思想は仏教以前、インドにおいてヒンヅー教ないしバラモン教が流布していた時代に端を発しており、阿市多羅（阿説他）、つまり菩提樹を神霊の宿るところとするリュグヴェーダの古い信仰や火・風・太陽・梵天・シヴァ・ヴイシュヌなどの神々は無始無終・常住不変の梵我の現顕とみるウパニシャヅ時代の思想、さらに同時代の輪廻《りんね》と業《ごう》の思想が素地となり、仏教が興るにおよんで、漸次、仏身論の形で導入されてきた。

歴史的人物である釈尊は仏陀伽耶《ブッダガヤ》で成道《じょうどう》して仏陀つまり覚者となったが、これは人間のあらゆる煩悩を克服し、一切知者となったことを覚ったもので、人でありながら超人的な仏格者と仰がれたゆえんである。しかし現実に釈尊は八十歳で入滅することによって、その超人性との矛盾をいかに説明するかが問題となった。かくてまずその超人性の説明として道徳的因果律と輪廻思想が結合し、超人的仏陀は過去において超人的善業を修したことが因となってあらわれた果にほかならず、その入滅とは仏陀が一般人を教化する機縁が完了したため自由意志によってみずから現世を去ったので、そこに仏陀の超人性がまた示されるとする。すなわち仏陀にあっては、出世入滅ともに自由意志にもとづき、すべては衆生済度《しゅじょうさいど》を目的とした行動にほかならなかったのである。結局、仏陀の出現は教化・済度の誓願の力にもとづくので、その場合、教化される衆生に応じ、変化して人身となり、菩薩と変じて修行し、成道して仏陀となり教化・入滅するといった人間的経過をとったにすぎないと考えられるようになった。

このようにみれば、歴史的な釈迦は化身または垂迹であって、本来の超人者としての仏陀とは同一でない。超人者としての仏陀は本地とみるべきものである。こうして二種の仏陀が権実思想により教理的に説明されて、はじめて仏教の思想的体系化は軌道にのったのである。密教ではこの本地の仏陀を理智の因業によってえられた果の報身《ほうじん》であるとき、理は法性《ほっしょう》無差別の平等理性、智は理の働きが実際にあらわれたものであるから、理は法身《ほっしん》、智は報身の本質として理解され、さらにいえば大乗仏教の本尊が法身、説法の主である教祖が報身となるので、この法身大日如来の教えこそ説法の対象に差別はしない無差別平等の真実の教え、真言密教であるとする。

かくてインドに起った権実思想は、仏教の有力な教理を形成することによって、教線拡大の足がかりとなった。たとえばインドより北上してチベット（西蔵）に入った仏教は、八世紀には喇嘛《らま》教として成立するが、もとチベットには北方アジアに共通な原始的シャマン教であるボン教が存在し、インド烏伐那《ウジャーナ》国の蓮華生《ペドマサンヴオヴア》（Padma Sambhava）がチベット王に迎えられて来蔵するにおよび、ボン教とインド後期密教の諸仏尊諸神を本地垂迹思想の拡充によって巧みに習合せしめ、教義・教理を制定して喇嘛教の基礎をつくったのである。今日インドでは興起した頃の密教はほとんど亡びてしまったが、喇嘛教を通じてその密教がすでにバラモン教諸神を仏教的なものに習合統轄せしめていることを推察しえられよう。

　これよりさき、インドでは二世紀のカニシカ王以来クシャン王朝は小乗仏教を厚く保護したが、同時に竜樹提婆《りゅうじゅだいば》が出て初期大乗仏典による大乗教義の組織化と布教を盛んに行い、その結果大乗仏教はさきに拡がった小乗仏教のあとを逐うて于闐《うてん》地方へ進出し、ついで中国の魏王朝とクシャン王朝の親善関係から鳩摩羅什《くまらじゅう》による大乗仏教の中国宣布がはじまったのである。はじめ羅什は後秦王姚興《ようこう》に迎えられて弘始三年（四〇一）長安に入り、大乗仏典を次々に訳出したが、これによって中国仏教は一大展開をみるに至り、なかんずく『法華経』『維摩経』の訳出とそれに伴う羅什門下の両経を中心とした学統の発展は目ざましいものとなった。とくに僧肇《ちょう》はその名著『註維摩』の中で、本に非ずして以て跡を垂るる無く、跡に非ずして以て本を顕わす無し、本跡殊なりと雖も不思議一なり。

とのべ、本地垂迹の深淵な関係を強調して注目をひき、仏身論に関してこの説は以後の学者に盛んに利用せられ、やがて天台宗をはじめた智顗《ちぎ》や三論宗をはじめた吉蔵《きちぞう》にもとりいれられ、『法華経』寿量品にみえる、上に引用した辻博士の後段の文にある定義、つまり本地仏と垂迹仏の解釈となってあらわれた。そうしてこの解釈はやがて喇嘛教などにみられるような外道《げどう》諸神の密教的習合の上にもおしひろげて適用されることにより、次第に仏身論より他の方向へも発展する形勢となった。智顗は従来の中国仏教諸派が経論学的・派閥的なものであったのに対して、行と学を統合した立場から諸法即実相をとき、『摩訶《まか》止観《し》』を著わして教禅双修を主張し、総合的大宗派を組織したが、彼の空観大乗理論には否定的・無的性格が強く、中国固有の老荘哲学的無の思想の影響があるといわれる。

中国における初期仏教受容の不振

ここでわれわれは、ふりかえって仏教がどのような過程をへて中国に受容されていったかをあらまし知っておかなければならない。そもそも中国の朝廷が仏教を受容した最初は後漢の明帝のときといわれる。真偽のほどは疑わしいが、明帝は夢に金人をみて仏であることを教えられ、西域に使者を出してこれを求め、永平十年（六七）、使者により白馬にのせてもたらされた経像を洛陽の門外にたてられた白馬寺に安置したことが『後漢書西域伝』などの文献にみえている。ついで『後漢書楚王英伝』によると、明帝の異母弟楚王英は黄帝・老子と仏陀とをあわせまつり、三月の潔斎をして神に誓っているほどであるとのべており、この記事から仏教の三長月（三・五・九の三カ月）斎の持戒生活が楚の王室にとりいれられており、これを明帝が楚王英の自己反省の善行として認めているところに、ひいて当時の上層階級の人々が儒教や黄老の教とならんで仏陀の尊奉を公認していたことを示している。楚王は仏陀も黄帝・老子と同様、不死の神仙的なものとしてまつっていたのであろう。後漢も終りに近い桓帝は濯《たく》竜宮をたててその中に老子とともに仏陀をまつっていたが、奢侈を極めていた桓帝に対し、天文・陰陽《おんみょう》の学を奉ずる襄楷《じょうかい》なる学者が延熹九年（一六六）上書して帝を諫めた文中に、「帝は宮中、黄老浮屠《ふと》（仏陀）の祠を立てておられるが、これらの道は清虚にして無為を貴び生を好み殺を悪み欲を省き奢を去る、いま陛下は嗜欲去らず殺罰は度を越しその道にそむいている、あるいはいう、老子は夷狄に入って浮屠となったと、浮屠は桑下に三宿せず、久しくして恩愛の生ずるを欲せず、精の至りである」といった主旨の言葉があって、道・仏二教を無為清虚、禁欲の宗教として理解していたことを物語っている。

それより約三十年ののち、徐州の牧の陶謙の部下となって広陵・下邳《かひ》・彭城《ほうじょう》三郡の食糧運漕を監督していた笮融《さくゆう》が三郡の食糧を私して大伽藍をたてた。上に九重の銅盤を置き、下は重楼とし、堂閣の周囲は三千人も収容できる建物で、中に黄金を塗った仏の銅像を安置し、これに錦衣を着せて仏前で不断に読経をせしめ、界内および近郡の人々で仏を好むものは列席することを許し、それによって賦役免除の特典を与えたため、遠近より五千人に上る多数が集まり、浴仏の儀式には酒飯を用意したから、見物や供養に預るもの万人におよんだという。

後漢以後、西晋《せいしん》末に至る約百年間に知られた仏教史料としては、呉の宰相孫綝《そんりん》が暴政を行い寺院を破壊したこと、中国人で最初に出家して僧となった朱士行が魏の甘露五年（二六〇）に長安を出発し、遠く西方于闐《うてん》国まで出かけて『般若経』の正品《しょうぼん》を入手し、西晋の太康三年（二八二）弟子をしてこれを洛陽に送らせたが、みずからは帰らず于闐国で死んだことの二つがあげられる。

以上が後漢のはじめより西晋末に至る三百余年間に中国で受容された仏教についての史料のほとんどすべてに近く、その他に多少伝えられるものは、いずれも信拠性に乏しいものである。とすればこの三百余年間、中国における仏教流布は極めて遅々たるものであったと想像される上、以上のわずかな例からして、仏教を信仰した人々は帝王か庶民の身分の出身者に限られ、中間の士大夫《しだいふ》といわれる官僚階級のものがみられないことに気付くのである。これについて森三樹三郎氏（「中国知識人の仏教受容の過程」『アジア文化』第九巻第二号）は次のように説明されている。帝王の身分に生れた者は宮廷では侍女の手で育てられるが、侍女は多くは庶民出身のものであるだけに、呪術的信仰になじみ、自然、帝王もその影響をうけて呪術信仰の虜となりやすい。したがって帝王が仏をまつる場合は単独でなく、つねに老子と並祭している。しかも後漢時代の老子の崇拝は、老子を神仙術と結びつけることによって彼を神仙術の開祖にまつり上げ、無病息災を得ようとする現世利益《げんぜりやく》が動機になっている。仏教はこうした呪術的老子信仰と同質に取扱われ、並んでまつられた。庶民が仏教を受入れたのも、恐らく同様な事情であったろうと思われる。そこには中国の人々の無体系な呪術本位の多神教的信仰形態が看取されるであろう。もっともこの時代に多数の仏教経典が西域人によって漢文体に訳出されているが、これは西域より中国本土に帰化した多数の西域系の人々（胡人など）の信仰に応じたものであったと想像される。

さてしからば漢民族である中国人の多くがこの三百余年間、仏教に余り関心をもたなかったのはなぜであるか、それについては二つのおもな理由があげられる。第一に漢代の知識人は漢の大帝国の隆盛下、政治的関心は高くても、宗教的関心は少なく、治国平天下を説く儒教が国教として思想界をリードし、生老病死《しょうろうびょうし》といった人間の永遠の運命を問題にする宗教的立場は、優勢な政治意識の下に雌伏せざるをえなかった。つまり政治的現実に関心を集中した漢代の人々は、永遠の問題に対しては冷淡・無関心とならざるをえなかったのである。第二には中華意識が指摘される。夷狄《いてき》の国インドの宗教をとりいれ、その国の神を崇拝することは、中国人にとって非常な抵抗感を伴うのは当然である。これはひとり漢代に止らず、仏教全盛の唐代となってもなお根強く存在し、排仏論の有力な論拠とされたほどである。こうした二つの重要な仏教受容のための障害は、やがて東晋の時代に入って次第に除去されてゆく。そこでさらに森氏の所説を参考にしてのべてみたい。

漢代に官僚の中心であった士大夫は後漢以後魏・晋の頃には官人として一代限りの身分のものから門閥貴族的存在に変化して国家や帝王に対する個人的忠節はもはや必要がなくなる。その上、魏・晋の政界が複雑で危険が多い歴史的事情も加わって政治的関心を後退させ、官僚でありながら文学・芸術よりすすんでは哲学・宗教へと心をひかれてゆき、治国平天下をとく儒教的精神に代って永遠を求める老荘の思想が幅をきかしはじめ、さては仏教受容の地盤を提供するに至ったのである。こうして政治的人間から宗教的人間への転換が行われ、第一の障害は消え去ったのである。そこへ中国の歴史上これまでに例のない大動乱である永嘉の乱が勃発した。すなわち西晋亡びたあと、東晋また三、四十年にして倒れ、以後五胡十六国という多数短命の国家が諸方に乱立し、しかもこれらの政権は夷狄部族によって占められたので、四百年の長期間、中国本土の漢民族は夷狄の支配下に置かれたのである。従来経験しなかったこの事態は伝統的な中国人の中華意識に打撃を与え、同時に夷狄の武力や文化に対する中国人の認識を改めさせる結果を招いたのである。すでに漢代に西域から中国本土への帰化人は多数に上っていたが、彼らは長い間の生活によって漢民族の言語や文化をとりいれて教養を高めており、したがって五胡十六国は夷狄の建てた国家とはいえ、君主には中国の典籍に通じ、詩文や書道にすぐれたものもあり、次第に華夷の差別観は後退し、宋の宗炳《そうへい》(三七五―四四三)のように中国の君子は礼義に明らかであるが、人心を知ることは少ない、仏の道に至っては、到底理解できないという意味の論すらあらわれ、宗教的・哲学的理解の点で中国人の劣っている点が指摘されるに至っている。こうして夷狄の宗教である仏教は、中華思想なる世界観の低調化に伴って急速に教線を拡大したのである。

漢民族の仏教受容の特色

この場合、中国人は仏教をどのような形でとりいれたかに注目しなければならない。すでに上述したところからも察せられるように、まず老荘思想が仏教受容に重要な媒介の役目を果したことがあげられよう。西域、亀茲《きじ》国の僧といわれる仏図澄は七十九歳の高齢をもって洛陽に来り、後趙王の石勒、ついでそのあとをついだ石虎の知遇を得、殺伐な内乱期によく布教の実をあげたが、図澄はにわかに仏教の深理をといても理解されるはずはないとて、まず道術をもって霊験を示し、神異の奇僧として人心を集めることにつとめた。図澄みずからは持戒厳重な修道者であったが、布教にあたっては呪術・奇術を利用したため神仙的な方術士とみられた。また彼は三四八年に死んだが、その門下には西域人・胡人・漢人など多く、呪術的・シャマン的仏教徒も含まれていて、それらの活動は後趙覆滅後の華北における胡族大殺戮などの混乱にもかかわらず、中国仏教の急速なる発展をうながした。竺僧朗・竺法雅・釈道安らのごときは代表的な門下僧で、彼らの活動には中国仏教発展上の三つの類型を看取することができるといわれている（塚本善隆氏『中国仏教通史』第一巻、二八五―三〇八ページ）。

竺僧朗は師の死後、山東省の太山にある山寺に隠棲し、権力者から招聘をうけても寺を出ず、孤高の修道者生活を送った。彼は弟子に対しては『般若経』を講じ、深遠な教学を説いていた。当時、華北中原の地では老荘の学が盛んで、これを媒介に般若の空の教義研究が高まっていたときだけに、『般若経』の熱心な帰依者であった竺僧朗は漢人達から絶大な帰依をうけたものと思われるが、あくまでも山岳寺院に籠って世俗社会に出なかったところに、中国伝統の隠逸をたっとぶ風潮との結びつきがみられるのである。それに対して竺法雅は仏教のみならず、中国の古典にも精通していたから、布教にあたっては仏典中の事数を中国古典の似たものとくらべて説く、いわゆる格義の方法をとった。仏教の五戒を中国の五常にたとえて理解せしめたのはその一例である。道安もまた格義的仏教をもって布教に活躍し、窮局においてはこれは正しい仏教理解の方法でないとして仏経をそのままの形で理解すべき困難な方法により中国仏教の自主的発展に貢献したが、その過程ではかなり老荘の学、すなわち玄学をとりいれた。彼の経典註釈書には盛んに老荘的語句が使用せられ、たとえば止観禅定《しかんぜんじょう》の説明に老子の無為無本の道をひいてこれに擬しているが、老荘哲学では無為自然にして真実そのままのものを本とし、現象的なものを末とみなしており、この本となる無為の道を般若の空の思想に宛てて説明することが当時の漢民族社会に対する布教者の風潮であった。仏典の漢訳にあたっても原典にみられる老荘的思想の導入が行われ、浄土教のよりどころとなる『無量寿経』は後漢の支婁迦讖《しるかせん》、呉の支謙、曹魏の唐僧鎧《とうそうがい》らによる訳典があるが、それらには自然・虚無といった老荘の語句が盛んに挿入されており、浄土に往生する人は老荘・道教でいう聖人や神仙の道の体得者になることであると説いたのである。

いっぽう道教側でも仏典を改換した経典づくりが盛んに行われた。『太上元陽霊宝妙経』や『道教義枢』のごときはその代表とみられるものである。前者は大体において『涅槃《ねはん》経』を改変したものであるが、巻四の問行品は『法華経』序品を変形せしめたものである。後者は『玄門大義』（全文は残っていない）という道教経典を簡潔にし、多くの経典を引用してこれを説明したもので、三界・三宝・三学・四生・四大・五濁・五陰・六塵・六度・六根・六情など仏典の事数名目を多数引用し、三論思想を用いて空観の理論をとき、『法華経』に従って一乗思想を主張している。また仏教における法身・報身・応身の三身説をもって自然無為の道を説き、かつその三身を本迹の関係によって理論づけたところに強く天台思想の影響が看取されるのである（鎌田茂雄氏『中国仏教思想史研究』）。

いずれにしても、以上、仏図澄門下僧活動の三つの型、隠逸的生活を守り、漢人修道の教団によって中国山岳仏教の発端を開いた竺僧朗の行き方、格義仏教といわれる講述型の布教によって漢人の知識層に仏教教義の中国的理解普及をはかった竺法雅の行き方、前者同様老荘易による玄学的知識を媒介に漢人への布教につとめながら、さらにこれを克服して仏典本来の教義にもとづく求道・実践的宗教へ導こうと努力した漢人出身の釈道安の行き方は、中国仏教発展の上における三つの基本的方向を代表するものであった。やがてはじめにのべた鳩摩羅什の長安来住によってインド大乗系仏教の宣布が本格化し、老荘的仏教は知識人の間から退いてゆくが、しかし庶民社会における呪術的・霊験的仏教の風潮は根強く生きつづけることとなったのである。

以上インドに発した大乗仏教の習合的発展、漢民族の仏教受容の事情、ならびに道教思想と仏教の関係など、本地垂迹説の起源やその背景をなす異質宗教間の習合的風潮を概観した。すなわち仏身論に端を発した本地垂迹説は、インドより東北の隣接諸地域へ仏教が拡大し、各地域ごとの土俗宗教を包摂してゆく段階で習合的思想として発展し、中国本土に入るにおよんでは仏典の訳出・研究の隆昌に伴い、ことに『法華経』の本迹理論が注目をひき、天台・三論の学僧を中心として盛んに唱導せられるところとなった。すでにそれまでに仏教は中国本土に広まる過程で在来の道教思想の基盤の上で理解され、仏陀は神仙的・聖人的なものとして信仰せられた。西晉以後、中原の大動乱によって中華思想は打撃をうけ、漢人の夷狄蔑視は低調化し、政治的関心より宗教的・哲学的関心が高まるにつれて道教は時代の脚光をあびたが、その神秘的・呪術的要素は一見仏教の霊験的要素に通ずるところから、また理論的には老荘的無の思想が仏教の空観に類似するところから、道教への接近と習合により、仏教は漸次中国化しつつ、漢人の社会に広まるに至った。広まるにつれて彼らは、従来、儒教では絶対解決されそうになかった人生の悩みを除去できることを知った。ほかならぬ仏教の輪廻説・因果応報説である。

儒教にあっては死後の霊魂の存在には極めて冷淡であり、人生は現世だけにのみ意味があった。現世における道徳的行為に絶対の価値をおき、すべての幸福はこれに従属せしめられていた。善行必ずしも幸福には結びつかぬところに漢人の大きな悩みがあり、宗教的関心の高揚した時代には、到底、儒教は世人の欲求を満し切れぬことが明らかとなり、永遠の世界への追求は老荘思想よりさらにすすんで仏教にむけられた。幸い仏教では霊魂不滅を強調し、過去・現在・未来の三世にわたって生きつづけるものであることを教え、三世にわたる善根は成仏《じょうぶつ》という福果で報いられると説き、儒教における道徳至上主義に立つ運命論の悩みを除去した。こうした三世応報の輪廻説は、中国にあっては仏教がもたらした最大の福音として民衆の心をとらえた。そうしてこれがまた本地垂迹説発展の一背景として考えられるのである。道教では仏典の改変による幾多偽経の製作が盛んとなるにつれ、本迹説をもとりいれたのみならず、老子の転生・更生をといて輪廻思想を導入したのであって、これらはすべて同一の思想的基盤においてみらるべきものであった。

わが国における六世紀よりの活発な大陸文化輸入に先立ち、すでに中国ではこうして仏教がさまざまな変容をとげ、漢人的な思想基盤の中で習合化し、本地垂迹思想の解釈を拡大発展せしめつつあったが、これらの諸現象は日本における仏教流布にどのような意味をもつものであったろうか。以下章を逐いつつ考えをすすめてゆきたい。

二　仏教の日本伝来初期における歴史的情勢

わが国への仏教初伝と鞍部氏の事蹟

わが国への仏教伝来について最初の記事とみるべきは『扶桑略記』所引の文献で『日吉《ひえ》山楽恒法師法華験記』なる平安中期の書物に引用された『延暦寺僧禅岑記』の中の一文である。それによると継体天皇十六年（五二二）、大唐漢人案《くら》（鞍）部村主《つくりのすぐり》司馬達止《たつと》が二月来朝し、草堂を大和国高市郡坂田原に結び、本尊を安置して帰依礼拝したという。この文は内容に多少疑問があってすべてを信ずるわけにはゆかぬが、帰化人が私的に早く仏教をもたらした消息を物語るものとされている。

そもそも鞍部（作）氏は、仏教信仰に関し『日本書紀』に、達等・多須奈・鳥の三人の人物の事蹟をのせている。まず敏達《びだつ》十三年（五八四）、鹿深臣《かふかのおみ》が百済より同年九月にもたらした弥勒《みろく》の石像一体と佐伯連《さえきのむらじ》が所有する仏像一体とを蘇我馬子がもらいうけ、達等や池辺直《あたい》氷田らに命じ、四方に仏教修行者をつのらせた結果、播磨国に住む還俗《げんぞく》者で高麗恵便なるものを得たので馬子は彼を師とし、達等の女《むすめ》、島の十一歳になるのを得度させて善信尼と称した。また善信尼の弟子二人を得度させ、一人は漢人《あや》夜菩《ほ》の女、豊女、名は禅蔵尼、いま一人は錦織《にしごり》の壺《つふ》の女、石女、名は恵善尼といった。馬子は以上三人の尼の衣食の世話を氷田直と達等にさせ、仏殿を自宅の東方につくり、弥勒の石像をまつり、三人の尼につかえさせ、大会の設斎を行なった。このとき達等は仏舎利を斎食上に発見し、これを馬子に献上したので馬子は試みに摧《くだ》かせたが破れず、水に入れると心の願うままに浮き沈みした。これによって舎利の霊験を知り、ますます深く馬子らは仏の道にいそしみ、さらに石川の宅に仏殿を造営した。『日本書紀』はこれがわが国仏法の起りであるとしている。

つぎに用明天皇二年（五八七）、天皇重態に陥られたので、達等の子多須奈は天皇のため出家して修行の道に入り丈六の仏像や寺をつくりたいと申し出た。南淵の坂田寺の丈六仏や挟侍菩薩はそのときのものである。のち多須奈は徳斉法師といわれた。さらに推古天皇十三年（六〇五）、天皇の詔により銅繍の丈六の仏像各一体をつくるにあたり鳥を仏工とした。翌年四月功成り、丈六の銅像を元興寺《がんごうじ》（飛鳥寺）の金堂《こんどう》に安置することになったが、仏像が金堂の戸より高いため堂内に搬入できなかった。よって戸をこわして入れようとの意見があったけれども、鳥の工夫によりその必要なく無事搬入安置を終えた。その日の設斎は盛大を極め、以後毎年四月八日・七月十五日を大法会の日と定められた。五月、鳥に対し以下のような詔が出た。「朕《ちん》仏教興隆のため寺刹を建立せんとし、はじめて舎利を求めたとき、汝の祖父達等は舎利を献上した。また、いまだわが国に僧尼がなかったので汝の父多須奈は用明天皇のため出家し、汝の叔母島女ははじめて尼となり、諸尼の指導者となって仏教につくした。今回朕が丈六の仏像をつくりたく思ったが、汝はよくそれにかなったものを献上した。いよいよ仏像を堂に入れるについて他の工人は困っていたのに汝は巨大な尊像をよく戸をこぼたずに搬入しえた。これすべて汝の功であるから大仁の位と近江国坂田郡の水田二十町を給う」と。鳥はこの田をもって天皇のため金剛寺をつくった。これがいまの南淵の坂田尼寺である。

以上の父祖三代にわたる鞍部氏の記事は、すべてがそのまま事実として受入れられるわけではないにしても、彼らが蘇我氏の仏教信仰受容に協力者として活動し、錦織《にしごり》・金作・韓鍛冶《からかぬち》・土木などの技術を通じ、造寺造像につくしたことはほぼ明らかである。そうしてその最初のきっかけとなったものは、鹿深臣が百済よりもたらした弥勒の石像一体と佐伯連が所有する仏像一体を蘇我馬子がもらいうけてまつったことにある。弥勒石像はもとより、佐伯連の仏像もいずれは朝鮮半島から伝来したもので、当時彼地にあった仏像を、物珍しい好奇心もあって持ち帰った日本人が間々あったであろうが、たまたま蘇我氏のような有力者の眼にとまってまつられることになり、そのため寺院の建立へと発展した。この弥勒石像は高さ一尺余（あるいは七、八寸くらい）の半跏思惟《はんかしい》像で、用材色白く、堅固にみえ、面貌美麗な、当時百済で盛行した石仏と考えられる（藤沢一夫氏「鹿深臣百済将来弥勒石像説」『史迹と美術』一七七号）が、のち本元興寺より新元興寺へ、さらに多武峯《とうのみね》、平等院に移され、鎌倉末期に至ってついに行方不明になったようである。

最初の仏教公伝の事情とわが国内の情勢

さて継体朝の司馬達等に象徴されるような帰化人の個人的仏教移入を先駆として、次第に高まってきたわが国への仏教伝播の風潮はついに欽明朝の公的伝来へと発展していった。『日本書紀』によれば、欽明天皇十三年（五五二）十月、百済の聖明王（または聖王）は西部《せいほう》姫氏《きし》達率《たつそつ》怒唎斯致契《ぬりしちけい》らを遣わし、釈迦仏の金銅像一体、幡蓋若干、経論若干巻を献じ、別に表文を献って流通礼拝の功徳をたたえたという。この十三年の年次については『上宮聖徳法皇帝説』（奈良朝初期につくられた聖徳太子の伝記）や『元興寺伽藍縁起并流記資財帳』（飛鳥時代につくられた元興寺の成立や伽藍に関する記録）の記事により七年とするのが正しいであろうといわれ、表文は『金光明最勝王経』寿量品・『最勝王経』四天王護国品・『大般若経』難聞功徳品などの文からの改変補綴と推定されているが、欽明朝に百済から仏教が公伝したこと、当時それに伴い信仰内容について多少の啓蒙的な紹介が行われたであろうことは事実とみてよいと思う。

それとともにわれわれはこの公伝前後における歴史的環境にも深い注意を払う必要があ

るのであって、この際とくに以下の二点を見逃してはならない。第一は当時のわが国内および朝鮮半島の政治情勢が安定せず、多分に流動的状態にあったこと、第二は当時伝来した宗教や思想が独り仏教に止らず、儒教・老荘・陰陽道など、中国で行われていたさまざまのものを含んでいたことである。第一の点については欽明十三年五月、百済・加羅・安羅三国が中部徳率木劦今敦《もくきょうこんとん》・河内部阿斯比多らをわが朝廷に遣わし、高麗・新羅が相はかってわれわれの国と任那を滅ぼそうとしているので、先制攻撃をするため、救援の軍を送ってほしいと要請した。聖明王の仏像・経巻献上はそれより五カ月のちのことである。ついで翌年また百済は援軍の催促をしており、朝廷はこれに応じ軍隊を派遣したが、任那は新羅に滅ぼされ、事態は悪化の一途を辿りつつあった。国内でも継体朝末期より両朝対立の内乱時代がつづき、蘇我・大伴・物部ら諸豪族の政治抗争がこれに結びつき、欽明朝に入ってもその余波は収まらなかった。かように内外多事な中での仏教伝来は極めて政治的意味の強いものであり、日常生活における悩みから人間を救済しようという宗教的欲求とはおよそかけ離れたものであった。

第二の点については、継体天皇七年七月、百済から五経博士段揚爾が貢上され、同十年九月には五経博士、漢の高安茂が来朝して段揚爾と交代した（五経とは『易経』『詩経』『書経』『春秋』『礼記』の五つの書のことで『易経』は陰陽道の書にほかならない）。ついで欽明天皇十四年六月、百済に使を遣わして易博士・暦博士の交代上番を促し、卜書・暦書の貢上をも求めた。翌年二月になって百済よりは五経博士王柳貴が来って固徳馬丁と交代し、別に易博士施徳王道良・暦博士固徳王保孫らも貢上された。

以上『日本書紀』が記すところ、津田左右吉博士はこれらの記事がおおむね『百済本記』など百済側の記録からとったもので信拠性に乏しいと指摘されている。しかし多少年次の不正確さはあっても、大体は事実とみなして支障ないのではあるまいか。また五経の専門家来朝のはじめは不明としても、この頃交代でわが朝廷に駐在していたことは事実であったろう。したがって仏教とならび儒教・陰陽道・天文道・暦道などの思想・宗教ないし技術が宮廷に知られるようになっていたとみるべきである。かくて推古天皇十年（六〇二）十月には百済僧観勒《かんろく》来朝し、暦本や天文・地理書ならびに遁甲方術書を献上した。朝廷はこれに対していよいよ積極的態度を示し、書生三、四人をえらんで観勒にこれらの書を学ばせた。けだし観勒はたんなる伝播者に止らず、これらの書が示す種々の学問にも精通していたのであって、陽胡史《やこのおびと》の祖玉陳《ふる》は暦法を、大友村主《すぐり》高聡は天文と遁甲を、山背臣日並立は方術という具合に、それぞれ分担して伝受されることになった。こうした事情は仏教を、輸入した他の宗教・思想とも関連せしめて考えやすい風潮を招き、宗教的内面性へと理解を深めるより、現世的欲求に添うた利益《りやく》や霊験祈願のための世俗的・行事的方向への発展を助けたのであって、これがやがてはわが国固有の神祇信仰と仏教の習合的思潮を生み出す地盤を形成していったのである。

神仏両思想の対立

仏教公伝前後におけるわが国の歴史的環境として以上二つの重要な点を念頭に置きつつ、さしあたってわれわれは公伝に伴って起る神仏の対立に眼を転じてゆかなければならない。すなわち百済の聖明王より仏教文物の貢上が行われると、欽明天皇は仏像の美しさや仏法の功徳に対し驚きながら、信仰の可否をみずから決することができず、群臣にはかられた。蘇我稲目は西蕃の諸国がみな礼《うやま》っているのに日本だけが背くことはないと崇仏を主張し、物部尾輿・中臣鎌子はわが国の天皇はつねに天地社稷の百八十《ももやそ》神を礼拝することをもって使命としてきたのに、いま改めて蕃神すなわち仏をおがめば、神祇の怒りを招くであろうと反対した。賛成派は国際的感覚によって、反対派は神祇の怒り・祟《たた》りを根拠にしたのである。物部・蘇我両氏は、元来その立場を異にし、前者が古くからの豪族として土地に強く結びついた共同体的関係を基盤とし、氏神の祭祀を精神的支柱に伝統的な武門の栄光を誇り、保守的立場に徹したのに対して、後者は新興氏族として履仲朝頃より朝廷の財政に関与し、帰化人を職業集団的に配下に結集することによって官司制の中にその基盤を置き、より高い外来文化の積極的受容につとめたので、土地に密着した神祇信仰にこだわる物部氏と異なり、仏教信仰の摂取にそれほどの抵抗は感じなかった。それゆえ崇仏排仏の争いは仏教の教義内容についての内面的な理解にもとづくのではなく、極めて現実的な事情に出たにすぎなかったのである。もっとも津田博士のように、『日本書紀』にみえるこの抗争は後世つくり出した説話にほかならぬとする説もあるが、部分的に字句の疑義はあるにせよ、全体としてその事実性を抹殺する必要はない。

とにかくこの崇仏排仏論は、いっぽうではたしかに政争の具となったにちがいなく、その根拠も現実的・皮相的であったが、他方、思想史的には極めて重要な意義を荷ったのであって、それは以下この抗争の経過を辿ることによりおのずから明らかになるであろう。崇仏の可否を決しえなかった天皇は蘇我稲目に仏像を授けて試みにまつらしめたので、稲目は自宅に持ちかえり、ここをはらい浄めて寺とし、丁重にまつり仕えた。そののち国内に疫病流行し容易に収まらなかったので、物部尾輿・中臣鎌子らはこれは崇仏による神祇の祟りであるから、ただちに仏像を棄却すべきであると上奏し、勅許をえて仏像を難波の堀江に流し、寺を焼いた。このとき空に風雲なくして宮殿に火事が起った。欽明天皇三十一年蘇我稲目死し、あとを継いだ馬子は崇仏活動にいっそう積極的態度を示した。敏達六年(五五七)十一月、百済はまた経論若干巻のほか律師・禅師・比丘尼・咒禁師・造仏工・造寺工の六人を献じたので朝廷は彼らを難波の大別王寺に住ましめており、馬子も既述のように鹿深臣の弥勒石像や佐伯連の仏像をもらいうけていよいよ精舎建立にのり出し、十四年二月には塔を大野丘の北にたて、大会の法事を営み、鞍作達等がえた舎利を塔の頂に収めた。けだしわが国最初の仏塔といわれるだけに世人の注目するところとなり、排仏派の人々を大きく刺激したことは否めない。間もなく馬子は病にかかり、卜者にうらなわしめたところ、父のときにまつった仏の祟りというので、弥勒石像に延命を祈願したが、この頃世間にも疫病流行し死者が多く出た。よって物部守屋・中臣勝海ら上奏して仏教禁断を求め、勅許をうるとただちに寺院を破壊し塔を焼き、仏像は焼却あるいは難波の堀江に投棄した。この日雲がないのに風雨の奇蹟があった。守屋はさらに馬子の出家させた尼三人の衣を奪い、制裁して恥かしめたが、天皇や守屋が瘡《もがさ》にかかり国中流行して苦しみ死ぬ者が出ると、これは仏像を焼いた祟りであろうかと世人は噂をした。馬子はなお病が平愈しないので上奏し、三宝の力をかりなければ治療しがたいと訴えた結果、三人の尼をかえされ、馬子だけに仏法信仰を許された。馬子は新たに寺をたて、ここへ尼を入れて供養させた。

『日本書紀』がのべているこうした経過は、要するに疫病流行をめぐってそれらが仏教信仰を憎む神祇の祟りによるとする排仏派側の主張と、仏教破壊による仏の祟りとする崇仏派側の主張の対立が中心になっていることを示し、宗教と病の因果関係、つまり病に対する宗教の呪術的作用が関心とはなっても、信仰内容に深く立入っての論議はまったくなされていない実情を知るであろう。また仏像棄却やそのあとに起った気象的異変などは欽明・敏達両朝で重複的記載がみられるため、その信拠性が疑われているが、難波の堀江に仏像を捨てたところは、平安時代、七瀬祓《はらい》の一部として農太・河俣など淀川下流域に祓いの祭場がもうけられていた事実から考えて、元来、けがれや悪霊を流し去る場所であったかもしれない。仏像投棄が人形《ひとがた》流しのごとく一種の祓いの行事として執行されたとも考えられよう。したがって堀江投棄の記事が二度出ても、ただそれだけで信拠性を疑う必要はない。しかし気象的異変のほうは多分に主観性の加わった記事で、後述するように陰陽道の災異思想による潤色が考えられるから、両朝ともに何らか些細な事実にもとづいた誇張的表現といえる。ただ災異思想が神仏両信仰の対立に利用されることはこれらの記事がはじめであり、推古朝に入って、ますます頻繁にこの種の記事があらわれる、その先駆をなすものとして重要な意味をもつ。神祇の祟りを天の警告ないし懲罰とおきかえて災異思想を理解することは、蘇我氏のような外来思想受容に積極的な人々にはすでに可能な時代となっていたのである。

用明天皇は二年四月病にかかり、詔して三宝により平愈をはかりたいと群臣に命じた。天皇としてはっきり崇仏を打ち出されたのはこれが始めである。ついで崇峻朝両派の軍事的衝突となり、蘇我氏の勝利に終ったが、崇仏排仏の思想的対立は少しく形をかえながらしこりをのこした。それはむしろ仏教に対する主導権争いの意識が神祇信仰の立場よりする相手への批判となってあらわれたともいいうる。皇極天皇元年（六四二）六月、旱魃により村々の祝部《はふり》の教えに従い、牛馬を殺して神をまつり、あるいはしきりに市を移し河伯《かわのかみ》をまつるなど、いろいろの手段を講じたが効果がないと群臣らが報告したのに対し、蘇我入鹿は寺々で大乗経典をよみ、悔過《けか》法要を営むべきであると答え、大寺の南庭で仏菩薩像・四天王像を安置し、衆僧を屈請して読経させ、入鹿自身香炉をとり香をたいて祈願した。その結果微雨に止り、目的は達せられなかったので、天皇は南淵の河上に幸し、跪《ひざまず》いて四方を拝し天を仰いで祈念せられたところ、雷鳴とともに大雨至り天下潤い、百姓は天皇の徳をたたえた。この場合、あえて天皇が反仏教的態度をとったわけではないが、両者の祈雨をかけての対決は自然、神仏両宗教作法の競合となった。

蘇我氏滅んで皇室の権威が確立すると神仏の対立は直接政治的対決に結びつかなくなったが、民族伝統的な神祇信仰の底流は根強く、朝廷の主導による仏教の国家的興隆政策は社会経済的事情をも含めて、なお各方面からの抵抗を予想しなければならず、これがむしろ神仏接近に拍車をかけた。孝徳天皇は仏法を尊み神道を軽《あなず》りたまうといわれ、生国魂社の樹を伐らせたのはその一例とされている。大化元年(六四五)七月、蘇我石川麻呂上奏し、まず神祇を祭《いわ》い鎮めたのち、政事《まつりごと》を議《はか》るべきであると主張し、これにもとづき奉幣の費用を尾張・美濃両国に課せられることになった。ついで仏法興隆の詔を下し、十師の制を設け、寺ごとに寺司・寺主を任じ、寺院造営を助けると宣言された。新たに発足した大化の新政府はこうして思想的には神仏を両翼とし、その調和をとることに留意したようであったが、両者の上に立って、より高度な政治的利用をはかったものは陰陽道であった。神仏関係の進展に陰陽道が荷った役割の大きかった次第は章を改めてとくことにしよう。

三　律令国家完成期に至る神仏両思想と陰陽道の関係

朝鮮における陰陽道の盛行

わが国への陰陽道の伝来は既述、五経博士の貢上についで欽明天皇十四年（五五三）朝廷より百済に対し、卜書・暦書の献上をうながし、恐らくこれによって同書は舶載されたであろうが、推古天皇十年（六〇二）十月には、これもすでにふれた百済僧観勒の遁甲方術書献上とわが書生への指導があって、飛鳥時代には相当上層階級に知られていたと思われる。観勒のように来朝の僧侶で陰陽道をよくするものはこのほかにもあったに違いなく、また百済のほか高句麗・新羅よりの伝来者もあったであろう。高句麗では小獣林王のとき、前秦から僧順道・阿道らが相ついで来り、はじめて仏教を伝え（西暦三七二―三七四年）、百済では近肖古王のとき東晋の仏教が伝えられた（西暦三八四年）というから、これと相前後して陰陽道もこれらの国に伝わったとみるべきである。高句麗では平壌地方にある東晋末頃の古墳の壁画に青竜・白虎のごとき四神図がみられ、『旧唐書』には五経・『漢書』など知識階級に読まれていたとあって、陰陽道思想の存在が知られる。

皇極紀には高句麗の学問僧の語った話として、次のような記事をのせている。友人の鞍作得志なるもの、虎に奇術を学び、たとえば枯山を青山に、黄地を白水に変ずる不思議を演じその妙を尽した。またその虎が他人にしらせるなといって彼に万病にきく針を授けたが、果してすぐれた効あり、つねに得志はこの針を柱の中に隠しておいた。のち虎はこの柱を折って針をもち去った。得志帰朝せんとするにおよび、高句麗は彼を毒殺してしまったと。これも陰陽道的奇術の一種であり、高句麗土着の呪術と習合したものであったかと思われる。高句麗の陰陽道は土俗信仰と混じてますます隆盛をきわめ、十世紀、高麗朝建国するや、代々の王みな讖緯《しんい》やタブーにふりまわされ、『宋史高麗伝』にも、

高麗の俗、陰陽鬼神の事を信じ、頗る拘忌多し、朝廷の使者至る毎に必ず良月吉辰を択びて詔を受く、

云々とのべているほどである。三代定宗は図讖によって西京遷都を民の苦しみを顧みずして決行したといわれる。

いっぽう百済にあっても『周書百済伝』に、

陰陽五行を解し、宋元嘉暦を用い、建寅月をもって歳首と為し、また医薬・卜筮・占相の術を解す、

云々といわれ、忠清南道公州にある熊津時代（五世紀後半）の古墳には、四神・日月を壁画にあらわしたものが遺存し、方位の信仰が行われたことを示している。新羅への中国文化の流入は以上の二国より少しおくれ、仏教は高句麗を通じて伝わり、六世紀中葉、法興王のときになってこれを国教としたが、朝廷内に崇仏排仏の争いが起ったという。そののち善徳女王のとき、瞻星台《せんせいだい》を築き、神文王は国学をおいて『周易』『尚書』『礼記』『孝経』等の教授を任じた。

わが元号の設定と祥瑞思想

こうした情勢から日本に伝わった陰陽道は主として高句麗・百済のものであったことがわかるが、これらの国において強く政策的に利用されたように、わが国でも政治に結びつけて考えるのにもっとも好都合なのは祥瑞ならびに災異の思想であった。その根拠となる『符瑞図』『孝経援神契』『新撰陰陽書』など中国の典籍はすでに飛鳥時代以来逐次輸入されており、かつては最高の巫祝としての呪術者であった天皇は律令国家の首長として新しい中国文化の体現者たる意味を易学的呪術者としての装いにおいて表明したのである。

大化の元号設定はその意味から注目されるが、改新に先立ち、その立役者の一人、中臣鎌足は蘇我入鹿とともに僧旻の宅に通って『周易』の講義をきいたといわれ、蘇我氏も早くからこれに関心をよせていた。ことに既述の観勒は書生に遁甲方術を教えたのみならず、蘇我氏のたてた法興寺（本元興寺）に住しており、仏教とともに易学的教養の面でも蘇我氏に寄与するところが少なくなかったと思われる。観勒の陰陽道が百済のものであったのに対し、僧旻は隋・唐直輸入の新しいもので、これが律令国家のイデオロギーを形成することとなったのである。祥瑞災異の説は政治を讃美し、あるいは非難する材料のよりどころとせられ、政治的ライバルにある者同士が相互に相手を批判する場合、もっとも頻繁に利用された。そうしてその先駆が上述の欽明朝における崇仏排仏抗争の際の気象的異変の記事である。そののち推古・舒明・皇極の三朝にかけ、にわかに災異の記事がふえてくるのは皇室と蘇我氏の対立深刻化に伴い、互いに相手の政策や行動を非難したことの反映とみられる。しかし崇仏排仏の争いが政治的対立と結びついた時代がすぎると、陰陽道は神仏関係については、むしろ両者接近の契機をつくり出すための役割を、より多く演じ、これに関連して祥瑞思想の利用が目立つようになった。

孝徳天皇六年（六五〇）、白雉と改元されたが、色による祥瑞表示がいかに重視されたかを推測しえよう。これよりさき皇極天皇元年（六四二）、蘇我入鹿は豎者《じゆしや》より白雀を贈られているけれども祥瑞として利用した形跡なく、皇室と蘇我氏の態度に相違をみることができる。この白雉は二月に穴戸の国司草壁連醜経《しこふ》が献じたもので、国造首の同族贄により、正月九日、麻山《おのやま》にて獲られたところである。天皇は祥瑞如何について、まず百済君に問うたが、彼は後漢明帝の永平十一年（六八）に先例があり、珍奇なものであるから天下に大赦して民心を悦ばしめるべきであると答えた。ついで道登法師も奏して曰く、むかし高句麗で寺を造ろうとして土地を物色中、白鹿の行くのをみつけ、ここに寺を建立して白鹿薗寺といった、また白い雀が寺の田荘にあらわれたことがあり、人々はめでたいといった、さらに唐に使した者が死んだ三足の烏をもって帰ったが、これすら人々はめでたいといった、よって白雉がめでたいのは当然であると。最後に僧旻が発言し、王者の徳化が四方におよぶとき白雉があらわれるときいている、周の成王の時代、越裳氏が白雉を献じ、「これは天下泰平で中国に聖人が出たしるしでありますから朝貢せねばなるまいと思って参りました」と言上し、晉の武帝咸寧元年（二七五）には湖北省松滋に白雉のあらわれた例があり、すべてこれ休祥（めでたいしるし）である、天下に大赦すべきであると。以上三人の証言をえて祥瑞現象と衆議決し、朝廷は元旦の盛儀により雉を輿にのせて献上の儀式を行い、やがて雉を園に放った。同時に次のごとき詔が出で、帝徳礼讃を応神天皇のときまでさかのぼらせるという大層なものであった。

聖王世に出でて天下を治す、時に天則ち応《こた》へて其の祥瑞を示す、曩者《むかし》、西土《にしのくに》の君、周の成王の世と漢の明帝の時と白雉爰に見ゆ、我が日本国《みかど》の誉田《ほむだ》天皇（応神天皇）の世に白烏宮に樔《す》くふ、大鷦鷯《おおささぎ》帝（仁徳天皇）の時に竜馬西に見ゆ、是を以て古より今に迄《いたるまで》、祥瑞時に見《あらは》れて以て有徳《いきほひ》に応ふること其の類多し、所謂鳳凰・麒麟・白雉・白烏、斯の如き鳥獣草木に及び符応《しるしこたへ》有るは皆是れ天地に生れる休祥《よきさが》・嘉瑞《よきみづ》なり、夫れ明聖の君、斯の祥瑞を獲たまふことは適《まさ》に其れ宜《むべ》なり、朕は惟れ虚薄《いやし》、何を以て斯れを享けむ、蓋し此れ専に抹翼《たうめ》の公卿・臣・連・伴造・国造等各丹誠を尽して制度に奉遵《うけたまはりしたが》ふに由りて致す所なり、是の故に公卿に始めて百官等に及ぶまで清白《あきらけ》き意《こころ》を以て神祇を敬ひ奉りて並びに休祥を受けて天下を栄えしめむ、

かくて白雉と改元し、天下に大赦、穴戸の鷹狩を禁じ、穴戸の三年間の調役免除を行なった。公卿大夫以下官僚に禄を賜い、国司草壁連醜経に大山の位と禄を授け、清白《あきらけ》き心に通ずるものとして受取られたことはいうまでもないが、陰陽道にいう白の祥瑞が神祇信仰の清白き心に通ずるものとして受取られたことはいうまでもないが、この年はじめて丈六の繡像挟侍八部等四十六像を造り、さらに漢山口《あやの》直大口《あたえ》に千仏の像を彫刻せしめているなど、大量の仏尊製作は白雉祥瑞によって礼讃された天皇の意識的な善行とみられるであろう。翌年にはこれらの仏尊供養が盛大に行われるとともに、年の暮には味経《あじふ》宮で二千一百余の僧尼を招いて一切経を読ましめ、夕刻二千七百余の燈を宮中の庭に燃して『安宅』『土側』等諸経の読誦を行なった。悔過法会的な行事を思わせるが、『安宅神呪経』は後漢時代に撰せられた密部の経典、『土側経』もこれに準じたものと考えられ、いずれも陰陽道の方位の信仰をとりいれ、地鎮作法に効験あるものである。かくて祥瑞思想の鼓吹が神仏両信仰の高揚に密接に結びついている事情を知るであろう。

密教には陰陽道の影響を強くうけた面があって、これは宿曜《すくよう》道として発達した。それは天文方位を案じて未来を予知し、あるいは人の運勢や面相を判じてその運命を占うのであ

るが、『安宅』『土側』経が読まれたことはすでに宿曜道の伝来を物語るものである。天武天皇皇子、大津皇子は天文・卜筮に詳しい新羅僧行心の観相により常人ではないといわれて帝位につく野心を抱き滅された話から、この新羅僧は恐らく宿曜道を心得ていたものと察せられる。

天武期における神仏両信仰と陰陽道

律令政府の祥瑞災異思想利用は、天武朝に入ってさらに活発なものがあった。まず律令国家完成期の中心人物である天武天皇の宗教政策を全体的に眺めると十年（六八二）五月、皇祖天照大神をまつってひろく上古に人々が自然神としてあがめた太陽信仰を天皇の祖先神と限定して神祇統制の頂点とし、やがてそれが廟所としての伊勢神宮の特異性となって打ち出されてくる。七年春には天神地祇をまつろうとして斎宮を倉梯の河上に建てられたのもそのためである。仏教に関しては五年十一月、『金光明経』『仁王経』を四方の国に頒って説かしめ、十四年三月には諸国国衙庁舎ごとに仏舎を営み仏像・経典を置き、礼拝供養せしめており、飛鳥寺など二、三寺のみを官寺と定め、六年飛鳥寺一切経会に天皇みずから臨幸して三宝を礼し、親王・諸王および群臣に詔して人ごとに出家一人を賜った。これらは神祇同様仏教に対する天皇の主導権把握を如実に物語る。これに応じて陰陽道では天文遁甲に通じた天皇によりまず陰陽寮が置かれ、占星台が興され、吉凶卜占の公的機関がそなわった。天武紀に祥瑞災異の記事が急増するのもこれと関連があろう。

これよりさき、皇極朝にも祥瑞災異の現象がみられたが、今回はさらに頻度においてこれを上まわる。前節で少し言及したように皇極朝は大化改新の前夜にあたり、皇室対蘇我氏の関係が悪化し、何らか政変勃発の危機が予想されるときであったから、その前兆的ムードを強調しようとして政治批判としての祥瑞災異現象を多くのせたのであろう。したがってこれには多分に『書紀』編纂者の意識的記述が加わっている。それに反し、天武朝はむしろ天皇専制体制が安定し、危機的・政治批判的意識は低調になった時期である。したがって祥瑞災異の記事が多いのはむしろ天皇が主体的にこの思想を利用し、政策として重視したことを示している。

十二年正月、大宰府より三足の雀が献上され、これが群臣に披露されるとともに詔が発せられた。曰く、「即位以来報告された祥瑞の現象（天瑞）は多数に上る。聞くところによると天瑞は政を行う理《ことわり》、天道に協《かな》うときはすなわち応じてあらわれるものであるという、朕の世にあたって年ごとに重ねてあらわれたことは懼れ多く、かつ喜びとするところである。よって親王・諸王・群卿百僚、天下の人民とともに祝いたく、小建（初位にあたる）以上の地位の者には禄を賜い、犯罪者には大赦を、百姓には課役原免を行う」と。まことに大がかりな祝賀行事となった。祥瑞による行賞・恩赦の類はこれよりさき、六年十一月にも筑紫の大宰府より赤鳥を献ったのに対し、同地の諸司に禄を授け、赤鳥の捕獲者に爵五級を与え、当郡の郡司に爵位を増し、郡内百姓の調を一年間免除し、さらに天下に大赦するなどのことがあった。十三年、判官・録事・陰陽師・工匠等を畿内に遣わして新都の候補地を探さしめ、のちに藤原京とよばれる新京の地が選定せられた。同年八色《やくさ》の姓《かばね》を定め、翌年四十八階より成る位階の制をたて、それに伴って朝服の色を制し、最上の明位・浄位は朱色とせられた。この頃より天皇不予となられたこともあって、一つには宸襟をなぐさめ、一つには律令国家総仕上げの記念的意味もあり、天皇の十五年をもって朱鳥の元号をたて、皇居を飛鳥浄御原宮と称した。赤色の瑞はすでに五年二月に椿の花のように赤い冠をつけた瑞鶏が大和国添下郡より献ぜられ、六年十一月筑紫より赤烏をもたらし、九年七月、皇居南門に朱雀が発見され、十一年八月灌頂の幡のごときもの火の色を呈し、空に浮き北に流れる様子をすべての国で観測されるなど、度々の例はあったが、天皇はとくに赤色の瑞を重視せられた形跡があり、恐らく白雉に象徴される天智天皇時代の白色瑞兆重視に対抗されたのであって、赤色は神祇における赤き心・浄き心に通じ、朱鳥建元、飛鳥浄御原宮の命名は互いに密接な意味をもち、かつは天皇の御悩を除去する邪気撃攘の呪術であったかもしれない。これと呼応して仏教では川原寺に『薬師経』を説かしめ、諸堂清掃を行い、同寺に燃燈供養・悔過法要が営まれ、宮中では『金光明経』や『観音経』の読誦あり、観音や諸菩薩の像がまつられた。

いっぽう天皇の御病を占うに草薙剣《くさなぎのつるぎ》の祟りというのでこれを尾張国熱田社に送ってまつ

らしめ、諸国に命じて大祓を行わしめ、紀伊国国懸神《くにがかす》・飛鳥四社・住吉大神・土佐大神などに幣を奉らしめた。つまり病を愈すわが国固有の方法は祓いを行なって悪霊を洗い流し去る（あるいは追放し去る）呪法にほかならなかったのである。これを要するに天武天皇の時代は祥瑞思想を政治理念の上に強調することによって思想界における陰陽道の優位体制を樹立し、神仏両思想は祥瑞思想の示すところをさらに宣揚する役目を荷っていた。そうしてこの三者は祓い・懺悔など悪霊不祥を撃ち払う呪術的行儀作法において互いに類似点をもつところに融合的契機を見出したのであった。

祖霊信仰と仏教

もっとも仏教や神祇信仰はつねに祥瑞思想を通じて陰陽道に政治的な協力をすることだけにその意義があったのではない。私的には祖先崇拝の信仰を通じて両者の相接近する契機があった。たとえば推古天皇六年（五九八）につくられた河内国観心寺にある阿弥陀仏光背銘に治伊之沙古なる者の妻が亡夫のためこの像をつくり、夫および七世父母生々世々つねに浄土に生れ、法界衆生もこれに結縁するよう祈った文があり、同天皇三十六年作とみるべき法隆寺綱封蔵銅造釈迦三尊像光背銘にも七世四恩六道四生の言葉がみえて、仏像造立が七世父母や一切衆生の追善のためなされたことを物語っている。すでに中国でも六朝期に儒教の孝道思想や祖先崇拝と結合して七世父母追善が考えられたが、わが国に入ると固有の祖霊信仰の素地の上にこれが受容されたのである。死者の霊は時がたつとともに人間から離れて清浄な世界に昇華し、神霊となって子孫を護るとする祖霊信仰はさまざまの不幸を除き恩寵を冀《こいねが》うための呪術的儀礼の対象となる。すなわちその儀礼には祖霊の神を迎え、長寿延命・五穀豊饒・社会安穏といった現世の根本的な願望が祈念される。仏像造立もその呪術的儀礼の一つにほかならなかったのである。陰陽道も祓・鎮魂の儀礼に神祇と似た作法があり、また複雑な卜占の呪術により幽界や未知の世界に対する推知と判断を行うことによって、わが固有の祖霊信仰の仏教化をいっそう促進させる働きをしたので、それは時代のすすむとともに漸次明らかとなるであろう。

四　奈良朝における神仏習合の進展

神宮寺の出現

　前章でみた通り、天武朝の律令国家完成は政府が思想界・宗教界の主導権を掌握することによって、内外の異質的なものを積極的に融和習合せしめる段階へとすすんだことを意味するので、壮大な唐の仏教文化受容による律令国家の宗教的荘厳は必然的にわが神祇との調和を何らかの具体的表現へと発展させる結果を伴った。『続日本紀』に、文武天皇二年(六九八)十二月、多気大神宮寺を度会郡に遷すとある記事はその意味から注目せられるが、『続日本紀』古写本の多くは大神宮寺の寺の字がないところから、これを神宮寺の初見とみるのには疑義がはさまれている。しかしそれから間もない霊亀年間(七一五―七一六)、藤原武智麻呂は夢に、公(武智麻呂をさす)仏法を愛慕し、人神共に和す、幸い吾が為に寺を造り、吾が願

を助済せよ、吾れ宿業に因り神たること固より久し、今仏道に帰依し、福業を修行せんと欲し因縁を得ず、故に来りて之を告ぐ、

との神託をうけ、越前国気比神宮に神宮寺をたてており、ついで養老年中（七一七―七二三）、若狭比古神宮寺が建立せられて、たとえ多気大神宮寺が正しいとしても、決して歴史的には不自然でないことを思わせるのである。ただ気比や若狭比古の場合は私的建立であって国家的活動とは異なるが、武智麻呂は当時人臣の中では第一の権力者不比等の長子であり、彼の神宮寺建立は朝廷内の空気を反映しているとみて差支えないであろう。彼は若くして仏教に帰化し、近江守となるや伊吹山・比叡山等に登って閑寂の霊地を愛し、荒廃した寺院の復興に意をそそいだが、そうしたところから彼にすがって仏法を興そうとする地方の奇篤な僧侶が近江に近い気比地方にいて、神宮寺建立を要請したのではあるまいか。気比神が神験を示すため、その身を高木の末に置いたという優婆塞《うばそく》久米勝足なるものは、そうした地方民間の修行者であったのだろう。若狭比古神宮寺については『日本逸史』引用の『日本後紀』逸文、天長六年（八二九）三月十六日条に、神主和朝臣宅継が同家に伝わる古記により語るところとして、養老年中疫病流行して死者多く、水旱時を失って穀物不作であった頃、宅継の曾祖父赤麻呂は仏道に入り深山に修行中、神が人に化して神身の苦悩を離れ、仏法に帰依したいが、この願を果しえないので、この災害の祟りをなすとのべたので、彼は神のために道場をたて仏像を造り神願寺といい、修法を行なった。以後年穀豊かで病

死する人もなくなったとある。ここで注意されるのは、飢饉や疫病の天災が仏道に入りえないための神の祟りであるとする思想で、神祇的な呪法による農民社会の災害除去が効果のない場合を利用して神仏接近を説く僧侶があったことを想像しえよう。神主和氏が百済系帰化氏族であることも一応注意しなければならないであろう。気比・若狭比古両社は地域的にもあまりへだたらず、時代も相接しているところから、両神宮寺設立には同一僧侶による若狭地方の神仏習合的教化活動があったとみられよう。現存する若狭彦神社の鎌倉後期につくられたと覚しき『神人絵系図』には霊亀元年（七一五）若狭国遠敷《おにゅう》郡白石に唐服の俗形にて神が影向《ようごう》し、これを禰宜家の祖笠朝臣節文が奉祀したとのべており、笠氏は吉備国出身で、百済系の和氏とどんな関係にあったか明らかでないが、唐服俗形の影向という所伝に、やはり草創期の社がすでに外来思想の影響下にあった事情を暗示させるものがあろう。

ついで天平宝字七年（七六三）には満願なる僧が伊勢国桑名郡多度神社の東の井於道場に住して阿弥陀仏をまつっていたところ、多度神が託宣して神身を離れ三宝に帰依したいと告げたので神坐山の南に小堂を営み神像をまつった。これが多度神宮寺の創立であるが、伊勢国桑名郡の主帳外従七位下水取月足は銅鐘や鐘台を寄進し、美濃国の優婆塞県主新麻呂は三重塔をたて寺観が次第に整った。宝亀十一年（七八〇）には朝廷より度者四人が許され、賢璟大僧都は三重塔を完成し（延暦二十年〈八〇一〉の『多度神宮寺伽藍縁起資財帳』に塔弐基並三重、東檜皮葺、西瓦葺とあり、新麻呂と賢環の三重塔はそれぞれ別物であったのであろう)、天応元年(七八一)沙弥法教は伊勢・美濃・尾張・志摩四国の道俗知識を集めて法堂・僧房・大衆湯屋を造立した。地方田舎の神宮寺としては立派なものであった。多度神社は多度山の麓に位置し、山の高さは四〇三メートル余の低いものではあるが、東方より南方にかけ、揖斐《いび》・長良・木曽の三河を見下し、伊勢湾に向って眺望のよいところにあり、揖斐川からは山麓に多度川を分岐し、近くに戸津という集落が開け、古く渡船場としても利用されたことを思わせ、傍々交通の要衝にあたっていた。この満願は天平勝宝年中(七四九—七五六)常陸国鹿島神宮に来り、神のため神宮寺をたて、『大般若経』六百巻を書写し、仏像を図画し、八年間寺に住したといい(『類聚三代格』巻二、嘉祥三年八月五日、太政官符)、鎌倉期のはじめに成ったと思われる『箱根山縁起』には満願は洛邑の沙弥智仁の子、天平宝字元年(七五七)霊夢を被って箱根山に来り、比丘形・宰官形・女形の三体の垂迹像を感得し、箱根三所権現と称して社に祝いまつったとあり、神宮寺である東福寺塔頭金剛王院の古鐘銘には満願開基の旨が記されているという。けだし彼は神仏習合のため広汎な民間的活動をした代表的修行僧の一人といえるであろう。

伊勢神宮に対する習合思想の発生

伊勢大神宮寺については既述のように文武天皇二年の『続日本紀』所見は誤りとしても、

天平神護二年(七六六)七月二十三日には、朝廷より使を遣わし、伊勢大神宮寺のため丈六仏像を造立せしめたことが同書にみえ、平安中期の作と思われる『大神宮諸雑事記』には天平神護三年、逢鹿瀬寺をもって永く大神宮寺となすべき宣旨が下され、同年十二月、月次祭使に別の勅使を差し副えられ、この旨を伝えられたとある。この逢(相)鹿瀬とは伊勢国多気郡西外城田《ときだ》村に属し、外宮の西を流れる宮川の上流にあり、『続日本紀』天平神護二年にみる伊勢大神宮寺とは結局逢鹿瀬寺にほかならず、すでに私的に建立せられたものが、ここに至って官寺的存在となったのではなかろうか。さきに『続日本紀』一本に、文武天皇二年十二月、多気大神宮寺を度会郡に遷す、とあるとのべたのも、あるいは多気郡にある逢鹿瀬神宮寺が先入感となって誤られたのではあるまいかと推測される。

伊勢神宮についてはこれに先立ち、より重要な習合的事実が知られている。それは天平十四年(七四二)十一月三日、藤原広嗣の乱により、天下平定祈願報謝の意を含めて聖武天皇は伊勢国へ行幸され、河口頓宮までゆかれ、ここより橘諸兄らを伊勢神宮に参向せしめられ、同時に大仏造立の祈請を行わしめられた。そののち天皇の夢に玉女あらわれ、光明を放ち、「わが朝は神国でもっとも神明を欽仰すべきであるが、日輪は大日如来、本地は盧舎那仏である。この理を悟らば、まさに仏法に帰依すべきである」との神託あり、夢覚めてのち、天皇はいよいよ東大寺造立を決意されたという。これは『東大寺要録』に引く『大神宮禰宜延平日記』に記されたものであるが、この日記、従来辻博士らによって偽書とされていたのを、西田長男博士はこれが『大神宮諸雑事記』の一異本にすぎず、何ら疑わしいものでないことを証せられ、右の天平十四年行幸は『続日本紀』の天平十二年の同じ月日に伊勢国へ行幸された記事に該当するものとされた。すなわち当時、天照大神＝日輪＝大日如来＝盧舎那仏の関係が考えられ、本地垂迹思想の萌芽がみられたことを知るのである。さらに『両宮形文《ぎょうもん》深釈』（空海に仮託された鎌倉期の著作）上巻には、行基が勅命をうけて神宮に参詣し、社の辺に七日七夜祈念をつづけたところ、示現あって、

　実相真如の日輪は生死長夜の闇を照し、本有常住の月輪は無明煩悩の雲を掃う、我遇い難きの大願に遇うこと闇夜に於て燈を得たるが如し、亦受け難きの宝珠を受くるは度海に於て船を得たるが如し、聖武大仏を造るが故に、豊受太神宮へ事《つか》えること、善い哉為《まこと》に善い哉、神妙なり神妙なり、自ら珍なる者なり、

云々と、大仏造立を嘉納され、行基は覚めてのち踊躍して悦び、帰京してこれを上奏したという記事があり、まんざら荒唐無稽の説でないことを西田氏は伊賀国名賀郡種生《たねお》村常楽寺所蔵の『大般若経』奥書によって傍証せられた。すなわち第五十巻の奥書には「奉レ為二神風仙大神一、願主沙弥道行、書写山君薩比等」とあり、「正元二年庚申二月十一日、於二坂本郷桑原村二一校了」の後筆がみられる。第九十一巻にも願主沙弥道行の名が、第百八十七巻にも同じく道行のほか、山国人・山三宅麻呂・山泉古などの名が記され、さらに第九十一巻では興味ある以下の主旨の話をよむことができる。

天平勝宝九年（七五七＝天平宝字元年）六月三十日、道行はあるとき里を出て山岳深くわけ入り修行中、雲起り雷鳴はげしくなすすべを知らなかった。何の過《とが》によりこの天罰をうけるのであろうかと思い、神に願を立て、もし雷電収まり天下泰平にならば『大般若経』六百巻を書写し奉らんと。雷電止み我にかえったのち、知識の人々を誘い、この書写を行なったのである。そのあと天平宝字二年十一月の年紀がある。これでこの写経の理由はわかり、正元二年（一二六〇＝文応元年）、鎌倉中期、和泉国和泉郡坂本郷桑原村の仏性寺（桑原寺）において再校されたことが第五十巻のほか、第百七十六・百九十三・二百三十その他多くの巻の奥書によって知られるのである。また沙弥道行が肝煎となって誘われた知識人に山の姓のつく人々が多いことも看取されよう。この桑原村の近くには山直郷《やまたえ》があり、『新撰姓氏録』によって山公は和泉国の皇別、山直は和泉国の神別に入れられていることも判明する。近世桑原村ではむかし雷がこの地の井に落ち、村人が上から蓋をして雷を井の中に封じ込めたところ、雷助けを乞い、よって今後ここへは落雷しない約束で雷を助け出した。そののち雷は落ちることなく雷鳴のとき桑原というのもこのゆかりによるとの伝承があり、『和泉名所図会』にこれをのせているが、沙弥道行が雷鳴に襲われ、『大般若経』書写の願を立ててかろうじてのがれたという上記の奥書は右の伝承と関係ありそうで、多分は道行はこの桑原に住み、ここで写経を遂げたのであろう。あるいは仏性寺の住職であったかもしれない。

西田氏はこのように推論され、さらに行基の出身が和泉国大鳥郡にあって桑原村隣接の山直郷には行基開くところの久米田寺がある。したがって道行は行基の弟子と推定され、奥書から知られる道行の伊勢神宮崇敬も行基からうけつがれたものとみてよいのではあるまいか。行基が日輪は大日如来、本地は盧舎那仏であるという思想を懐いていたとしても不自然ではなかろうといった論旨を田中卓氏の説（「イセ神宮寺の創建」『芸林』第八巻第二号）を援用しながら展開せられた。いずれにせよ行基は伊勢大神と大仏の間を神仏同体説によって結びつけるような思想をもっていたから、諸兄とともに（あるいは諸兄に先立って）勅命により参宮を遂げた際、こうした思想を基盤とした神託をうけたとしても不思議でなく、天皇の大仏造立決意に有力な思想的根拠を与えたであろう。なお写経奥書で道行が伊勢大神を神風仙大神としているところに道教思想の影響がみられるとすれば、行基の思想にもこれを考えねばならないであろう。

伊勢神宮ばかりでなく広嗣の乱に関係しては宇佐八幡宮にも朝廷から平定祈願が行われており、天平十三年（七四一）閏三月には、報謝のため同宮に『金字最勝王経』『法華経』各一部が納められ、三重塔一基が建てられた。さらに八幡神は伊勢大神同様、大仏建立にも積極的態度をみせ、天平勝宝元年（七四九）十二月には大仏造立援助の託宣を発して遂に上京するに至った。こうして広嗣の乱により東大寺創建に至る数年間に伊勢・八幡両神を双璧とする神祇の習合的発展を朝廷は急激に進めたのであり、とくに八幡神の東大寺接近に至る歴史的経緯は次章にのべるが、朝廷の政策として他方に悔過行事が盛行した事実を注意しておかねばならない。

悔過行事の隆盛

すでに前章で天武朝悔過法要の懺悔思想がわが国神祇の祓いに通ずるものあり、天皇の病気平愈などに両者相並んで行われ、その融合的契機がつくられつつあるをみたが、奈良朝に入っては朝廷の悔過行事いよいよ盛んで、はじめは天武朝以来の薬師悔過が行われ、天平十六年（七四四）十二月四日には、七日間薬師悔過を修し、八日、金鐘寺および朱雀大路に一万坏の燈を燃すことあり、大祓的な意味が考えられるが、天平十一年七月十四日には、詔して風雨調和・年穀成熟を祈り、天下諸国をして『五穀成熟経』を転続せしめるとともに、七日七夜悔過法要を営ましめた。天平勝宝四年（七五二）には東大寺二月堂で実忠和尚が十一面観音悔過をはじめ、大同四年（八〇九）までの間、毎年二月一日より二七日（十四日）間、夜は六時行法を修したというが、多少の断続はあっても今日奈良お水取行事として今日まで伝統は維持されている。この行事は初夜の終（午後十一時より十二時頃まで）に神名帳を読み、諸国の神々を勧請することが一つの特色である。また若狭国遠敷明神はこの行法の場にのぞんで随喜し、閼伽《あか》水を献るべき旨を託宣し、ときに黒白二鵜あってたちまち磐石を穿ち地中より飛び出し、そのあとより甘泉涌出した。よってここを閼伽井としていまに涸れず、三月十二日後夜《ごや》に練行衆はこの井のあたりに集まり井水を加持し、その水満つるとき香水瓶に入れるが、これを飲む者病を除き悩みを去る功徳があるという。この閼伽井は若狭井と呼ばれ、良弁杉のほとりには興成菩薩の社、すなわち鵜の宮がまつられている。

以上の大体は平安末に成った『東大寺要録』（巻四）に記されているが、この行事で神名帳が読み上げられることも恐らく奈良朝からの慣習によるものであろう。『続群書類従』には「戒壇院公用神名帳」（中世末の文明十一年正月の奥書あり）なるものがのせられ、上司海雲氏は筒井英俊氏護持のそれを公刊せられている。これも書風から中世にさかのぼるとみられる。両者内容ほぼ同じで、現在はじめに大導師が、

令《りょう》法《ぼう》久《く》住《じゅう》　利《り》益《やく》人天ノタメニ釈《シャー》上界ノ天神下界ノ神祇、般若波羅蜜多
円　満　令　奉　大《えんまんせしめたてまつらんがためにだーい》

ととなえ、つづいて、

依例奉勧請大菩薩大明神等

にはじまり、大和国を中心とした四百二十七の神名のあと、

天一・太白・牛頭天王・武答天神・蚫毒気神・大歳八神・日本州有官知未官知万三千七百余所太明神等、八嶋御霊・霊安寺御霊・西寺御霊・普光寺御霊・天満天神・先生御霊・氷室御霊・木辻御霊・天道御霊・塚上御霊・葛下郡御霊等申合

とつづけられる。最後にまた大導師が、

爾許《そこばく》読上げられ勧請せられ給へる所の大菩薩大明神等、大梵天王・帝釈天衆・四大天王を始め奉りて、三界九居《ご》四禅八定の天王天衆法楽荘厳せしめ奉らん、殊に別而者《わいては》伽藍の勧請八大・八幡・気比・気多・廿五所・五百余所院々勧請諸大明神・当院勧請飯《いい》道《みち》・遠敷法楽荘厳せしめ奉らん、春日四所の大明神を始め奉りて王城鎮守五畿七道六十余州五百三十一郡一万三千三十二郷に御座《ごうざ》せしむる四百九十所の大明神、一万四千余所の諸神威光増益せしめ奉らん、(上司氏『東大寺』)

と読み上げる。以上のうち「天一太白牛頭天王より葛下郡御霊」に至る一連の陰陽道や御霊系統の神名は明らかに平安後期よりさかのぼらない後補の部分であるが、他の大部分の神名は当初以来のものであろう。多数の神名を読みあげることによって行法の場が結界清浄の聖域となり、人道天道に利益するのみならず、諸神祇の威光を増益することになるというので、その背景には鎮護国家の理念が強くあらわれているのを感ずる。十一面観音の信仰はけだしバラモン教の十一荒神に発し、仏教においては菩薩相三面・忿怒《ふんぬ》相三面・狗牙上出相三面・大笑相一面・如来相一面の十一面をつけるもので、これら諸相は現世利益のあらゆる分野に対処しうる観音の機能の広さを示すものである。いわば融通無礙《むげ》の利益を示す観音とこれを守護する国土をあげてのおびただしい神祇との綜合的な習合行事の形式を通して公的・国家的意識の表出がみられるであろう。遠敷明神との特殊なつながりがどういう機縁によるものか明らかでないが、既述若狭比古神宮寺建立とも考えあわせ、同地方には神仏接近を活発に推進した民間僧侶の存在が想像されるであろう。

神護景雲元年（七六七）正月には畿内七道諸国に勅して一七日間国分金光明寺において吉祥悔過の法を行うことを命じ、「この功徳により天下太平・風雨順時・五穀成熟・兆民快楽、十方有情同じくこの福に霑《うるお》わん」とのべている。同三年正月にも宮中で法要あり、正月の悔過法要はこの頃恒例化していたのではないかと思われるが、すでに天平宝字三年（七五九）六月には参議従三位文室智努と少僧都慈訓が上奏し、天下の諸寺毎年正月に悔過することは次第に有名無実となり、いたずらに官供を貪るのみであるから、今後官の布施を停止したいと申出ているところをみても、この行事が朝廷からの押しつけでマンネリズム化し、その実を失いつつある事情さえ看取されよう。これも恐らくは吉祥悔過であったかもしれない。このほか天平十三年三月には阿弥陀悔過を営むために東大寺では阿弥陀堂が建てられており、毎年三月の恒例となっていた。しかし悔過の本尊となるものが色々と異なっても、結局この行事は攘災招福を主眼とする雑密信仰的な儀礼である点に変りはなく、また神祇の祓的呪術作法に通ずるものであったことはいうまでもない。そうして薬師如来から観世音菩薩・吉祥天へと対象の仏尊が次第に下位のものにまで拡大していったことは、現世利益が理想的な如来より人間的な天部の方に求められやすい気軽さを随伴していたからで、これは悔過行事の習合的発展に伴う当然の傾向であったとみられよう。

宇佐八幡神の上京

ここに興味あるのは天平勝宝元年（七四九）二月十八日、宇佐八幡神が大仏造立援助のため上京するにあたり、朝廷は官人を平群郡に遣わして迎えしめ、入京されるや梨原宮に新殿をつくって神宮とし、請僧四十口をもって七日間悔過法要を営んだ事実である。すなわち東大寺鎮守となられた手向山八幡宮の神威をいっそう高めることによって大仏完成の促進をはかったのであろうが、神前での悔過法要はいまだ前例のない事柄であった。同時に寺院の鎮守なる神祇勧請の方法もまた新機軸を出したものであった。

この鎮守の思想は仏門に入られた孝謙上皇が天平神護元年（七六五）十一月二十三日重祚され、大嘗会豊明節を行われるにあたって発せられた詔の中に、たまたまその説明にもあたる文が見出される。曰く、「神等《たち》をば三宝より離《さ》けて触れぬ物ぞとなも人の念ひてある、然れども経を見まつれば、仏の御法を護りまつり尊みまつるは諸々の神たちにいましけり」と。これはもとより仏典に説く護法善神思想の付会にすぎないが、これが習合理論へと利用されてきたのである。護法善神といえば、梵天・帝釈・金剛力士・四天王・護世八方天・十羅刹女・十二神将・十六善神・二十八部衆・三十番神・三十六神王など、仏法守護の諸天竜王鬼神をさし、多くはバラモンその他、インドの土俗信仰に由来するので、わが神祇にも共感されやすい面をもっている。前記の勅に、「経を見まつれば」とある経は恐らく『金光明経』（第二四天王品）・『大方等大集経』『孔雀王呪経』等をさすもので、仏教における守護神の擁護には多分に呪的な機能が考えられていたであろう。かくて鎮守八幡神はこれら護法善神と同列に入れられることになったが、これによって神祇の自然神的性格から人格神的性格への進化は一段と促進され、神威は国家権力の反映としてその呪的機能（託宣その他の霊示）をいよいよ権威づけることになった。

奈良朝における神仏習合思想の三傾向

以上奈良朝の神仏関係を通覧するとき、われわれは三つの新しい習合的傾向に注目せざるをえない。その第一は橘諸兄・行基の伊勢参宮によって聖武天皇を中心とする宮廷官僚や行基を中心とする僧侶の間に本地垂迹説の萌芽とみるべき天照大神＝大日如来＝盧舎那仏の神仏同体思想が明らかになったことである。第二は八幡神に代表される鎮守の考えで、仏に対する神の関係を護法善神的にみる思想の擡頭である。第三には神は煩悩の衆生で仏道を求め解脱を願うものとする神祇実類観の思想で気比・若狭比古両神宮寺は神のこうした託宣が動機となっていること上述の通り、近江国陀我（多賀）神も大安寺の僧恵勝が宝亀年中（七六九―七八〇）同社にて修行の際、猿の姿となって出現し、その身の苦しみを救うため読経を乞うており、自然神信仰より高度な人格神信仰へ導こうとした僧侶側の意図がよく看取されるであろう。

この三つの思想を比較してみると、第三がもっとも神を低くみた段階、第二が仏法の有難さを知ってこれを守ろうとする意識を神がもっているとするやや高次の段階、第一が神仏同体と最高度に神を取扱った段階とみられ、論理的にはこの順序で習合思想は展開しゆくべきはずのものである。しかし事実においてこれがただちに思想の歴史的発展段階とはならず、相前後しながら併行してあらわれたのである。すなわち第一と第二は東大寺建立に対する世間の非難や反対を抑え、かつまた豪族たちの氏神信仰による地域的割拠性を排し、地域によらない仏教をもってその融和統一をはかるため、支配者層がむしろ政策的に打ち出した仏教教義の拡張解釈とせられよう。これに対して第三は一般民衆を含めた地域社会に僧侶が仏教を滲透させる方便として考え出したもので、庶民の共感をひきやすい民間布教の理論として、第一・第二よりいっそう広く時代思潮にかかわるところがあったものと思われる。そうして第三の思想がかなり普及した上で第一・第二の思想も一般社会の信仰風潮にとけこんでゆくようになるのである。

五　八幡神の習合的成長

八幡神の起源

大仏造立にあたり、突如神託を発して上京し、目ざましい神仏習合の主役を演じて世の注目を集めたかにみえる八幡神の行動は、それまでの北九州における歴史的発展のあとをたどることによって、必ずしも不思議でなかった事情を理解しうるとともに、それがわが国習合思潮の主流形成にどのような寄与をなしたかについても幾多の示唆をうけるであろう。そこで以下、中野幡能氏の研究（『八幡信仰史の研究』）を主とし、これに私見を加えつつ、八幡神発展の歴史を概観してみよう。

まず八幡神の起源とみられるものに二系統あり、一つは豊前国香春岳《かわら》を中心とする銅山の神の信仰と他は同国の南半である宇佐・上毛・下毛三郡を中心とする海神の信仰である。香春岳は三つの峯から成り、第三の峯が銅を出すところから、ここに採銅所が設けられ、香春神をまつる香春社がまつられた。香春神は『延喜式神名帳』に「辛国息長大姫大目命」とあり、『続日本後紀』（承和四、十二、十一条）は「辛国息長火姫大目命」とし、『風土記』は「新羅国神」としている。すなわち辛国は韓国であり、香春は新羅語のカグポル＝金の村からきたと推定される。また大目命の目はシャマンに、火姫の火は鍛冶製錬に関係ある言葉で、その意味から辛国息長火姫大目命が正しく、亀卜鍛冶シャマンを神格化したものとみられる。こうした韓国の神の信仰を半島よりもたらしたのは秦氏の支配下にある辛島氏という新羅系女性シャマンを中心とする祭祀集団であったろう。銅山採掘製錬の技術によって政治・経済的に小国家の勢力をつくり上げた辛島氏は次第にいまの福岡県（豊前国）田川郡より京都郡・仲津郡へと支配圏をひろげ、いわゆる豊《とよ》の国を形成していった。他方豊前国南半（大分県）の上毛・下毛二郡には海神をまつる海《あま》氏が盤居し、宇佐郡には宇佐水沼《みぬま》氏があって比咩神（あるいは高魂神）を祖神としていたが、水沼氏は次第に海氏に圧倒せられ、水田灌漑のため海氏がつくった下毛郡諫《いさ》山郷の三角池に出現した大貞神（宇佐田神）という農耕神を中心とする山国（アマ国からの転訛）の支配圏が成立した。諫山《いさやま》はけだしウサヤマであったかもしれず、ウサヤマの神が大宇佐田＝大貞の神であって、三角池の霊にほかならず、その神験は池の薦《こも》で、宇佐宮二大行事の一つ、行幸会には薦枕を調進し、六年ごとに宇佐宮へ納める儀式があったが、この行事に諫山の海氏と宇佐の水沼氏の統合が象徴されているとみられる。

やがて五世紀の頃、辛島氏は海氏を支配下に入れることにより、豊国と山国との政治的統一が実現し、その中心になる神は山豊神になった。山豊国はけだし邪馬台国かもしれず、山豊神＝ヤマトヨ神は「ヤマタイ」「ヤバタイ」「ヤバタ」と転訛した八幡神であろうと考えることによって、ここに八幡神の原型が想定されてくるのである（中野氏上掲書、九三―一〇二ページ）。その創祀の地は恐らくいま福岡県（豊前国）筑上郡椎田町綾幡に鎮座する矢幡八幡宮であって、ここにのこる榊山神幸の行事は八幡神創祀のもっとも原始形態を留めた神事と考えられ、そこから原始八幡創祀の地たる意味が汲みとられるのである。辛島氏はやがて八幡神を下毛郡に移したが、六世紀の終りになって大和国三輪のシャマン大《おお》神比義《がのひぎ》が宇佐に入り、わが古代の最有力君主とみられた応神天皇の神霊をもちこみ、辛島氏との主導権闘争に勝って原始八幡神を皇室関係のものに転換せしめ、改めて鷹居社をつくって八幡神をここへ移した。当時朝廷は対半島政策において任那日本府滅亡を含む重大な時期にあたっており、北九州の政治的強化をとくに痛感していた。国内的には蘇我氏が帰化人と仏教文化によって保守勢力である物部氏を打倒するため半島と密接な関係にある豊前地方の八幡神を傘下に収めようとして神功・応神信仰をもつ大神比義を宇佐に送ったのであろう。

比義が祝《はふり》になった五八四年より二年後の用明二年には天皇の看病のため蘇我馬子は豊国法師を参内させ、反対派物部守屋を怒らせるに至った。この豊国法師は『新撰姓氏録』泉国神別天神の条に、巫部連の説明に関連して雄略天皇御病のとき招かれた豊国奇巫とあるものと同性格の人物とみられ、『続日本後紀』（承和十二、七、十四条）にも同様の記事があって、医療にもたずさわったシャマンであったと思われる。この場合奇巫といったのは、巫覡《ふげき》の類でかつ僧形を呈した、当時ほかの神祇信仰ではみられなかった風変りの宗教家であったからで、のち大仏造立に際し、八幡神が上京されたとき、これに従ったのは巫尼杜《もり》女《め》であり、宇佐八幡では巫尼・巫僧の類が禰宜《ねぎ》をつとめていたものと想像される。巫僧の代表として考えられるのは法蓮で、『続日本紀』大宝三年（七〇三）九月二十五日条によれば、医術を褒せられて豊前国野四十町を賜わっている。さらに養老五年（七二一）には隼人《はやと》征討に協力して三等親以上の親に宇佐君の姓を賜わり、八幡宮に神宮寺が建てられたときは、その別当に就任した。けだし法蓮は宇佐神司祭者の一族の出身であり、医術にも活躍した巫僧とみるべきであろう。

こうして五、六世紀の頃、すでに豊前地方では原始神道に呪術仏教が結びついた僧形神官の出現を想像しうるのである。

宇佐八幡の官社的発展

そののち奈良朝のはじめ、大神比義は応神天皇を祭神とする八幡社を鷹居社から小山田社へ、さらに神亀二年（七二五）小椋山にうつし、これによって八幡神は漸く官社に列し、天平三年（七三一）正月には初度の官幣にあずかり、律令政府の直接支配をはっきりうけるようになった。この小椋山付近には宇佐氏のまつる比咩神の鎮座地があったのである。

これよりさき、前記鷹居社の周辺には法鏡寺・虚空蔵寺、三角池大貞八幡社の周辺には相原廃寺・垂水廃寺などの神宮寺が六世紀終りから七世紀にかけて続々建立され、これらは現在、寺院址から新羅系の瓦を出土する法隆寺様式のものであることが知られている。豊国法師はこれらの寺院と関係をもつ巫僧集団であり、法蓮はその中心人物の一人であったろうが、一体彼らの仏教はどのような系統のものであったろうか。これについて正史からの史料的裏付けは少ないが、豊前地方の帰化人が新羅系であった事実からして、恐らく新羅仏教が主となったものではあるまいか。新羅仏教については第三章に少しく触れたように、年代的には百済・高勾麗よりおくれて入ったが、真興王（五世紀末六世紀初）は積極的に仏教をとりいれ、みずからも熱心な仏教信者であった。統一時代に入って太宗（七世紀中葉）のときには義湘や元暁が出て華厳宗をもたらし弘めた。しかし民間では隣国百済や高勾麗を通じて滲透し来った仏教が新羅の土俗信仰と習合し、呪術性の強い民間仏教をつくり出していたとみられ、これには百済・高勾麗同様、道教・陰陽道・宿曜道・天文道などの伝播がおおいに関係あるであろう。宇佐八幡宮現社地には比咩《ひめ》神の脇殿として北辰社がまつられており、地主神というが、上記法蓮を神宮寺の別当にするために八幡神はまず北辰神に相談したとの伝説が中世の文献である『八幡宇佐宮御託宣集』にあり、ここに官社としての八幡宮がまつられる以前から北辰社は宇佐氏の巫僧集団のまつるところであったかもしれない。北辰は北極星であり、道教・陰陽道・密教等において福寿息災の信仰対象となっているが、上記『託宣集』に宇佐宮の若宮には五体の神像がまつられ、うち四体は若宮の祭神四柱であり、他の一体は北辰の像らしく、元暦年間（一一八四）緒方惟能に北辰社が焼かれたため、若宮拝殿の前で亀卜の神事があったとの伝承を参酌すると、ここでは北辰神は卜占の神としてまつられたものと推定され、陰陽道的占術が新羅の民間仏教伝来に伴ってはやくよりわが原始的神祇信仰に侵入したことを想像してよいのではあるまいか。また法蓮もそうした呪術を心得えた巫僧であったと思われる。なお中野氏は豊前国宇佐郡豊川村和尚山は法蓮が妙見をまつったところであるとか、同国田川郡香春神（新羅明神）の鎮座する周辺の山々での法蓮の修行伝説をあげてその傍証としている。また既述田川郡の香春神は『豊前国風土記』によると新羅国神であり、その司祭者赤染氏は秦氏の一族で新羅系帰化人といわれ、常世神の信仰をもっていたところから常世連とも呼ばれたが、この常世神信仰は新羅の民間道教の流れをひくものであろうといわれるから、要するに宇佐に入った新羅民間仏教は道教・陰陽道をも纏綿した呪術宗教ということになろう。

いずれにせよ天平五年（七三三）の宇佐・辛島両氏の辛国息長大日神＝比咩神遷座によって応神をまつる八幡社はこれと合同し、官社としての体裁をととのえるが、比咩神の観念には応神の母神功皇后のイメージが移されつつあったもののごとく、それは大神比義の側からの働きかけによるものであったことはいうまでもない。神亀二年（七二五）小椋山に官社としての八幡社が建てられると、上記虚空蔵寺・法鏡寺は合体して社の東方における弥勒寺の創立となった。すなわち金堂は大神氏、講堂は宇佐氏により建立されたので（『託宣集』）、これは両氏の神宮寺の統合であり、天平十年これをさらに八幡社境内に移したが、同年末には国分寺建立の詔が朝廷から出されたのであって、弥勒寺が国分寺として中央から見做されるようになった事情を示唆している（『続日本紀』天平十三年三月二十四日の詔は天平十年秋冬の詔の誤りであろうといわれる）。虚空蔵寺は密教における求聞持法の本尊である虚空蔵菩薩の信仰によって成立つものであり、法鏡寺は薬師如来を本尊としたが、ここに至って弥勒信仰を中心とする神宮寺へと発展したことは現世信仰から次第に来世信仰へと八幡神の習合的信仰が拡大され、仏教色が一段と強められたことを意味する。かくて前章にのべたように天平十三年（七四一）閏三月、広嗣の乱平定祈願の報賽として八幡宮に『最勝王経』『法華経』、度者・封戸・馬のほか三重塔一基が寄進された。国分寺・同尼寺に具えられるべき二つの経典のほか、僧侶や塔の寄進は当然神宮寺である弥勒寺に対して行われたものであるが、それをあえて八幡宮と『続日本紀』に記したのは同宮が弥勒寺を別当寺とする宮寺的組織をつくり上げていたからであろう。神宮寺より宮寺様式への発展は実に八幡神がその先駆となることにより、以後わが国習合史の主導権を握ったことをも意味するであろう。

大仏造立と八幡神の中央進出

天平十五年、聖武天皇は大仏造立の詔を出し、弥勒寺には三重塔一基を建立した。同十七年には八幡神より東大寺造立の費を寄進し、これに対して朝廷は阿部虫麻呂を遣わして八幡宮に奉幣せしめた。翌年、天皇病気平愈のため、八幡神を三位に叙し、四百戸の封戸、度僧五十口、水田二十町の施入を行なった。こうして天平十九年に入り、天皇が大仏鋳造成就のため、八幡神に祈願するまで、すでに朝廷と八幡神の関係は密接を加えていたのである。はやく大宝三年（七〇三）・養老五年（七二一）と法蓮が二度にわたり奈良朝初期褒賞をうけているように、彼の属する宇佐の巫僧集団が八幡神の背後にあってつねに朝廷に積極的な働きかけをしていたのである。ことに大仏鋳造の大事業にあたり、民衆の不満や一部官僚の反対に憂慮した天皇は伊勢奉幣のみならず、応神天皇という皇室関係の祭神を仰ぐ仏教臭の強い八幡神の冥助をも期待した。折しも天平二十一年二月二十二日、陸奥国より国司百済王敬福が同国小田郡産出の黄金九百両を献じたので、ただちに畿内七道の諸社に奉幣してこれを告げるとともに、四月、天皇は皇后・皇太子と東大寺に幸し、盧舎那仏の前にぬかずき、このよろこびを仏に謝しており、その際、橘諸兄をして次の宣命を読ましめられた。

仏に白《まおさ》く、三宝の奴《やっこ》と仕《まつ》奉る天皇《すめら》が大命《おおみこと》らまと盧舎那仏の大前に奏賜《まおしたま》ふと奏《まお》さく、此の大倭国《やまと》は天地開闢以来に黄金《こがね》は人国《ひとのくに》より献まつることはあれども、この地《くに》はなきものと念《おも》へるに、聞こしめす食《おす》国の中の東方陸奥国守従五位上百済王敬福はくにうち小田郡に黄金出でたりと奏《まお》して献れり、ここを聞こし食し驚き悦び貴び念《おも》おさくは、盧舎那仏の慈《めぐみ》賜ひ福《さき》はへたまふものにありと念へうけたまわり、かしこまりいただきもち、百官の人等率いて礼拝仕《おろがみつかへ》まつることをかけまくもかしこき三宝の大前に恐《かしこ》み恐みもまおしたまはくとまおす、（原漢文）

「三宝の奴と仕奉る天皇」は有名な言葉であるが、日本には金は産しないと思われていたこと、この度の産出は盧舎那仏の慈悲によることが強調されている。つづいて中務卿石上乙麻呂により読まれた宣命の中にも、

食《おす》国の東方陸奥国の小田郡に金出たりと奏《まお》して進《たてま》つれり、こを念《おも》ほせば種々の法の中には仏の大御言《みこと》し国家《みかど》護る方には勝れたりと聞召して、食国天下の諸国に最勝王経をませ、盧舎那仏仕奉《つくりまつ》るとして天に坐す神、地《くに》に坐祇《かみ》をいのりまつりかけまくも畏き遠天皇御世をはじめて拝《おろが》み仕奉《つかへまつ》り衆《もろ》人をいざなひ率いて仕奉る心は禍《わざはひ》息みてよくなり、危き変りて全く平がんとおもほして仕奉る間に衆人は成らじと疑ひ、朕は金少くなけんとおもほし憂いつつあるに、三宝の勝れて神《あや》しき大御言の験《しるし》を蒙《かが》ふり、天坐《あめにます》神・地《くにに》坐《ます》神の相うづなひまつり、さきはへまつり、また天皇の御霊《たま》たちの恵賜ひ撫賜ふことによりて、あらわししめし給ふものならしと念召《おもほし》めせば、受賜はり歓び受賜り貴び進

む も知らに退くも知らに、（下略）

云々とあって、鎮護国家のため諸国国分寺に『最勝王経』をおき、天下泰平・災禍除去のため盧舎那仏をつくりはじめたこと、金産出の奇蹟は仏の慈悲のしると天神地祇の協力によるもので、まさに手の舞い足の踏むところを知らぬよろこびであることを明らかにしている。つまり前の宣命は出家としての立場から、後者の宣命は天皇としての立場から感謝の意をあらわしたもので、後者には神が仏の鎮護国家の思想を納受し、これを助ける意味の文句がみられ、ここに神祇の護法善神的解釈への契機が看取されよう。

かくて天平二十一年は四月十四日をもって天平感宝元年と改められたが、七月には孝謙天皇に譲位あって、天平勝宝元年とし、一年に改元二度の異例現象がみられ、そこに大仏造立の重大さが示されたのである。ついで陸奥よりの黄金貢上と相呼応するように、聖武天皇から八幡神に勅使をたて祈請された（『東大寺要録』巻四）結果は、「われ天神地祇を率い、必ず成し奉らん、銅の湯を水とし、わが身を草木土に交えて障ることとなくなさん」との八幡神の託宣（『続日本紀』天平勝宝元、十二、二十五条）となり、朝廷は急遽神を平城京に迎えることにしたのである。この託宣に銅が出てくるところから想像すれば、豊前国香春岳の採銅所産出の銅も何ほどか大仏鋳造に寄与したのではあるまいか。また百済王敬福が貢上した黄金のうち百二十両は宇佐八幡宮に奉納されているのをみると、黄金貢上と八幡神託宣は相互に関係があったように思われるのである。天平勝宝元年（七四九）十月、大仏鋳造成り、天皇より弥勒寺へは綿六万屯・稲六万束を寄せられるとともに、十一月一日、禰宜大神杜女には従五位下、主神司大神《おおみわ》田麻呂には従八位下を賜い、大神朝臣の姓を授けられた。十二月十八日、八幡神が大和国平群郡に迎えられ宮城の南、梨原宮に新殿をつくられたことは前章既述の通りである。それより数日後、聖武上皇・光明皇太后は八幡神とともに東大寺に詣で、杜女は乗輿と同じ紫色の輿を許されて大仏を拝した。百官諸氏すべて参会し、僧五千人を請じて礼仏読経し、大唐・渤海・呉楽および五節・田儛・久米儛を催し、大神には一品、比咩神には二品を奉り、杜女はさらに従四位下、田麻呂は従五位下にすすみ、翌年二月、大神に封八百戸・位田八十町、比咩神に封六百戸・位田六十町が寄せられ、経済的にも神祇として未曾有の優遇をうけたわけである。

以上八幡神の中央における目ざましい進出は大神田麻呂が中心であったと思われ、田麻呂は当時紫微中台の長官で光明皇太后の信任をえた藤原仲麻呂と密接な関係にあったと推定される。それより間もなく天平勝宝六年十一月二十四日、薬師寺の僧行信は田麻呂と共謀し、厭魅のことを行なったかどにより、下野薬師寺に配流され、杜女・田麻呂ともに除名されて本姓にもどされ、杜女は日向国に、田麻呂は多褹《たね》島に流され、八幡宮に寄せられた封戸・位田や雑物は大宰府に検知せしめられるに至った。翌七年三月には八幡神託宣して、

神われ神命に矯《いつわ》りて託することを願わざるに請取る封一千四百戸、田一百四十町、徒

らに用いるところなく山野に捨つるが如し、宜しく朝廷に返奉し、ただ常神田を留めんのみ、（原漢文）

といい、その通り朝廷は処理した。奈良朝には人を厭魅して処罰された例が多くみられ、いわゆるまじもの（蠱物）を用いて人を呪咀し苦しめる方術で、陰陽道・呪禁道にも似た行法がある。行信や田麻呂はそうした外来的要素の加わった厭魅を心得ていたのではないかと思うが、それより、この事件の背後には反仲麻呂派の手が動き、それが発覚して朝廷の弾圧をうけたのではないかと中野氏は推論される。大神氏の失脚によって禰宜は辛島勝与曾女、主神司は宇佐公池守が代り、宇佐氏の勢力が大きくなり、やがて仲麻呂失脚のあと進出した弓削道鏡と手を結ぶようになる。天平神護二年（七六六）四月、宇佐氏の氏神比咩神に封六百戸が寄せられ、神護景雲三年（七六九）、比咩神の神宮寺が建てられたのは道鏡の支持によるものであり、両者の間を媒介したものは宇佐氏と関係の深い豊前国司中臣習《す》宜《げ》阿曾麻呂であった。道鏡と結んで八幡宮の実権を掌握した宇佐氏はその恩顧に報いるため、阿曾麻呂を通じ、同年五月、道鏡即位に関する八幡神の託宣を上奏した。この託宣はいわば道鏡の将来に対する一種の卜占であり、かつて新羅僧行心が大津皇子の運勢を帝位に昇るべき相ありと判じたように、宿曜道や陰陽道による方術にほかならなかった。道鏡はむろん宿曜道に通暁しており、宇佐八幡の仏教にもすでに新羅の仏教と結びついた陰陽道・宿曜道が影響していたので、両者の気脈は充分通じ合っていたのである。朝廷ではこれに対し和気清麻呂を宇佐に遣わし、神託を確かめさせた結果、事実でないことが判明してこの企ては失敗した。清麻呂は一時流罪になったものの、道鏡の失脚によって召し返えされ、宝亀二年（七七一）豊前国司に任ぜられると、八幡宮神職団内部の粛正にのり出し、神託偽作の責任者を追求した。宝亀四年（七七三）正月十六日、清麻呂は豊前国司解文をもって神職団の処分を上申し、禰宜正六位下辛島勝与曾女と正八位下宇佐公池守を解任、大宮司には、さきに失脚した大神田麻呂、田麻呂の子小吉備売を禰宜、辛島勝竜麻呂を祝にすることなどの意見をのべた。これは恐らく認められたのであって、ここに大神氏は再び復帰し、間もなく清麻呂はその任を去ったのである。

八幡神への菩薩号奉献

こうして奈良朝末は八幡神にとっても大きな転換を必要とする時期になったのであるが、その新しい時代への動きは天応のはじめ（七八一）八幡宮で神に「護国霊験威力神通大菩薩」の号を奉ったことにみられる。ついで延暦二年（七八三）五月四日に託宣あって、

吾れ無量劫中、三界に化生し方便を修し衆生を導済せん、吾が名は是れ大自在王菩薩、宜しく今号に加えて護国霊験威力神通大自在王菩薩というべし、（原漢文）

云々と。もとよりこれら神号については、神宮寺である弥勒寺の僧侶の工夫にまつところがあったにちがいないが、第一に護国思想を強調し、第二に神通と自在は『法華経』あた

りの文句から思いつき、弥勒下生《げしょう》の末法の世にも融通無礙なる衆生済度の機能を発揮する霊験偉大な神とのスローガンを掲げたことは、習合活動の先頭に立ってきた八幡宮として不思議なことではなかった。もっともこれ以後、八幡神を一々こういう長い尊号で呼ぶわけでなく、八幡大菩薩なる、いわば略称が一般化していった。神名に菩薩号をつけるのはこれ以外、既述の多度神宮寺をたてた僧満願が多度大菩薩と称した例一つしかなかった。多度神の場合、神道の苦を離れて三宝に帰依したいとの神託が下った直後のことであるから、満願が菩薩と称したのはこの神が神託を契機としてすでに煩悩を去り、民衆のもっとも恐れる祟りを止めたことを意味するのであろう。菩薩のむつかしい意味は別として、祟りを去り救済のみを神に期待しうるのは神祇に対する民衆の切なる願いであったからである。八幡神の場合は種々の経緯はあったにせよ、奈良朝を通じて高められた権威を背景として国家的な仰々しい表現となったにすぎない。むろん、これによって日本の神祇がすべて菩薩としての覚者的地位にすすみ、祟りの機能を停めたわけでない。むしろこれを機会に八幡神以外の諸神祇に対する僧侶側の同様な働きかけがこれから活発化したとみられる。それは次章、御霊信仰の流行をのべる際詳述するとし、八幡神の歴史的推移をさらに追求しなければならない。

石清水八幡宮の成立

延暦二十一年（八〇二）、最澄は渡唐を上申して許され、翌年九州に入り滞在中、宇佐ならびに香春社に参詣し、航海の安全を祈り、帰朝後弘仁五年（八一四）両社に報謝のため『法華経』を講じ、香春社には法華院を建てた。香春社はのち山王社の別宮となり、法華院は延暦寺の別院に属した。こうして天台と八幡宮の関係がはじまり、習合史はさらに新たな展開をみせる緒口が生れた。

天長六年（八二九）、朝廷より弥勒寺にはじめて講師職をおき、光慧がこれに任ぜられたことは、同寺に対する国家的支配の強化を意味するが、光慧は同九年、境内に妙法堂をたて、ついで四天王像と四大菩薩像をつくってここに安置しており、彼による天台法華宗の信仰導入が想像されよう。いっぽう天台僧金亀和尚は八幡宮に一千日参籠し、霊告をうけ、天長四年、豊後国由原に八幡別宮をたて（『柞原八幡宮文書』）、最初から本殿を中心に社殿と仏殿の入りまじった配置をもつ、純然たる宮寺様式の八幡宮が成立する。

天安三年（八五九）四月十五日、奈良大安寺僧行教は太政大臣藤原良房の命をうけ、八幡宮に参詣した。これははじめ良房が娘明子の所生である惟仁親王（文徳天皇第四皇子）の即位成就を祈るためのものであったが、その前年冬に親王が無事清和天皇になられたため、改めて参向し、一夏の間六時不断に大乗経典を転読し、真言密教を念持して権現に廻向し、国家《こくけ》（天皇）のために祈誓を行なった。これと併行して同年四月一日、良房が願主となり、弥勒寺において八幡三所権現の法楽に資するため、一切経書写が行われ、同十五日伝燈大法師位安宗を大別当、同延遠を小別当に任じてこれにあたらしめ、約三年半を費し貞観四年(八六二)十二月三十日完成している。西田長男氏によれば、安宗は行教の弟子で、かつ甥にあたり、延遠も行教の弟であって行教の主な参詣任務は写経事業の監督にあった。行教は当時真言宗の実力者であり、良房の帰依深かった真雅の推輓によるものであるが、同時に良房を通じて大宮司大神田仲麻呂とも密接な連絡を保っていたのであろう。良房は惟仁を年長の三皇子を措いて即位せしめるにあたり、世の非難をそらすため奈良朝より皇位継承に権威ある託宣を行なった八幡神の冥助にすがり、反対者を圧伏しようと考えたのであろう。あるいはその結果、予定の行教宇佐参向に先立ち、早くも惟仁登極に関する示現が極秘裡にあって、清和天皇の実現をみたのかもしれない。それならば良房の意図成功の暁は改めて行教の宇佐派遣は無用になったごとくとれるが、即位後も幼冲の天皇を護持し、北家藤原氏の実権掌握を確固たるものにしてゆく上から、八幡神の加護は要請されねばならなかった。少なくも良房擅権《せんけん》の印象を払拭するには清和天皇が八幡神の神威に護られることにより、天下泰平・国家安穏であるとの思想がもっとも効果的であり、これを具体化する最上の方法は八幡神の京都への遷座以外にない。そうして行教の宇佐参向はそのためにも必要であったのである。

貞観元年七月十五日夜半、大菩薩示現あり、「われ深く汝の修善に感応し、敢て忘忍せず、都に近く座を移し、国家を鎮護せん」云々の託宣に行教歓喜の涙を禁じがたく、奄然《えんぜん》として帰洛した。八月二十三日、山崎離宮辺の宿泊先で行教は再び大菩薩より「われ都に近く移坐せん、王城を鎮護せんがためなり」との示現を被った。ではどこに宝体を安置すべきか伺ったところ、「石清水男山の峰なり、われそこに現われん」と告げられ、驚いて夜中南方に向い百余遍八幡神を礼拝したところ、山城国巽《たつみ》方の山頂に和光瑞を垂れること月星のごとく、光照遍く満ち耀き、身の毛よだって地に伏した。翌朝早く男山に登り三カ日夜祈誓し、そこに殿舎をたて法味を奉るとともにこのことを参内上奏した。いっぽう天皇もこれよりさき夢に男山より紫雲立上り王城を覆うとみられ、皇后以下諸人も同様であった(『石清水八幡宮護国寺縁起』)。これらの話から宮廷と行教の間に事前の打合せがあったものと想像されるが、行教の奏聞終るや、ただちに社殿造営の宣旨が下った事実がこれを十分裏書きしているであろう。

そもそも行教の住した大安寺は推古天皇二十五年(六一七)生駒郡にたてられた熊凝《くまごり》精舎にはじまり、天武天皇のとき飛鳥村にうつり、大官大寺と称せられ、平城京移転に際しては道慈が工を督してのち寺主に収まり、有数の官大寺として重きをなした。道慈は大宝二年(七〇二)入唐して長安の西明寺に住し、十七年の在唐を終えて養老二年(七一八)『金光明最勝王経』をたずさえ帰朝した。三論に精通し、大般若会を興し、また寺内に修多羅《すだら》衆を置き、『大般若経』を中心とする読誦・研究の新しい方向を目ざす学団をつくり、庶民社会とのつながりも少なくなかった次第は『日本霊異記』により明らかである。これまでの南都仏教諸宗がすべて「論」を中心としたのに対し、道慈が「経」にもとづく学団を打ちたてたことは天平十二年(七四〇)の華厳宗成立、さては平安二大仏教の成立の先駆をなすものとして注目されよう。それだけに朝廷の方針に添わぬところもあったが、とにかく大安寺は仏教界の先端をゆく斬新な僧団の寺として脚光をあびていた。紀氏の出身である行教はこの寺院の東室第七院に住したが、入唐帰朝後、宇佐八幡宮に詣って一夏九旬の間参籠し、大同二年(八〇七)大安寺鎮守として八幡神を勧請した。この経験によって彼は宇佐八幡宮へ遣わされるに至ったのかもしれないが、八幡宮が男山に遷座後、もとからこの山にあった紀氏の氏寺と覚しき石清水寺を改築し護国寺と称し、石清水八幡宮の神宮寺とし、行教の弟子安宗がその別当になった事実を思うと、宇佐派遣以前より八幡宮の男山遷座は行教らによって計画され、もとより良房は背後にあってこれに諒解を与えていたものと察せられる。さらにいうならば、惟仁親王と天位を争って敗れた惟喬親王ならびに同親王の即位達成のため祈禱をつくした真言僧真済はともに紀氏出身で、失意の境遇に陥ったが、紀氏一族凋落を救うためあえて行教が藤原氏の意を迎える行動に出たとみられないであろうか。

かくて行教の死後、石清水別当の地位は後述のごとき経過をへて長く紀氏の系統に受けつがれていったのである。いずれにせよ、行教の神託上奏後ただちに朝廷は勅使を男山に遣わして実検点定せしめ、木工権允橘良基勘申して御殿六宇が造営せられ、八幡三所の神体を安置した。この神体についてはあとに詳述する。宇佐の大宮司大神田仲麻呂は五位を授けられ、石清水八幡宮には度者十五人を賜わって祈願僧とせられた。貞観三年（八六一）五月十五日には京畿名神七社の第一に加え、祈雨の奉幣をされ、同七年四月十七日さらに新宮の造営成り朝廷から多数の神宝寄進があった。同十八年五月二十八日には山城国の年米四十二斛《こく》を充てられ、同年八月十三日には官符をもって神主を置かしめられた。こうして発足した石清水八幡宮は神社と護国寺が一体になった宮寺形式の体制をとり、前述由原八幡にその先例があるとはいえ、直接朝廷の支配下にあるものとしては最初の試みであった。また別当の職は安宗以後その弟子があとを継いだが、第四代の別当会俗が延長七年（九二九）死してよりはその子孫世襲し、紀氏一門が不浄僧として別当職を独占した。中世浄土真宗の起るに先立ち、僧侶が公に妻帯する慣習は実に石清水別当に始まるので、宮寺の習合的特色はその支配者の半僧半俗形式にまでおよんだのである。これがやがて熊野社など他社にも波及していった事情を考えると、石清水別当家の成立は習合史的にも興味ある問題を投げかけているのである。

八幡神の各地進出と本地垂迹説の進展

石清水のほかにも八幡宮の勧請は相つぎ、上記のごとく大安寺にはすでに大同二年（八〇七）に鎮守ができ、寛平八年（八九六）には薬師寺鎮守がまつられ（『薬師寺古記』）、勧修寺では延喜年間（九〇一—九二三）勧請と称し（『榊葉記』）、高雄山神護寺でも平安初期創建のころすでに八幡神影図（詳細は後述）が仏堂にまつられていたと伝え、あるいは鎮守も迎えられたのではなかろうかと思われる。これらはいずれも鎮守勧請だが、九州では将門・純友の乱平定祈願を宇佐八幡宮に行なった報賽として三十戸を寄進し、弥勒寺に年分度者二人を許したが、これを契機に筑前には大分宮、肥前には千栗宮、肥後には藤崎宮、薩摩には新田宮、大隅には正八幡宮の五カ所の別宮が成立し、それぞれ宮寺の制をとったといわれる。むろんこのとき一挙に別宮が生れたのでなく、弥勒寺の末寺的存在であったものが相ついで別宮に発展し、宮寺的制度をとったのであろう。また大分宮の放生会に頓宮とされていた筑前筥崎宮は延喜二十一年（九二一）六月二十一日の託宣により独立し、承平七年（九三七）境内には多宝塔一基が建てられた。これは最澄が生前日本国中六カ所にそれぞれ宝塔院（天台法華院）を創立し、各塔ごとに一千巻ずつの『法華経』を書写して収め、その功徳により鎮護国家・天下泰平を祈念しようと発願した。その六カ所は上野・豊前・筑前・下野・山城・近江の諸国で、最澄の生前・没後を通じ五カ所は出来たが、豊前国宇佐宮弥勒寺のみがとりのこされた。ここで書写の経は寛平年中（八八九—八九七）焼失したので承平五年より代りに筥崎《はこざき》神宮寺で写経が行われ、ここに宝塔を建てたわけである。すなわち大宰府より筥崎宮に出した宝塔造立を命ずる牒状の中に、

彼宮此宮その地異なりと雖も権現菩薩垂迹猶同じ、（原漢文）

の句があり、宇佐宮と筥崎宮とは土地は異なっていても権現菩薩すなわち八幡神が垂迹されるのに変りはないというので、第一章のはじめにのべた権現（ないし権実）思想がはじめてわが国の文献に明確な形であらわれたものとして注意されるであろう。

そうして八幡神は菩薩でもあると同時に権現と考えられた点にわれわれは新たな神祇の意義づけを見出すものである。すなわち、土地は異なっても垂迹は同じだとの表現を通じて解される垂迹の語が、宗教用語としての純粋さを離れ、神祇はどんな異なった土地にも自在にあらわれまつられるものだとする地理的感覚を随伴しているところにおおいなる興味をひかれるであろう。もともと神は天上から下界へ降臨すると考えた素朴な神祇観念のニュアンスが垂迹の語に纏綿しているように思われ、仏陀が権現となって日本各地の村落に天降るようなイメージが本地垂迹説の成長につれて明確になってゆくのは、それだけこの思想が地域社会に拡がりつつある実情を示すものであろう。とすれば権現の言葉にも同様なことがいえよう。仏陀が権《か》りの姿で化現するとの抽象的な意味よりも現実に人間のすむ世俗社会へ身近く、神祇が慈悲と利益《りやく》なる仏の本誓を負うて来り臨み、常時そこに現前したまうものと観ずるところに、権現と仰がれるもののイメージがあったのではあるまいか。すなわち神祇はつねに人間の俗社会から遠く離れた清浄な天上の世界に住し、ときあって特定の期間のみ人間社会に訪れ来るとのまれびと神思想は地域社会における神祇常在のイメージをもつ権現思想にとって代られつつあったのである。上記大宰府牒が権現の言葉がみえる最初の文献としても、もとより実際においてはすでにこの思想が拡がっていたと想像しなければならず、ただ八幡神がその主導権を握っていたことは疑いないところである。

八幡神像の成立と安置

権現思想を発展せしめた八幡神はついで本地仏を明確ならしめる段階に入った。南都大安寺八幡宮の縁起は応和二年(九六二)の奥書を有し、行教の宇佐参向による石清水勧請がのべられているが、その中に彼が一夏九旬の間宇佐宮参籠中、その衣の袖上に釈迦三尊が映じたとのべ、『朝野群載』所収の天永四年(一一一三=永久元)の興福寺牒では釈迦三尊が弥陀三尊となっており、十世紀の浄土教信仰流行がここにおよんだのであろう。本地仏確立によって石清水八幡神殿内は次第に習合的に複雑な様相を呈したと思われるが、ここに後世のものながら、神殿内の図が遺されている。それは文明十八年(一四八六)九月、石清水八幡宮祠官紀氏と楠葉神人が闘争し、社殿炎上の結果、新たに造営が行われた際の『若宮御遷座記』に示された内殿の模様を示す図であって、伝統を重んずる神殿内部のことゆえ、あえて平安朝の面影の一端を知る史料として差支えないと判断するのである。

まず祭神三所の神像は真言宗で宣台とか「タカミクラ」と呼ぶ倚子の上に安置された垂迹形で、その背後には中央に赤袍を著し、把笏鬢頰で白馬にのる神像と、白払を持つ鬢頰の若宮神像が前後に並び、その左右には四、五体ずつの白払鬢頬の小神像群があるが、そのうちの一体は金銅像とされる。これら神像の背後には桐竹鳳凰の屛風がはりめぐらされ、その手前にも同様の模様の障子が立っている。この障子の一部に神像が描かれている。これら屛風に囲まれた神像群の一廓から離れて左右(すなわち東西)両側の奥まったところにも神像がまつられている。以上の神像が安置される内殿の前にまた一区画をなす室があって、中央に壇をおき前に礼盤を配し、壇の向う正面に七社絵像の厨子と阿弥陀如来の本地仏がまつられる。けだし石清水神殿は保延六年(一一四〇)正月二十三日の火災で全焼し、そのむかし敦実親王が造立されたと称する僧形・俗形二体の神像は失われた。『古事談』(巻五)には、親王が僧俗二体の神像を造り、御供を備えて祈請したところ、僧形の御供に御箸が立ったので法体の僧を御体とし、外殿に安置し、多くの田園を寄進されたとあり、僧形八幡像が神体の正式な像容となったのを知るが、これが本来八幡神のみのものでなかったことは第十四章においてのべる。

放生会の習合的発展

ところでこの社僧団の職階を中世の記録である『権別当宗清法印立願文』『榊葉集』によってみると、別当・権別当・都維那《ついな》・寺主・上座・執行《しぎょう》・入寺・五師・堂達・勾当《こうとう》・例時衆・少綱、神職側は俗別当・禰宜・宮守・仕丁などがあり、荘園は別当・権別当・修理別当・俗別当・神主・正権三綱・山上執行らにより分担支配されていた。

主な行事は『榊葉集』によると、正月の修正会《しゆしようえ》・心経会、二月の彼岸会、七月の弥勒講・安居《あんご》・菩薩戒会、八月の放生会《ほうじようえ》、九月彼岸会(『法華経』『大般若経』転読)・率都婆会、十月の一切経会《いつさいきよう》、十一月慈恩大師講・天台大師供、十二月仏名会《ぶつみようえ》と毎月の節供行事がおもなもので、大方仏教行事がこれを占める。とくに有名な放生会は宇佐宮以来のものであり、養老四年(七二〇)大隅・日向の隼人の乱に朝廷の要請にもとづき、豊前国司宇努首男人が将軍、禰宜辛島勝波豆米が御杖人としてこれを征し、その結果多数の人を殺した滅罪のため催したのが最初と伝えられる。この放生とは『金光明最勝王経』『梵網経』などの教説にもとづき、生きた魚鳥を池水に放つ不殺生戒の法会で、わが国では天武天皇五年(六七七)に朝廷が行なったのを歴史の初見とする。しかし中野幡能氏は現在の宇佐八幡宮の放生会行事を分析して、元来これは㈠田川郡採銅所にあった元宮八幡宮から銅鏡を御正体として宇佐宮に奉納する儀礼と、㈡上毛・下毛両郡の古表・古要両社が船に傀儡子《かいらいし》をのせて参向し、細男舞《せいのお》なる日本固有の舞楽・神楽を奏する儀礼、それに㈢隼人の塚を祭り迎える儀礼の三つが一緒になったので、隼人征伐云々の由来にかんする伝承はのちに付加されたもの、それ以前より㈠㈡を中心とした祭儀があって、これに仏教の放生儀礼が結びついたにすぎないのである。したがって一般的にいうと、神前に魚鳥を供する原始神道に仏教が習合し、僧侶がこれに関与しはじめてから、生類の犠牲を供える風習についての僧侶の矛盾した立場を解消するために、この法会は起ったとみるほうが妥当であろうとされた。

柳田國男氏は生贄《いけにえ》を屠る行事は僧侶の干渉によって廃せられても、これに供すべき魚類を前年から用意しておくほうの儀式は害がないからそのままのこったとされる。つまり犠牲を神が食されるまで生かしておく池は慈悲行によって、殺されんとするものを放つ放生池だと仏教的付会によってその説明が塗りかえられてしまったのである。また同氏は放生会の行列がもと喪を送るのによく似た出で立ちであったらしく、これはかつて魚よりさらに重い犠牲を捧げた痕迹とみなければ説明がつかないだろうとのべられた（柳田國男氏『一目小僧』）。文献史料に即していえば中世のものながら『榊葉集』に行列に加わる火長・陣衆六十四人、御前掃二十四人はすべて荒染《あらぞめ》菌行纏《いちびのはばき》を用いるとあって、その異様な装束が目をひくが、これも喪の儀礼を予想されるものではなかったろうか。同じく中世史料『八幡愚童訓』に「社僧各錦綺ノ袈裟ヲ改、麁布ノ浄衣ニヤツレ藁履ヲハキ、白木ノ杖ヲツキ、葬礼ヲマナビテ」云々とあるのもこれを裏書きしている。

いずれにせよ、魚味の御供を拒否することによって、八幡神はいわゆる精進神の先頭に立たれたが、十世紀のはじめ、朝廷が編纂した『延喜式』の神名帳に、有名な当社が北野・祇園とともに記載されなかったのは、これらが精進神であったため、固有の神祇観念をもって扱われなかったからであろうと、中世の記録『鳩嶺雑日記』はのべている。

六　御霊会の発生と成立

神祇観念の進化と怨霊の発生

前章でわれわれは奈良朝より平安朝にかけての神仏習合の発展に八幡神が主導的役割を演じた経過を概観したが、それはおもに朝廷や権力者との結びつきにおいてはじめて、おおいに効果を発揮し権威をつけえたのであった。これに反し、民間に基調を置きつつ擡頭してきた別の習合的信仰の流れがあり、その発現はややおくれて平安朝に入るが、素地ははやく奈良朝に胚胎していた。これ、ほかならぬ御霊信仰であって、八幡信仰と異なり、その中心は京洛をめぐる畿内にあったのである。御霊すなわち怨霊の信仰とは怨みを含んで非業に倒れた人間の霊魂と天災地変の厄害との間に因果関係を想定するもので、怨霊は主として政治的失脚者ないしこれに準ずる上層階級の人々、災害は種類も多いが主として流行病のように一時に多くの人々の生命が脅かされるものに関心が集中していた。

けだし人間に最大の不幸をもたらす病と死が何に起因するかは原始時代以来考えられてきた問題であるが、神祇信仰にあってはこれを漠然と神の祟りに帰し、祓いと鎮魂が祟りを止める主要な宗教儀礼とされた。しかし律令国家が発足し神祇もその官僚的統制下に入り、神の威光は国家権力者の投影として仰がれてくるようになると、神の観念は自然神的なものより人格神的なものへと移行しはじめ、仏教側からの接近がこれに拍車をかけて、伝説的あるいは歴史的に有名な権力者や貴族が神祇観念を構成する素材となった。伊勢大神を皇室の祖先である天照大神としたのはすでに六世紀に属したが、これが確実なものとして何人にも信ぜられるようになったのは七世紀末、天武天皇の時代であった。八幡神でも上述のごとく大神比義が祭神に応神天皇をもちこんだのは六世紀末であったが、これが八幡神の中心となって確立したのは奈良朝に入ってからであった。また第四章でみたように、気比・若狭比古・多度・陀我（多賀）などの諸神が煩悩の神身を解脱して仏道に入りたいと告げた神祇実類の思想は、僧侶側からすれば、神仏習合思想へ民衆を誘導する媒介となるものであり、さしあたっては神祇の人格的陶冶を説くための前提となったのである。そうしてこれら地方の神社も追々中央の傾向に追随して特定の尊貴な歴史的あるいは伝説的人物ないし神話の中で人格神的に取扱われているものを祭神に結びつけ、権威づけをはかるようになる。それはやがて氏神的・地域的信仰からそうした割拠的性格をこえた利益本位・個人本位の、より広範な習合的信仰へと移ってゆく契機となるものであった。

いずれにしても神祇の人格神的発展は煩悩の身を悟り、それによって人間社会に禍をもたらす祟りの活動を停め、ひたすら仏法の道に安住しようとする過程とみられるから、たとえそれが支配者の政策的な場合でも、民間僧侶の教化活動の場合でも、民衆にとっては歓迎すべきことであった。しかし現実には祟りを予想せざるをえないような災害はあとを断たず、ことに疫病流行は平安京ができて以来、山城にとくに多い河川の媒介で頻繁かつ大規模になり、しかも朝廷の対策は経典転読・悔過法要・諸社奉幣などの宗教的手段にのみたより、社会経済的には律令制の崩壊進行によって有効な方法を見出しえなかったから、ここに民衆の大半を占める農民達は独自の自衛策をたてねばならなかった。それは古来の神祇的な祓い、鎮魂儀礼の強化であったろうが、人格神の観念が広まってきた当時、もはや祟りは漠然たる神祇の働きとしてはみられず、何らか祟りをせざるをえない事情にある特殊な人格神の作用として理解する情勢にすすんできた。そうしてかかる情勢に追込んだもっとも重要な歴史的環境は、奈良朝初期にはじまる貴族の権力争奪の暗闘であり、それにより幾多の政治的疑獄事件を起し、悲惨な政治的失脚者を生み出した政局の動揺にほかならなかった。政治については何らの批判も許されず、支配者の行動はただ黙認するほかなかった当時においても、政界の暗闘は必ず庶民社会に反応を示した。幾多の政争を通じ、ほとんどの場合優位に立った藤原氏には、ことに卑劣残忍な手段による政敵打倒が目立ったが、表面的にいかにとりつくろおうと、時がたつにつれて事の真相は必ず民間に洩れ、暗黙の非難は避けられなかった。いま政治的暗闘のあとを、貞観五年（八六三）の官営御霊会までに限ってふりかえってみると、次のようなものがあげられる。

一　長屋王事件（天平元年、七二九）
二　藤原広嗣の乱（天平十二年、七四〇）
三　橘奈良麻呂の変（天平勝宝八年、七五六）
四　道祖《ふなど》王殺害事件（天平宝字元年、七五七）
五　藤原仲麻呂の乱（天平宝字八年、七六四）
六　和気王事件（天平神護元年、七六五）
七　県犬養姉女事件（天平神護二年、七六六）
八　道鏡皇位陰謀事件（神護景雲三年、七六九）
九　光仁天皇廃后廃太子事件（宝亀六年、七七五）
一〇　氷上川継の変（延暦元年、七八二）
一一　藤原種継暗殺・早良親王廃太子事件（延暦四年、七八五）
一二　伊予親王事件（大同二年、八〇七）
一三　藤原仲成・薬子の変（弘仁元年、八一〇）
一四　承和の変（承和九年、八四二）
一五　文屋宮田麻呂事件（承和十年、八四三）

以上十五件のうち、明らかに冤罪の事件とみられるのは（一）・（四）・（六）・（七）・（九）・（一二）・（一四）・（一五）の八件であり、（二）・（一一）も失脚者に同情がよせられるケースであった。さらにこれら十件のうち、事件落着後、上層階級や一般世間に及ぼした影響について記録のあるもの若干をうかがってみよう。

長屋王および広嗣の怨霊

まず（一）の長屋王事件については天平十年（七三八）七月になって長屋王の叛逆を密告した一人、右兵庫頭中臣宮処東人と長屋王存命中に仕え恩寵をうけた左兵庫少属大伴子虫がともに兵庫寮につとめて政事の隙、囲碁を行なったとき、談たまたま長屋王のことにおよび、子虫は憤慨して東人を斬り殺した。東人は長屋王を讒奏した人であると『続日本紀』にある。正史が冤罪であることを認めているから事件の真相はもっとも明らかであるが、平安初期にできた『日本霊異記』（中ノ一）になると、正史にはみえない記事がのせられている。それは天平二年二月八日、左京の元興寺で聖武天皇が大法会を修したとき、長屋王は供僧司となった。そこへ一人の沙弥があらわれてみだりに鉢を捧げ飯を受けようとしたので王は咎め、牙冊で沙弥の頭を打った。頭は破れて血が流れ、沙弥は血をのごいつつ悲しんで姿を消した。これをみた道俗の参集者はひそかに王のため縁起のわるいことであるとささやいた。果せるかな、二日後に王を嫉妬する人あって王の叛逆を天皇に讒し、ために天皇は軍兵をもって攻め、王は家族とともに自害した。天皇は彼の遺骸を城外に捨て、焼却してこれを河海に捨てた。ところが王の骨は土佐国に漂着し、その国の百姓が多く死んだので、百姓らは王の怨霊のせいであるととなえ、天皇はこれをきいて紀伊国海部郡椒抄奥嶋《はじかみのおきのしま》に遺骨を移した。当時勢威ならびなき長屋王も高徳を怙《たの》み、沙弥を故なく処刑したため護法善神の怒りをうけてかくのごとき顛末になったのである。袈裟をつけたものは賤しくとも恐れざるべからず、隠身の聖人がその中に交っていることがあるからとのべている。『日本霊異記』に記されているからには、この話は当時巷間に語られていたと推察できよう。同書はこの話を善悪因果応報の例話に用いたので、いささかの誇張はあると思われるが、長屋王の性格の一面を伝えていると同時に、土佐国における疫病流行を王の怨霊の祟りと信じた怨霊思想の流布が注目されよう。長屋王の死後数十年にして発生した怨霊信仰が何故土佐国や紀伊国海部郡椒抄奥嶋に関係があったかは明らかでないが、これらの土地にはもと疫神のまつられていたところがあり、長屋王にかつて関係のあった近親一族ないし従僕等の類で地方にやられた者が疫神を王の霊の所為に結びつけたのではあるまいか。

（二）の広嗣については彼に同情し彼が弾劾した僧玄昉《げんぼう》をにくむものがあったところから、『続日本紀』（天平十八、六、十八条）に、九州観世音寺へ左遷された玄昉が広嗣の霊に殺害せられたとの風説をあげており、『扶桑略記』は玄昉が観世音寺供養の導師をつとめているとき、大空より彼をつかみ上げ、のち首だけを興福寺唐院に落したものがあるとのべ、『今昔物語集』にも同様の話がのせられている。また同じく『続日本紀』(宝亀六年、十条)に、天平勝宝二年、広嗣の「逆魂未だ息まざる」によって吉備真備を筑前守に左遷した旨をのべており、いつしか九州松浦鏡社の境内には広嗣の幽魂がまつられ、神宮知識無怨寺ができて霊を慰撫することになった。この鏡社は広嗣がかつて戦った板櫃河に程近いところにあったのである。元来、鏡社は神功皇后を主神とする八幡宮系の神社であり、新たに配祀された広嗣の社は若宮的なものとしてその御霊神的機能が宣伝せられ、八幡神信仰に御霊信仰的要素を導入する上で大きな寄与をなしたのである。玄昉が天空から下った怪物につかみ上げられたと称するのも広嗣の怨霊が雷神的なものとみられた事情を暗示している。

井上皇后、他戸・早良両皇太子の怨霊

次に(九)の事件は廃せられた皇后井上内親王・皇太子他戸《おさべ》親王が宝亀四年(七七三)十月、大和国宇智郡没官宅に遷され、六年四月二十七日、両者ともに卒せられ、その死には疑惑がもたれた。『続日本紀』ならびに『類聚国史』によると、宝亀十年六月には周防の人、周防葦原賤男公なる者、みずから他戸親王と名のり、百姓を惑わして伊豆に流される事件あり、同七年九月、毎夜瓦石や塊《つちくれ》が内豎曹司および京中家屋の屋上に落ちる不思議が

あった。同八年三月、宮中しきりに妖怪あるがため大祓をされ、冬には雨なく井水涸渇したが、これらはすべて両者怨魂の祟りとせられ、同年十二月二十八日には井上内親王を改葬し、その墳を御墓と称し、守冢《ちよう》一烟を置かれた。桓武天皇の時代になって延暦の末年、菩提を弔うため、霊安寺がたてられ、『日本後紀』（延暦二十四年、二条）には寺に小倉をたて稲三十束を納め、別に調綿百五十斤、庸綿五十斤を納め、神霊の怨魂を慰めたという。この前後、御霊神社も創建されたらしいが、境内には他戸親王をまつる他戸神社のほか、皇后の御子（これは伝説にすぎないが）早良《さわら》親王を祀る早良神社、近くの字宮山には皇后がこの地に配流せられてから生み給うた雷神親王をまつる火雷神社がつくられて、これらを御霊大明神四所と称するに至った。これが何時頃からの現象かははっきりしないが、中世には成立しており、雷神親王の社とは古くからこの地にまつられた雷神系の別個の祭祀が付会せられたものであろう。

それにしても没後御霊としてまつられるまでの期間が井上内親王母子の場合極めて短かったことは注目に価するところで、これは続いて起った（一一）の事件で早良親王を配死せしめた不祥事と重なり、これに遷都の問題、桓武天皇皇子安殿《あて》親王の病弱が結びつけられたためでもあったろうが、民間にも冤罪をとなえて藤原氏の強引な政策を非難するものがあったからであろう。中世に成立した『霊安寺御霊大明神略縁起』は荒唐無稽の所伝をとりいれているとはいえ、平安朝以来の民間信仰の変遷をほぼ物語っているというべきである。

さて（一一）は早良親王が淡路配流の途中なくなったことになっているが、延暦十年秋には痘瘡《もがさ》流行して死する者あり、また皇太子安殿親王久しく病に臥して愈えず、これをトうに早良親王の祟りとわかったので、諸陵頭調使主等を淡路国に遣わし奉謝せしめ、その前年には淡路国をして親王の守冢《ちょう》一烟をあて、兼ねて近き郡司にその事にあたらしめ冢下には隍をおき、けがさぬようにした。平安京へ遷都後も祟りは止まなかったのか、延暦十九年七月二十三日には崇道天皇と追称し、あわせて井上内親王にも皇后の称を追復し、その墓は山陵と称せしめ、従五位上守近衛少将兼春宮《とうぐう》亮丹波守大伴宿禰是成をして陰陽師・衆僧を率いて崇道天皇陵に鎮謝せしめ、淡路国津名郡戸二烟を分って天皇陵を、大和国宇智郡戸一烟をもって皇后陵を守り奉り、同二十八日追称・追復のことを陵前に告げ奉った。直木孝次郎氏（『奈良時代史の諸問題』三八四—三八六ページ）によれば、興福寺僧善珠は安殿親王を護持するため、土師真妹を外祖母とする早良親王の霊をなぐさめるのに適した大和国秋篠の地に寺をたて、延暦十六年寂するまで安殿親王のための祈願をつづけていた。いまも寺の南門門前に早良親王を含む八所御霊社がまつられており、寺内には雷石や雷の臍《へそ》と称するものが保存されていて御霊の雷神化信仰とともに秋篠寺創立の由緒を物語っている。

なお長岡京を廃し平安遷都をきめられたのも早良親王の祟りによると従来考えられてき

た。これに対し近年、小林清氏（『長岡京の新研究』）は㈠怨霊の崇りを恐れての遷都ならば出来るだけ早く実行しなければならないのに、一年八カ月もかかって平安京へ移った（平城京から長岡京へは六カ月しかかかっていない）。㈡早良親王怨霊対策が本格化するのは長岡京廃都後数年たってからである。㈢景戒が著わした『日本霊異記』の終りに、長岡京遷都を示す流星、種継暗殺の前兆の月蝕、神野親王の誕生等長岡京時代のことがのせてあるが、怨霊により廃都になったとは書いてない。そのほか若干の理由をあげ、怨霊廃都説を否定し、専ら延暦十一年八月九日の大洪水が長岡京の放棄、平安京への移転の理由であると主張された。

いま長岡京廃都の理由について詳しく論議することは本書の目的でないので、私の大体の考えをのべるに止めるが、小林氏の挙げられた理由はいずれも同氏の説を支持する絶対的な根拠にならず、再考しうる余地があるように思われるので、やはり早良親王の怨霊説は認めらるべきであろう。いずれにしても小林氏の主張されるように平安京遷都が朝廷で内定してからそれが具体的に記録に出てくる期間は非常に短かったので、この遷都が急激に実行にうつされたものであることが察せられ、それだけすべてに準備不十分で、遷都が発表されてから実行されるまで案外長い年月が経過せざるをえなかったのである。すなわち『日本後紀』によると延暦十年（七九一）九月には越前・丹波・但馬・播磨・美作・備前・阿波・伊予等の諸国をして平城京の諸門を壊って長岡京に移建せしめており、このときはまだ長岡京の建設はすすめられていたのである。その後も恐らくその方針に変りはなかったであろう。しかし同年十月二十七日、皇太子安殿親王は少し前より病気にかかられて平愈せず、ためにみずから伊勢神宮に参られ、翌月十一日帰京された。皇太子が病気平愈祈願にみずから伊勢へ赴かれたのは異例であり、余程心痛された結果であると推察される。歳を越えても快方の見込みなく、六月五日畿内名神に奉幣して祈られ、十日には病気の原因を卜われたところ、早良親王の祟りであるとわかり、朝廷は諸陵頭調使主らを淡路国に遣わし、親王の霊に奉謝せしめ、十七日には勅して去る延暦九年、淡路国として親王守冢一烟をあて、近くの郡司に世話をさせたが、十分ではなかったため、今回の祟りとなった。今後は冢下に隍をおいてさらに清浄にするよう努めよと指示された。皇太子安殿親王の長期間の病気が早良親王の祟りであるとはっきりすれば、桓武天皇にとり事ははなはだ重大である。同じ六月二十二日、雷雨のため式部省南門が倒壊したが、八月に入って大雨をみ大洪水が起り、十一日天皇親しく現地を視察して恐らく大きな衝撃をうけられたであろう。翌日さっそく百姓に賑給を行われた。すでにこの年五月にも頻年旱災あるによって宮中の行事である馬射を停められており、旱魃・洪水と打ちつづく天候不順の災厄は当然皇太子不予の卜占を通して高められた早良親王の怨霊の祟りを無関係なものと考えられなくなったであろう。洪水後の長岡京復修の事態を前にして桓武天皇の御意志は同年のうち急速に遷都の方向へと回転したものと拝される。明けて延暦十二年正月には早々にして大納言藤原小黒麻呂・左大弁紀古佐美らに山城国葛野郡宇太村の視察を命じ、遷都の準備がはじめられ、二月二日には治部卿壱志濃王らをして遷都の旨を賀茂大神に告げしめられた。正月十七日には怪異ありとて射的の行事を中止せしめられている。けだし桓武天皇にとって十七年前の宝亀四年には井上内親王・他戸親王の犠牲において立太子ができ、やがて即位されたが、二つの怨霊はすでに世人の信ずるところとなった。かくていまわしい思い出の地、平城京を去られた天皇は再び新しい長岡京の地においても早良親王の怨霊に遭遇しなければならなかった。怨霊による被害意識の加重は安殿親王の長期の疾病をおもな契機として再度の遷都決意へと天皇を追いやったのである。

もっとも平安遷都によってこの悩みは解決さるべくもなく、延暦十九年七月には既述のように早良親王を崇道天皇と追称し、井上内親王には皇后を追復し、両者の墓は並びに山陵と称せしめ、陵前に鎮謝し、あわせて封戸による陵域守護を定め、国忌や奉幣の列に預らしめるなど、優諚の処置を加えられた。桓武天皇は晩年いよいよ早良親王の怨霊に悩まれたらしく、大同元年（八〇六）天皇重体となられるや、崇道天皇のため諸国国分寺僧をして春秋二仲月別七日間『金剛般若経』を読ましめ、大伴家持・藤原小依・大伴継人・同真麻呂・同永主・同稲麻呂ら種継暗殺事件の際の処罰者をすべて本位に復せしめ、配流者は放還せしめるなど、怨霊鎮謝に百方手を尽くされたようであったが、三月十七日をもって崩ぜられた。以上によって光仁・桓武両朝にわたる二つの不祥事件は怨霊思想を従来になく高揚させたことがわかるので、さきにのべた長屋王や広嗣の怨霊もこの機に乗じて一段と宣伝せられた形跡が認められる（景戒が『日本霊異記』に、井上内親王母子・早良親王の怨霊を書かなかったのは余りに身近の時代のことであり、皇室に関係するため説教の素材として取上げるのをはばかったものであろう）。

平安朝の怨霊と御霊会の官営

平安朝に入って平城天皇のときには（一二）の事件が発生した。当時伊予親王成敗のため遣わされた阿倍兄雄は親王の無罪を天皇に諫奏したがきかれなかったといい、藤原仲成の陰謀ははやくから知られていたのである。嵯峨天皇は流された伊予親王の三子を召返えし、没収された資財田宅を与え、二子高枝王は宮内卿従三位に、継枝王は従四位下に叙せられた。また承和六年（八三九）九月、仁明天皇は伊予親王に一品を、母藤原吉子には従三位を贈られている。（一四）の承和の変ではもっとも世の同情をうけたのが橘逸勢で拷問により謀叛の意志を自白させられたが、これに服せず、伊豆配流の途中、遠江にて卒した。やがて嘉祥三年（八五〇）五月十五日、逸勢に正五位下が追贈され、遠江国より本郷に帰して改葬せしめ、仁寿三年（八五三）五月二十五日、従四位下を加贈せられた。（一五）の事件に至ってはその真相はなはだ不明瞭ながら、宮田麻呂の身分・地位や自宅から押収された武器の少量であったことから、政治的謀叛とは受取りがたく、これを告発した従者陽侯《やこ》氏雄の策謀によること疑いない。あるいは承和の変の余波とも称すべき事件であったろうか。

以上、事件落着後の情勢や影響などについて記録のあるもの七件についてのべたが、とくに長屋王・藤原広嗣・井上内親王・早良親王の四人については怨霊の祟りがはげしく宣伝せられたらしい。かくて（一五）の宮田麻呂事件より二十年たった貞観五年（八六三）五月二十日、これら怨霊の若干をあつめて政府は合同慰霊祭ともいうべき大規模な御霊会を京都神泉苑で催した。『三代実録』によれば、朝廷はこの日勅使として藤原基経・同常行《ときつら》を遣わし会事を監せしめたとあり、基経は太政大臣良房の養子であるから、この行事は事実上権力者である良房の発意によって催されたといってよい。それだけ王公公卿ら貴族はこぞって参集した。まつられる御霊は崇道天皇・伊予親王・藤原吉子・橘逸勢・藤原広嗣・文屋宮田麻呂の六柱で、霊前には供物台を設けてそこに花や果物をそなえ恭敬薫修し、律師慧達《えたつ》が講師として『金光明経』一部、『般若心経』六巻を演説し、雅楽寮の伶人楽を奏し、天皇近侍の児童や良家の稚子を舞人にし、大唐・高麗の楽に舞い、そのほか雑伎・散楽その技を競った。宣旨によって神泉苑の四門が開かれ、都人が自由に参観するを許した。さらに『三代実録』はこの催しの由来を説明し、六柱の人物はすべて事に坐して誅せられ、冤魂厲《れい》と成り、近代以来疫病頻発し死亡する者がはなはだ多いので天下はこの災厄が厲と成った御霊の生ずるところであると判断するようになった。京畿よりはじめて畿外諸国におよび、毎年夏天秋節のころ御霊会を修するものがあって恒例行事になったとしている。そこでは仏を礼し経を説き、あるいは歌いかつ舞う。児童を化粧して馳射せしめ、力者を集めて相撲をさせ、騎射や走馬の競技あり、仮装行列の興も加わって観るもの熱狂し、大変な盛況を呈し、次第にこの風が各地に拡がった。今年春のはじめ咳病流行し百姓の斃れるもの多く、朝廷では平愈祈願のためこの催しをするに至ったが、これはかねてからの報賽によるものであること。正史にこれだけ詳述されているからには、相当一般世間では流行を極めた祭りに相違なく、それは近代以来の疫病流行によって始まったとあるから、多分は平安朝に入ってからのことであろう。冤魂、つまり怨霊が厲になったとある厲とは中国で疫鬼・疫神を意味するが、怨霊の祟りの機能を主として疫病においていることが明らかである。こうした疫病と怨霊を結びつける直接の端緒はどこにあったか。『三代実録』はそれが「天下以為《おもえらく》」すなわち一般巷間の信仰的風潮に発したとしている。上述早良親王の場合は、卜占の結果はじめて安殿親王の病を怨霊の祟りによるとする信仰が発生したようにのべているが、その背後にはすでに世間の風評として取沙汰されるところがあったのである。

神泉苑御霊六柱祭神の個別的な成立事情

要するに民間信仰として御霊信仰は発足したわけであったが、それにしても、あるいは仏を礼し経を説きとある以上、僧侶の参加は決して無視しえないものがある。しからばこの僧侶とはたんに御霊会に臨時に請ぜられた程度のものか、あるいは御霊会運営にかなり指導的役割を演じたものか、また僧侶を招いたものは民間のいかなる人間であったろうか。行事の内容や性格についてはいろいろ疑問の点がのこされている。そこで後世の史料からではあるが、六柱の祭神それぞれの祭祀に関して参考になる事柄をあげてみよう。

室町末に吉田兼満が著わした『神祇拾遺』には、崇道天皇は京極上御霊、伊予親王は京極下御霊、藤原吉子は高野御霊、藤原広嗣は木津御霊、橘逸勢は下桂御霊、文屋宮田麻呂は綴喜御霊としているが、平安後期あるいはそれ以後において、いつしか後述する火雷天神と吉備大臣の二柱が加わって八柱になり、近世京都の地誌類もすべて八所御霊とし、吉備大臣は上御霊に合祀、菅公は上桂御霊としてまつられたとのべている。『扶桑京華志』(巻一)その他の地誌によれば、最澄奏聞してこれら八柱の祠をたてたとあり、あるいは天慶二年(九三九)ある人が岐神《ふなど》をまつって御霊神と称し、やがて出雲寺の鎮守になったとも、またはもと京極西一条北にあった幸神を天慶二年、京極出雲路に遷して御霊と称したとも伝える。『山城名跡巡行志』(第二)は上御霊社の祭神を八所御霊とし、これに付属の観音堂は上出雲寺(小山寺)の一堂で、小山郷には伝教・智証両大師の寓居があったと伝えている。こうした所伝から推定して、洛中の祭祀である上下両御霊社の創立には、後述北野天神と同様、天台密教の僧侶の活動が考えられよう。『扶桑京華志』には早良親王の霊は親王の姪春原五百枝が延暦十七年三月、遺骨を八島陵に収めた因縁から、五百枝の子孫が代々社司として霊をまつるようになったとしており、五百枝は井上内親王の娘、能登内親王を母とするが、直接、早良親王と血縁関係はない。また父は光仁天皇の孫市原王で五百枝のとき延暦二十五年五月、春原朝臣の姓を賜わり、正三位参議中務卿まで進んだ。春原氏系図によれば五百枝の曾孫祐允（または祐之）は神道大阿闍梨大僧正出雲寺別当となり、行光坊と号し、御霊社の社務を兼ねた。こうして上御霊社は九世紀を通じ、天台僧侶の手で出雲寺を神宮寺とする宮寺組織が成立したものと思われる。少なくも崇道天皇・伊予親王・藤原吉子の三柱を御霊とする信仰の風潮は洛中では出雲寺を中心とする天台僧によりリードせられ、ことに賀茂川筋にあって水辺の祓いをおもな行事とする民間の疫神（＝雷神）祭祠がそれに参加したのではあるまいか。賀茂川水系は上流では高龗神《たかおかみのかみ》（＝別雷神）をまつる貴船社をはじめとし、別雷神をまつる上賀茂社、下流では𩃋神《はたたきのかみ》（＝別雷神）をまつる真幡寸《まはたき》社など雷神系（疫神系）の祭祀多く、また陰陽道が関係してより有名になった七瀬祓の場所も川合・一条・土御門・近衛・大炊御門・中御門・二条末などすべて賀茂川筋の霊所で、これらは平安遷都以前より疫神・雷神をまつる聖地として民間にはやく知られていたものであろう。したがって冤罪者の近親・従僕などの縁者がそうした聖地・霊社を利用して御霊をまつる機会は頗る多く、神祇への接近をはかる平安密教の僧侶がこれを援助することも容易であった。

次に下桂御霊といわれる逸勢の祭祠についてはいま右京区桂久方町鎮座の社がそれに当

るかと思われ、それに対して火雷神をまつる上桂御霊があり、それはいま上桂西居町鎮座の社かと思われる。恐らく桂川右岸の桂地方に行われた雷神信仰に逸勢の怨霊が付会せられたにちがいないが、地域的に桂と逸勢が結びつけられる理由は明らかでない。ただ桂川の東、程遠からぬところにある西寺には平安初期、御霊堂がたてられており、下桂御霊の成立には真言密教の僧侶の活動があったのではないかと思う。これとは別に洛中の逸勢邸である蚊松殿の近く姉小路猪熊には逸勢社が創められ、『百練抄』には後白河上皇が平治元年（二五九）九月二日の祭に金銀錦繡の意匠をこらし面形を捧げもつ風流を行わしめられ、世人の注目をうけた記事があって、御霊会が華美をほこるまでになっていた様子が知られるが、仏教との関係は知りがたい。

文屋宮田麻呂も同様で、『山城名勝志』に綴喜郡（いま久世郡）志摩村にあり、志摩御霊ともいうのが綴喜御霊のことであろうかとしているほかに史料がない。現在の京都府城陽町富野《との》荘あたり、木津川に遠くないところと思われ、宮田麻呂と土地との因縁や寺院関係がどのようになっていたか、恐らくこのあたり一帯は南都仏教の支配に属し、真言密教の勢力が強く、やや北の寺田には円城寺なる有力な興福寺の末寺があったので、わたくしは下記の木津御霊と同様、南都系の真言僧侶が綴喜御霊の祭祀に関係あるものと推定する。そこで木津御霊と呼ばれる藤原広嗣であるが、現在相楽郡木津町鎮座の御霊神社がそれにあたるのであろうか。なお木津の東方瓶原《みかのはら》村（いま加茂町に入る）例幣にも崇道天皇と広嗣をまつる御霊社がある。井上頼寿氏の『京都古習志』二十三ページによれば、木津の十六の宮座行事として十月十六日より御湯の行事と供物の調理が行われ、二十日頭屋の家(本当)から御霊社参拝・供物献上が行われるが、供物中、餅三包は崇道天皇・伊予親王・藤原広嗣の三柱のためであるとしている。そもそも広嗣の怨霊の成立には最初から玄昉調伏という仏教との因縁がからんでおり、九州では既述のごとく鏡社において早く宇佐八幡弥勒寺系仏教がこれと関係をもったが、木津御霊の仏教的背景を具体的につかむことはむつかしい。ただ『今昔物語集』には、広嗣の崇厲を鎮めるため朝廷は吉備真備を九州に遣わされ、真備はその得意とする陰陽道をもってわが身を護り、かつ怨霊の祟りをも停めえたとあって、少なくも平安中期には陰陽道も広嗣御霊の信仰に関与したことを暗示しているのは興味深い。

いずれにせよ、神泉苑にまつられた六柱中、崇道天皇・伊予親王・藤原吉子、三皇族の御霊が賀茂川水系の疫神として出雲寺を中心にした天台系僧侶によりリードせられたのに対し、橘逸勢・藤原広嗣・文屋宮田麻呂、三官僚の御霊は桂・木津川水系の疫神として真言系僧侶の関与するところであったと思うが、のちには天台系の活動が、より優勢を占め、六柱を含む御霊信仰全体の主導権を握る勢いとなった。吉備大臣は前記のように広嗣の崇厲を鎮めるものとして、これに菅公の御霊出現によって高揚された火雷神が加わり、平安後期には八所御霊に発展した。そうして神泉苑の御霊会はまだ左様な情勢が馴致される以前の時代であった。

御霊会流行の時代背景

神泉苑御霊会の前年である貞観四年九月十七日には旱魃で、京中民家の井泉涸渇により、神泉苑西北門を開いて都民の出入りを許し、水を汲ましめたが、同年末より翌年にかけて咳病猖獗を極め、貞観五年正月二十七日、御在所および建礼門・朱雀門において大祓を修し、都民の困窮者を賑給した。同年二月一日、勅して陰陽権助兼陰陽博士滋岳川人ら陰陽師を大和国吉野郡高山に派し、虫害を攘う祭事を修せしめ、二日、死穢に触れた人の参内を防ぐため、朱雀門前に大祓を行なっている。三月に入り、四日には七道諸国名神に幣を班《わか》って名社神明に祈り、同十五日には五畿七道に詔を下し、陰陽寮の勘奏により今年天行の疫があるとトせられたから、諸国では安居中をもって『法華経』『最勝王経』を講説転読し、秋までこれに専念せよと命じた。同月二十三日には百二十人の僧を請じて内殿・中宮・神泉苑三カ所で三日間の『大般若経』転読が行われた。四月三日には伯耆国講師伝燈法師位賢永の奏言を許したが、それは凶作・疫病を止めんため、供料を割いて一万三千仏と観世音菩薩像および一切経を図書・書写し、穀百斛《こく》を貯えて燈明の料とし、国分寺に置きたいというものである。地方よりも災厄をみかねた僧侶からこうした申し出があったのである。十日また建礼門前で大祓、五月十三日、六十僧を内殿に請じて三日間『大般若経』転読があった。

以上のべたところをみても疫病流行・天候不順はかなりはなはだしいもので、政府が対策に苦慮していた様子が窺われ、遂に最後手段として民間の行事をとりいれるに至ったと察せられる。すなわち民間御霊会の形式にならったものであるから、主催者として来り臨んだ基経・常行ら勅使は、民間にあっては土地の豪族がこれにあたるであろうし、また律師慧達が講師となって説経したように、民間でも僧侶が怨霊の鎮魂・慰和に読経・説経を通じ中心的役割を演じたものと思われる。仏教色をおびた民間の行事としてここに思い合わされるのは北辰祭の流行である。『類聚国史』によれば、延暦十五年（七九六）三月、詔をもって北辰を祭るのを禁じているから、これ以前、すでに盛んとなっていたものである。また同十八年十月と弘仁二年（八一一）九月にも伊勢斎王が伊勢入りをされるので洛中洛外の百姓に北辰祭を禁じている。これらの禁令によると、たびたびの布告にもかかわらず、これが守られないのみか、京畿の吏民ら春秋ごとに職をすて業を忘れ、相集って男女混淆、清浄をけがし災を招き神罰を蒙るものがあるという。けだし密教および道教・陰陽道からきた北極星の信仰は災厄をはらい五穀豊饒と無病長寿を守る尊勝王もしくは妙見菩薩としてあがめられ、奈良朝を通じ雑密信仰流行の波にのって人気を博したものであろうが、禁令にのべるところから察すれば、祭りに伴うさまざまな余興に民衆が熱狂したらしく、そこには政府の凶作・疫病など社会的災害に対する無策と陰惨な政権争奪への民衆の不満のはけ口が見出されるようで、背後には地域社会における民間僧侶の習合的活動が考えられるのである。御霊会も、その発生し来る事情においては北辰祭と大差なかったのではあるまいか。また御霊会の宗教的指導の中心人物となったと思われる律師慧達は僧綱所の職員として官僚的地位にあったから、官営の御霊会に参加したといえようが、そればかりでなく、その出身である薬師寺において万燈会をはじめ、亡者追善を通じて社会福祉を念じ、あるいは比良山に修験行法をつんで法験をたくわえた人で、御霊を呪術的に鎮撫する適任者であった（拙著『浄土教芸術と弥陀信仰』二六一—二三二ページ）。朝廷の御霊会執行はただこの一回に止ったが、これによって洛中洛外にいっそう強く御霊会ブームを巻き起したのは想像に難くないところであり、それが必ずしも朝廷の期待する結果ではなかったと察せられる。

七　祇園社の御霊神的発展

祇園社の発祥

神祇が自然神より人格神へ進化しゆく過程において起った御霊信仰は、呪術的行儀作法を通じて仏教（とくに密教）が原始的神道よりはるかにすぐれた人間救済の宗教であることを示す絶好の機会を提供し、民間の神祇祭祠は急速に仏教化の傾向を強めた。すなわち平城京以来、大都市生活の展開は疫病流行の災害を集中的にエスカレートし、世人の関心をこれに引きつけた結果、御霊信仰は疫神信仰にほかならず、疫神のあらぶる機能を調伏し慰和する（したがって反対に無病災息を期待する）ためのすぐれた呪法は、より複雑化高度化した密教的呪術作法であり、それによって神祇は煩悩にもとづく祟りの機能を捨て、利益《りやく》と慈悲を本誓とする仏菩薩の地位へ昇華しゆくとする僧侶の教化活動の方向は、一般社会の大きな魅力となった。かくて御霊は密教を媒介とすることにより、人格神からさらに抽象化され理想化された仏尊の領域へ接近する傾向を示しはじめた。御霊は必ずしも特定の歴史的冤罪者としてのイメージを留めていなければならぬ時代は去りつつあったのである。そうしてこれを代表的に象徴するものが、かの祇園社の出現であった。

そもそも祇園社の発祥については、当初の記録なく、後世あらわれたものには諸説あって、その真相を把握することは容易でないが、室町期の作である『二十二社註式』によると、はじめ播磨国明石浦にあらわれ、ついで同国広峯に移り、さらに京都北白川の東光寺に転じ、陽成天皇の元慶年中（八七七―八八四）、祇園に遷座した由が記され、播磨国に起原をもつとする説が多く行われてきた。現在、播磨広峯社は同地方の祇園社として有名である。しかし同じ『二十二社註式』はそのあとに、承平五年（九三五）六月十三日付の、「応《まさ》に観慶寺を以て定額寺と為すべきの事」とある太政官符を掲げ、この寺は山城国愛宕郡八坂郷の地一町に在り、檜皮葺《ひわだぶき》三間の堂一宇、檜皮葺三間の礼堂一宇の堂舎があって、薬師像一体、脇士菩薩像二体、観音像一体、仁王毘頭盧像一体、『大般若経』一部六百巻が安置され、別に天神・婆梨・八王子をまつった五間檜皮葺の神殿一宇、五間檜皮葺の礼堂一宇がある旨を記載し、山城国の解《げ》として故常住寺十禅師伝燈大法師位円如が貞観年中（八五九―八七六）創立するところとのべ、あるいは言うとして、円如が貞観十八年託宣により八坂郷へ移し、藤原基経が旧社地より建物を運ばしめて精舎を建てたとのべている。以上のうち史料として信頼すべきものは太政官符や山城国の解であり、円如が貞観年中に創建したものと考えられる。円如が広峯から移建し基経がこれを助けたとの或る説は、その典拠が明示されていないところから、にわかに従いがたく、権威をつけるため祭神を遠方からの降臨とし、あるいは権力者の援助をとくことは中世的社寺縁起の常套手段でもあったからである。ついで『日本紀略』延長四年（九二六）五月二十四日条には、ある修行僧が祇園天神堂を建立供養したとみえており、近世の編集にかかる『東大寺雑集録』には興福寺僧円如が春日水屋を承平四年（九三四）六月二十六日に移して祇園天神堂を建てたとのべているが、恐らく円如が創建した神殿を再建したもので、修行僧を円如とするのは誤りであろう。そうして円如が神殿に安置した天神・婆梨・八王子の三神とは牛頭《ごず》天王（武塔天神）、その眷属神である波利采女天王と八王子（大歳神・大将軍・歳刑神・歳破神・歳殺神・黄幡神・豹尾神・大陰神）をさすもので、祇園天神堂の天神はこの時代すでに天神＝雷神＝御霊として考えられていたことというまでもなく、したがって牛頭天王はすでに御霊的疫神として知られていたのである。

牛頭天王と宿曜道

この奇妙な牛頭天王なる神は、日本固有の神祇でもなく特定の歴史的冤罪者でもない、まったく僧侶によって導入された外国の神であった。もっとも後世、牛頭天王が素戔嗚尊にほかならないといわれるのは一体何時頃からであろうか。それについて記されたもっとも古い『祇園社牛頭天王縁起』『備後国風土記逸文』の「疫隅国社《えのくま》」の文は鎌倉時代、卜部兼方の『釈日本紀』巻七に引用されて有名であるが、仮名交り文として一応左に掲げる。

昔北海に坐《ま》しし武塔の神、南海の神の女子《むすめ》を婚《よばひ》にいでまししに日暮れたり、その所に蘇民と将来と二人ありき、兄の蘇民将来はいと貧窮《まづ》しく、弟の将来は富饒《とみ》て屋食《いえくら》一百ありき、ここに武塔の神、宿処《やどり》を借り給ふに惜しみて借し奉らず、兄の蘇民将来は借し奉る、すなはち粟柄《あわがら》を座として粟飯等を饗《あ》へ奉りき、奉ることここに畢へて出でませる後に、年を経て八柱の子を率て還り来て詔り給ひしく、「我奉《やしな》はれし報答《むくい》をなさむ」といひて「汝が子孫その家にありや」と問ひ給ひき、蘇民将来答へて申さく、「己が女子とこの婦《つま》と侍」と申しき、すなはち詔り給ひしく、「茅の輪を腰の上に着けしめよ」と詔り給ひき、詔のまにま著けしめしにその夜に蘇民の女子一人を置きて皆ことごとに殺し亡してき、すなわち詔り給ひしく、「吾は速須佐能雄の神なり、後の世に疫気あらば汝蘇民将来の子孫と云ひて茅の輪を腰の上に著けよと詔る、詔《のり》のまにま著けしめば、その夜ある人は免れなむ」と詔り給ひき。

この文が果して古風土記の文そのままであるかどうかにより素戔嗚尊＝牛頭天王の思想の古さも変ってくるわけで、奈良時代より鎌倉時代まで諸説のちがいも大きいが、恐らくは延長頃（九二三―九三〇）撰進の風土記逸文とみるのが妥当ではあるまいか。とすれば、貞観の創立より半世紀余りにして素盞嗚尊なる人格神的なものの付会が行われたわけであるが、この時期は菅公の御霊信仰が漸く世を風靡しようとする段階にさしかかっていたのである。祇園社にとって第二段の飛躍期に入ったことを示すものであろう。（引用文に見える蘇民将来は巨旦将来の誤りであろう。）

ところで円如が観慶寺を創立するにあたっては、祇園の地とどんな関係があったのであろうか。仮りに想像するならば、洛東八坂の地は、本来、神送りのわが原始的神道儀礼の場所ではなかったろうか（柴田実氏「祇園御霊会」『京都大学読史会五十年記念国史論集』）。あらゆる不幸災厄を除去するためにこれを負わせて棄却し去る形代、つまりそれは祟る神霊であり、疫神であったが、そのための祭場が京都周辺、市街地のはずれに設けられていて、八坂の地もその一つにほかならなかったのであろう。円如が国家のため天神堂建立にこの地を選んだのはむろん疫病そのほか天災の頻発した貞観頃の世相にかんがみ、強力な外来的仏尊の呪法をもって八坂を中心とする洛東を神送りの暗いイメージから薬師浄土的な明るい聖地に転ぜしめようと企図したのではなかったか。

然らば牛頭天王はいかなる外来神であろうか。所依の経典とみるべき義浄三蔵訳の『仏説武塔天神王秘密心点如意蔵王陀羅尼経』、不空三蔵訳の『天刑星真言秘密』はじめ『牛頭天王経』『波利采女経』『八王子経』『薬宝賢経』『六字経儀軌』『法賢訳経天星軌上』『雙身毗沙門軌』はいずれもわが国で偽作されたもので、インド・中国における教義内容は明らかでないが、起源をインドに発することだけは『飜訳名義集』（巻三）の説明によって知られている。そこでは牛頭山はまた摩羅耶山・高山・摩梨山ともよび、山中旃檀の樹多く、山容牛頭に似たるをもって牛頭旃檀とも名づける。白檀は熱病に、赤檀は風腫《しゅ》に効あり、火傷・刀傷にも速効を示すところから、牛頭天王なる疫神信仰が発生したのである。これが密教にとりいれられ、やがて天文道・陰陽道と習合した宿曜道の神へと発展した。宿曜道の経典である『文殊師利菩薩及諸仙所説吉凶時日善悪宿曜経』二巻は大同元年（八〇六）、空海が中国より伝えたもので、それ以前には『北斗七星延命経』『安宅神呪経』等が輸入されていたが、『宿曜経』には二十八宿が説かれ、そのうちの牛宿ははなはだ吉祥で三星あり、牛頭の形をし、風梵摩神、姓は奢拏耶那で、乳粥香花薬を食すとある。つまり牛頭天王は宿曜道に入って星宿神ともなった。けだし円如は興福寺出身で南都仏教以来盛んとなった宿曜道に詳しく、そうした特殊な立場から神道・仏教を習合した新しい信仰を興し時流に乗ったのである。

祇園御霊会とその他の宗教行事

かくて天慶五年（九四二）六月、将門・純友の乱に際し、平定報賽として東遊・走馬十列の奉納があるほどに神威は朝廷からも認められ、天徳二年（九五八）疱瘡流行のため朝廷より『大般若経』転読が行われた。天禄元年（九七〇）六月十四日はじめて御霊会が行われたとの所伝は公に認められた行事の意味における最初とすべく、祇園天神堂が出来た延長・

承平の頃（九三一―九三七）から事実上は行われていたものとみてよいであろう。天延二年（九七四）三月、観慶寺感神院を延暦寺別院とする官符が出ており、天台は座主良源の手腕によって南都仏教の支配下にあった祇園社を延暦寺末へとりこむのに成功した。祇園社別当感神院の存在もこの頃から知られてくる。天延三年六月十五日、公家より走馬・勅楽・東遊・御幣等を感神院に奉っているのは前年秋、疱瘡御悩により立願された報賽によるものである。太政大臣藤原兼通みずから感神院に赴き、公卿これに供奉して盛大を極めた。御霊会も逐年華美を加え、長保元年（九九九）六月十四日の祭には前年より京中で知られた無骨と称する雑芸者（実名は頼信、法師形）が都民の見物にするため、さながら朝廷でたてられる大嘗会の標《しめ》のごとき巨大な柱をたて、境内を引きまわした。奇抜な催しで観衆を驚かせようとしたのであろう。藤原道長はこれをきいてただちに停止の宣旨を下し、検非違使に命じて無骨を逮捕せしめようとした。その前に無骨は姿をくらまし捕えられず、ただ社に対して無骨の柱をたてぬよう命ずるに止った。ときに祇園天神おおいに怒り、礼盤より祝師僧を蹴落し、下人に託宣した。どのような託宣であったか、朝廷の態度を非難したものであったに相違ないが、神の祟りのはげしさは現実にその夜の大内裏炎上となってあらわれた。寅刻ばかり修理職内造木屋より出火し、内裏全焼した。二十七日災火は一体何の祟りか占わしめられたところ、辰午未方の大神の祟りと判明した。多分は大原野・春日・住吉・祇園のいずれかであろうという。よって翌日四社に鎮謝の奉幣が行われたが、本命はむろん祇園社で、無骨の一件は朝廷の敗北、民衆側の勝利に終ったのである。

その後の祇園御霊会の様子は記録が欠けてはっきりしないが、長和二年（一〇一三）の祭りでは御輿の後に散楽空車が出たと記している。空車《むなぐるま》は屋根のない車を指し、ここで散楽を演じたのであろうと推測されている（柴田実氏「祇園会の沿革」）。ところがここでも官憲の弾圧があって道長の命をうけた雑人多数が散楽者に乱暴を働き衣裳を破り、ために御輿の巡行が停滞した。行列の供奉人や見物人は恐らく神の祟りがあろうと噂したが、果してそののち氷雨・雷電の災異が起った。要するにこの御霊会は民衆の熱烈な盛り上りによって発展したもので、朝廷の重なる規制は彼らの反撥を高めたにすぎなかった。鎌倉期に入ると祭りの頭役である馬上役は洛中富家の輩に宛てられ、神幸・祭儀の費用はほとんど民間人で賄われるに至った。

御霊会以外の祭儀としては、のちの史料ながら『八坂神社文書』によってみると、毎月恒例の天下御祈禱のほか、正月の大神供神事、同十五日の宵粥神事、三月十四日の千文祓神事、五月一日の榊の神事、同五日の千満樹神事、六月晦日の名越祓神事、九月念仏、十月会、十二月仏名会のほか、毎月長日御供が三旬にわたって修せられ、四月には供僧が安居供花をつとめる。興味あるのは当社宝前で読まれる『大般若経』転読の際の開白に、

梵天・帝釈を始め奉り、四大天王・日月五星・諸宿曜等、惣じては日本国中大小之神祇冥衆、別しては当社牛頭天王・聖女王子・諸神部類眷属等、殊には信心の施主本命

元神・本命曜宿・泰山府君・息災延命・法楽荘厳・威光之に倍増す、云々とある文句で、仏教・神道・陰陽道三者習合の信仰がただちに感ぜられる中でも、陰陽道的要素が重きをなしている点に気付かれよう。

職員の構成については、永和三年（一三七七）五月の「社僧名注進状」によると、権長吏（法印大和尚）一人、大別当（法印大和尚）一人、社務執行（権少僧都）一人、大別当（法眼和尚、権律師、大法師）五人、権上座（法橋上人）二人、権別当（阿闍梨、大法師）二人、寺主（大法師）一人、権寺主（大法師）一人、都維那（大法師）一人、権大別当（阿闍梨、大法師）六人、少別当（阿闍梨、大法師）四人、計二十五人となっており、宝徳二年（一四五〇）の「感神院番仕次第」では検校を兼ねた天台座主の下に別当（権大僧都）一人、権長吏（権律師）一人、社務執行（権律師）一人、大別当二人、権上座（法眼・法橋）四人、権別当二人、権大別当（阿闍梨、大法師）四人、少別当（阿闍梨、大法師）九人、計二十四人が記されていて、神官・供僧衆・祝僧はその下に位置する大規模な宮寺制であった。少別当以上の幹部級は感神院・宝寿院に属し、有力な社僧の家として常陸少将有方の子行円の家系が代々権長吏・大別当・執行等の要職についていたと伝えられる。以上の宮寺体制は恐らく御霊会が確立する十世紀には出来上っていたものであろう。

祇園社神像の諸相

『本朝世紀』によると、久安四年（一一四八）三月二十九日、三条河原小屋の火事が延焼して大火となり、祇園社神殿・三面廻廊・舞殿・南門を焼き、社僧わずかに御神体を運び出して南門外に安置した。よって公家はその対策を協議したが、災禍の先例につき延久二年（一〇七〇）十月十四日の火事が回想された。この火事は寺家別当安誉が鍛冶を雇い釘をつくらせているとき出火したもので、宝殿焼け牛頭天王は御足焼損じ蛇毒気神は焼失した。また『扶桑略記』には八王子四体、大将軍等の像も被害の検証をうけている旨記されており、降って承久三年（一二二一）四月十五日の火災に関連し、『玉蘂《ぎよくずい》』には延久二年の炎上で牛頭天王の御足が焼損、八王子・蛇毒気神・大将軍は焼失、八王子一体は取り出し、丈《たけ》六尺余の婆梨女王は両足焼損、丈三尺の八王子のうち三体は一部焼損とあり、多数神体彫像の存在が判明しよう。これらの中で蛇毒気神とは所依の経典なく、いかなる神か不明だが、蛇毒を消すに効ある仏神で牛頭天王と似た機能をもつものであったろう。密教では「辟蛇法」「救蛇苦経」（成賢『遍口鈔』）や「除悪毒法」「治蛇毒法」（『覚禅抄』）などの呪法があってこれを陰陽家あたりが神にまつり上げたのではなかろうか。中世には牛頭天王・八王子・大将軍など祇園社の祭神はほとんど陰陽道の神として恐れられたのである。これらの彫像がどのような風貌のものであったかも現在知る由はないが、『小朝熊《こあさま》神社神鏡沙汰文』延久三年（一〇七一）五月十七日条に上記、延久の火災による神体再造のうち、蛇毒気神につき、社僧が神意を伺ったところ、夢中に冠をつけ頭髪を左右ふりわけにし、赤色に金薄を押した衣の大身の俗形があらわれ、童子を一人つれており、手に白杖を捧げていた。また他の夜の夢中に紺青色の忿怒像があらわれたので、公範なる僧がこれは仏がはじめて成道のとき、障碍をなす者の姿であろうかというと、布衣をつけた僧が答えて、いや、魔形でなく、ただの変貌身であると申した。右に示された二つの像容は蛇毒気神についての十一世紀の思想をあらわしたもので、天台の常行堂にまつられる摩多羅神（第十四章参照）のごとく一種の障碍神と観られていたらしいが、俗形でかかる風貌にあらわされた神体の遺品はいまのところ祇園社系神像で知られたものはない。強いていえば山崎宝積寺板絵神像中にみえるものも怒髪忿怒相で、右手に鉾をとり、室町期の法華三十番神図になると右手に玉の鎖、左手にマサカリをもつ。現在の遺品で参考にしうるものとしては、中世をつうじ祇園社とは末社の関係にあった大将軍八神社（京都市上京区一条御前通西入）が所蔵する多数神像をあげえよう。この社はもと平安京鎮護のため、都の四方に設けられた大将軍社の一つと伝え、『山槐記』治承二年（一一七八）十一月十二日条に神社四十一カ所、仏寺七十四カ所へ高倉天皇中宮安産の祈願として奉幣された記事があり、四十一カ所の神社中にみえる大将軍堂がそれにあたると考えられている。降って南北朝頃の『祇園執行日記』（正平七年二月八日・十日条）には上大将軍社の名で祇園社末社に取扱われており、現在、素盞嗚尊五男三女神を祭神としているのも、祇園社の影響を示すものであろう。

さて当社所蔵の神像を服装上からみると、衣冠束帯の坐像および立像が二十二体、武装の坐像および半跏像が四十三体に上り、牛頭天王・八王子・大将軍・蛇毒気神のごときは降魔的機能のいかめしさを表現する上から、武装神像（図1）がそれに相当するとみてよいであろう。作はすべて平安朝より後のものと判断されるが、像容は恐らく最初の伝統をついだものに相違ない。大体は薬師如来の眷属である十二神将や四天王の服装によってつくられたものとみてよいであろう。

これとは別に京都府綴喜郡普賢寺村の素盞嗚尊をまつる朱智神社には、平安末の作と覚しき牛頭天王の木彫像一軀（図2）あり、顔は三面にして牛頭を戴き、唐装束、頭髪は逆立ち叱咤の相を示す、右手は中指と食指を揃え立てて叱咤の印をあらわし、左手に宝珠を持するが、後補であって恐らくはじめは薬壺であったかと思われる。足は左足を開き、立上る状態である。仁和寺所蔵『本要記』に、九所明神の第四、牛頭天王について、

図1　武装神木像（大将軍八神社蔵）

図2　牛頭天王木像（朱智神社蔵）

三面は本仏日光月光とあり、また十一牛頭を頂くとみえて、この像にもある程度あてはまるところがある。要するに動的な表現で忿怒鬼神が降魔の所作をなしつつあるところであろう。当社の下手、普賢寺谷の入口には興福寺末の普賢寺があり、中世には同寺の鎮守として寺の管理下にあった。室町期の文献である『大乗院寺社雑事記』（文明二年六月二十六日条）には祇園社人が牛頭の金色像を砕いて売り飛ばし、露顕した為淀河に投げ込まれた話がのせられていて、牛頭天王像が金製の鋳造であったらしく想像される。あるいは平安朝より牛頭天王像は黄金製であったともみられる。また治承三年（一一七九）四月、沙門観海なるものが祇園三所権現御正体、金銅三尺仏菩薩三体ならびに同常住三尺円鏡三面を鋳造するための勧進を行なっているように、御正体鏡もあったのである。ここでは牛頭天王・婆梨采女・八王子はそれぞれ本地、薬師如来・文殊菩薩・十一面観世音菩薩と記され、三尺の仏菩薩像三体はこれらの本地仏であった。南北朝の作とみられる『簠簋内伝《ほきないでん》』は祇園社僧の手になる陰陽書と思われるが、八王子には一一本地仏がきめられていて、大歳神は薬師如来、大将軍は佗化自在天、大陰神は聖観音、歳刑神は堅牢地神、歳破神は河伯大水神、歳殺神は大威徳天、黄旛神は摩利支天、豹尾神（蛇毒気神）は三宝大荒神をそれぞれ本地としている。大将軍・蛇毒気神は八王子に入れる場合も入れない場合もあり、その本地も『神道集』（第十三章参照）ではまた異なる組合せになっているが、『簠簋内伝』の本地仏は薬師如来以外ほとんど天部や守護神で、陰陽道と下級仏尊との習合は本地垂迹説によって馴らされた中世一般民衆にとって神仏習合とも何ら変りないものとしてうけいれられたであろう。

八　天満天神信仰の成立と御霊思潮の変転

宮廷における菅公崇厲の発現

前の二つの章で、われわれは御霊信仰の発展が歴史的人格神の怨霊を対象とする純粋の御霊社系とまったく外来の疫神である牛頭天王を対象とする祇園社系の二大潮流となり、背景となる僧侶の活動は前者がおもに天台系、後者がおもに南都＝真言系によってリードされてきた次第をみた。祇園社系はやがて十世紀以後、天台の支配に入るが、特異な陰陽道的・宿曜道的色彩によって、天台の支配下とはいえ日吉社のごとき鎮守的性格を負うことなく独自の展開をみせた。これら二大潮流による御霊信仰の高揚は、やがて最大の怨霊である天満天神を生み出すに至って最後の段階に達したとみられる。

天満天神出現の発端は天慶五年（九四二）七月十二日、京都右京七条二坊十三町に住む多治比文子《あやこ》に神託が下った時点から始まるが、これは道真の死後すでに四十年を経過した頃の出来事であった。しかし『扶桑略記』によると、道真の怨霊は彼が延喜三年（九〇三）二月二十五日、筑紫の配所に卒した歳の四月二十日、早くも詔して本職を賜い一階を増し、昌泰四年（九〇一）正月二十五日の左遷の宣命を焼却せしめ、勅して火雷天神と号さしめた事実から察してその死の直後より信ぜられたようにみえる。いっぽう『日本紀略』は延長元年（九二三）四月二十日に菅公を右大臣に復し正二位を賜り、左遷の詔を棄却したとしていて、いささか年次に食いちがいがある。たとえ後者が正しいとしても怨霊祟厲の発現が信ぜられた時期は少なくも五年後には到来したのである。すなわち延喜四年二月十日、時平は思い通り二歳の保明親王を立坊せしめ、源光・藤原定国・同菅根ら道真追放に活躍したその与党を東宮職の職員とした。しかるにそれより四年後の延喜八年五月十四日、朝集堂に渤海の使節を饗応しようとした昼頃、激しい雷雨となり、堂内浸水して予定は翌日に延期された。これがあたかも怨霊発現を予告するかのごとく、接待に奔走した藤原菅根は八月七日に卒し、翌年は春から疫病流行して四月四日、中心人物である時平が薨れた。彼は病中、菅公の怨霊に悩まされ、内供奉十禅師相応和尚を請じて加持せしめ、さらに三善清行の子、僧浄蔵の加持をもうけた。浄蔵が祈禱中、菅公の霊あらわれ、左右の耳より青龍を出し、清行に対していう、生前貴公の諫言を用いずついに左遷に遭うたが、いま天帝の裁許をえて怨敵に復讐しようとしている、ついては貴公の息浄蔵の加持が邪魔になるから止めてほしいと。浄蔵は父の誡による加持を停めて退出したところ、時平は死んでしまった。ついで延喜十三年三月十二日源光が死んだが、それに先立ち五十九を定命とする夢告をうけたため、天台僧増命和尚を請じて観音法や延命菩薩の法を修してもらい、九年の寿を加えたとまた夢告があったが、果して六十八歳でなくなった。この話から源光も怨霊を気にしていた様子がうかがわれる。

それよりさらに十年たって延喜二十三年三月二十一日、皇太子保明親王は病なくして二十歳でなくなる珍事あり、頓死されたらしいが、これは宮廷における怨霊の恐怖を最高調に導いた。賀茂祭は停止されたが、宮中に妖怪出現し、訛言閭巷に満ちた。主上恐懼、臣下警動、勅して増命大僧都を請じ、天皇を護持し奉り、御修善あり、侍臣は夢に法軍四面王城を囲み、天兵数重禁闕を警固するをみ、霊験あらわれて天下無事であったと『扶桑略記』にのべている。いかに大きなショックを与えたか想像されるとともに、さらにこれに追い打ちをかけるように右大弁公忠の蘇生一件が起った。公忠は天皇の従兄弟にあたる人、延喜二十三年四月、頓死して両三日後に蘇生したが、その間冥府へ赴き、冥官の門前に至ったところ、立派な衣冠をつけた一丈ばかりの長身の人が金の文挿みに申文をささげて訴えるのをみた。耳をそばだててきくと、醍醐天皇の道真左遷は不都合であると盛んに申したてているので、菅公だと気がついた。そのとき緋や紫の衣装をまとった冥官三十余人並んで立ち、第二の座にあった人が嘲笑するように天皇を非難して、改元でもされればいかがかと発言した。以上の内容を蘇生するや、子息に助けられて参内し天皇に奏上した。翌日ただちに延長と改元せられるとともに、二十九日保明親王の子で三歳の慶頼王を立太子せしめられた。同三年六月七日、天皇瘧病のため増命加持平愈申し上げたとき、鬼が宮中を去ってゆくのがみえたという。十八日慶頼王また五歳にしてなくなった。延長五年に入っては天変や宮中怪異あり、訛言流行し、中には菅公の霊が自宅に戻って息大和守兼茂に大和国より事変が発生するかもしれぬが、汝慎しんで行動せよ云々と語ったとの噂もあった。延長六・七・八年と三年つづいて疫病止まず、禁中鬼出現の噂もっぱらであったが、八年六月二十六日昼下り、清涼殿に落雷して藤原清貫・平希世および近衛二人害せられる事件発生し、天皇ショックの余り病にかかり、常寧殿に遷幸、天台座主尊意毎夜加持をつづけたが思わしくなかったとみえ、九月二十二日譲位、二十九日崩ぜられた。こうして醍醐天皇は生涯怨霊に悩まされた様子であったが、朱雀天皇の時代に入っても世間の動揺は収まらず、承平二年(九三二)八月四日、藤原定方の死を最後として左遷事件に参画した首謀者の与党はほとんど世を去ったあと、朝廷は将門・純友の乱、出羽俘囚の叛乱に手を焼き、ただ神祇奉幣、密教の加持祈禱以外になすすべを知らぬ有様であった。

社会不安と民間宗教の盛行

かかるときにあたって民間では注目すべき宗教現象があらわれ不安な世相を如実に反映した。『扶桑略記』によれば天慶二年(九三九)、粟田山の東、山科郷の北に藤尾寺あり、その南に尼が経営する別の祠があった。これは先年より石清水八幡の熱心な信者である富裕な尼が私に社をたて、八幡大菩薩を安置したもので、霊験ありとて遠近より参詣者多く、市をなすほどであった。その上、本宮をまねて八月十五日に放生会を催し、昼は楽人を招いて音楽の妙曲を尽くし、夜は名僧を請じて菩薩の大戒を伝え、飲食引出物善美をつくし、布施供養山のごとく、ために楽人・僧侶はこのほうに引きつけられて本宮の放生会はさびれてきた。そこで本宮から尼に申入れをし、同じ日に放生会を催すのはさけて、別の日にしてもらいたいとたのんだが、きかれなかったのでついに本宮の職員大挙押しかけて尼の社を破壊し、本尊を本宮に移し、尼も捕えてつれ去った。朝廷の崇敬あつい石清水の大社がもっとも重要な祭儀としている放生会のイミテーションを民間の一女性がはじめ、一時的ながら本社よりも盛大を極めたのは、折しも平将門が下総国石井郷に朝廷のイミテーションをつくり、しばらくの間公家を震駭させたのと軌を一にするもので、スケールの大小はあれ、地方でも中央でも朝廷の権威が問われ出した結果の現象にほかならない。それは尼一人の手腕より、尼の催した放生会のイミテーションに集まった民衆の意識が問題となるので、歌舞音曲の盛大なアトラクション的要素こそ民衆を信仰に惹きつける最大の原因であり、信仰の本質自体はむずかしい教義をこえ、疫病その他の天災や社会的不安を除くための利益信仰ならば、礼拝対象のいかんは問うところでなく、アトラクション的な祭りの盛大化は取りも直さず邪気追放、崇厲魂の慰和鎮撫として広く社会人の共感をよんだ。

るであろう。

その意味から放生会は当時の民衆にとり、御霊会とそのムードにおいて何ら異ならなかったのである。なお石清水八幡宮自体としても御霊信仰を発生させていった次第は後にふれるであろう。

『扶桑略記』は上の話につづけて、いま一つ「或記」の天慶二年の九月二日付の記事をのせた。近日都の左右両京大小の街頭では、木を刻んで一対の神をつくり向い合せて安置することが流行した。一つの神像は丈夫をあらわしたもの、頭上加冠で鬢のあたりに纓《えい》を垂れ、身体を赤くぬり、緋色の衣を着せ、その面貌姿勢はさまざまである。別に女形神像をつくり、臍下腰底には陰陽を描き丈夫の像と向い合せて立て、前に机を置きその上に坏器を並べてある。子供達がその前に集まって騒ぎ賑かである。人々は丁寧に礼拝し、あるいは幣帛を捧げ、あるいは香華を供え、岐神（ふなどのかみ、さへのかみ）とか御霊とか呼んだ。いまだ何の祥《さが》なるかを知らず、時人これを奇とするとある。察するにこれら神像は極めて素朴な俗形像で、性器崇拝の要素をとどめた道祖神的なものとみられるが、奉幣と同時に香華をも供する、素朴ながらも神仏混淆様式の祭祀法をとり、男子像は加冠で纓を垂れ長いひげをのばし、丹身緋衣であったところから推せば、恐らく面貌のきびしい、あるいは畏怖感を伴う閻魔王的表現で、いかにも疫神らしいムードを漂わせる像容のものであったろう。したがって御霊と名づけてもよい神像であった。いささか低級な感じはするにせよ、御霊信仰による習合的風潮はいまや原始的土俗信仰とからみ合いながら街の隅々にまで浸透していった。

それより数年たって、さらに奇妙な出来事が起った。それは『本朝世紀』が同八年七月二十八日条にのせる志多羅神の神幸で、近年学者がよく引用する記事である。念のため、その大体をのべると以下のようである。近日京洛で噂が立って東西諸国より神々が入京すると騒がれた。その神の名は志多羅神とも小藺笠《こいがさ》神とも八面神ともいう。これに呼応するかのごとく、摂津国司より解文が朝廷に出され、官裁を求めてきた。それによると志多羅神と号する神輿三基が二十五日辰刻、河辺郡児屋寺の方より数百人にかつがれてやってきた。幣を捧げ鼓を撃ち、歌舞行列して豊島郡に入ると道俗貴賤男女これに群集し、朝より次の暁に至るまで市をなし、歌舞、山を動かすほどの盛況で、二十六日辰刻また神輿はかつがれ、島下郡に向けて出発した。奉幣歌舞前日に同じく、供物は果物その他数えつくせぬほどである。一基の神輿は檜皮葺で鳥居をつくり、自在天神と称するが、他の二基はさだかでない。つづいて八月三日石清水八幡護国寺三綱より解文が出された。曰く、さきに摂津国司より報告された神輿（六基とある）はにわかに山崎郷に移り、数千万人（少し誇張か）の群集に囲まれ歌舞奉幣しながらついに八幡宮に入りこんできた。護国寺三綱が驚いて神幸の指導者である郷刀禰《とね》らを召し、わけをきいたところ、摂津国島上郡より送られてきた神輿で、どうしたものかと躊躇していると、亥刻ばかりある女に託宣が下り、われは早く石清水宮に参ると告げたので郷より人々集まってここに送ってきたのであると。結局この奇妙な神輿は石清水八幡宮に居坐ってしまったらしいが、『本朝世紀』は神幸中、歌舞しながら謡われた文句を記録している。仮名交りに書下すと、

月は笠著る、八幡種蒔く、いざ我等は荒田開かむ、志多良打てと神は宣まふ、打つわれらが命、千歳したらめ、早河は酒盛らば其酒富める始めぞ、志多良打てば牛はわききぬ、鞍打敷け、佐米負はせむ、

最後に反歌として、

朝より蔭は蔭れど、雨やは降る、佐米こそ降れ

の句がつけられている。一体この神幸の背後にはどんな信仰があるのか、どんな直接の動機があるのかははっきりしないので、学者によりさまざまな解釈がなされ、それぞれにもっともな理由がつけられているが、なお必ずしも納得しがたいものがある。信仰の性格を判断するのに上記の童謡が多少手がかりになるかもしれず、これについてたとえば、荒田開発・名田経営を予祝するところの田楽の儀礼あたりからきたものではないか（林屋辰三郎氏「中世における都市と農村」）、あるいは民間における八幡信仰（柴田実氏「八幡神の一性格」）などの見解が出されるが、この神幸自体に即した具体的説明としては必ずしも適切でない。これはたしかに柴田氏がいわれるように、幕末の「ええじゃないか」を思わせる異常な群集行動であり、その点上記の洛中岐神の流行と似た面がないではない。童謡の内容は豊饒豊作による農民の幸福をたたえたものであるが、「八幡種蒔く」の句があるから、

これが八幡信仰であると判断するならば、八幡神はどんなところに農民信仰と結びつく要因をもっていたのであろうか、その説明がつきにくい。八幡が果して石清水のことかどうか、種蒔くところは田畑であるから「田畑種蒔く」が男山へ神幸が近づくにつれ、即興的に八幡《やはた》ともじったのかもしれず、この種の童謡は適宜語句の改変自由なところに面白味があったと思う。やはりこの神幸の本質は志多羅打つ、つまり拍子をうって歌舞する信仰であり、そのためまつるところは、八幡神でも自在天神でも小藺笠神でも八面神でもよかった。一条兼良の『玉類抄』がひく『吏部王記』逸文によれば、自在天神は、菅公の霊で他は宇佐春王三子と住吉神だという。小藺笠神・八面神の名は志多羅神と同様、まつる人々の服装や行儀に関したところからの思いつきであろう。つまり思いつきの名でもつけなければつけようのない、そういった神の信仰であった。拍手によって悪魔を払い、歌舞音曲あらゆる種類の供物を飾って富貴延命の利益は期待しえたのである。華美な御霊会ムードにまさに通うものがあるが、柴田氏がいわれるように、神輿を郡から郡へ逓送するところに虫送り・遷却崇神の意味があるとすれば、神幸の背後にある土俗信仰にはたしかに疫神的性格が看取され、いよいよ御霊会的基調に発した異常事態であったといわざるをえない。

朝廷の菅公崇厲への対策

以上道真没後より多治比文子託宣に到るまでの間における朝野の御霊信仰的風潮を概観

したのであるが、醍醐天皇一代の宮廷の様子をふりかえってみると、菅公怨霊の祟りを封ずるための努力は主として天台の高僧に依存した形で行われた。増命・尊意・浄蔵らがそれで、とくに増命は頻繁に宮中へ出入した。前二者は円珍の弟子で天台座主に上り、後者は三善清行の子、宇多法皇の弟子とはいえ、勅命により叡山に受戒、時平死後責任を感じて横川《よかわ》に籠居した。彼は天台僧としては特異の存在で、顕密・悉曇《しったん》・天文・易筮・医卜・絃歌・文章《もんじょう》・伎芸に通じ、なかんずく易をもって吉凶を判じ、呪術医療に名声をあげ、横川・熊野等に修行し、多分に修験者的色彩をもつ人物であったことは注目されよう。

総じて朝廷が真言より天台僧を召されたのは道真と同じ立場にあった宇多法皇が真言宗仁和寺で益信《やく》（石清水勧請の行教の弟）を戒師に出家され、空海の法流を伝える人となられたからであろう。当時真言宗には、ほかに聖宝・観賢らがおり、必ずしも人材に乏しくはなかったが、感情的にも、菅霊調伏に法皇と親しい真言の高僧を召すのはさし控えられたのであろう。むろん法皇は叡山に登山して増命からも廻心戒・五瓶灌頂《かんじょう》秘法をうけられたが、天皇や藤原氏を顧慮しての考えから出たとも推察されよう。それにしても何故宮中ではかつてないほどの怨霊被害意識が高まったのであろうか。かりにこれを早良親王の怨霊におののいた桓武朝と比較してみよう。桓武朝では安殿親王の長期にわたる病気と一般社会の疫病流行で、早良親王のみならず、井上内親王・他戸親王の怨霊までが考えられ、そのため冤罪者の地位回復・追号、陵墓の改葬整備、神社奉幣、国分寺僧の転読などの対策がとられた。それに対して醍醐朝では皇太子が二人もつづいて早世され、事件の首謀者が相ついで斃れ、あまつさえ清涼殿に落雷して公家が傷つく事件まで発生し、加えて道真を寵用した宇多法皇がなお御在世中とあっては、天皇以下藤原氏はさすがに自責の念にかられざるをえず、必死の祟厲対策がつづけられ、天台密教は護持活動の中心たる観があった。その上、疫病・疱瘡の猖獗は稀にみるものであったらしく、世上騒然たるものあり、期せずして朝野上下の別なく菅公御霊の祭祀は時代の要望となった。それは時代が醍醐朝から朱雀朝にうつり、東西に兵乱をみて朝廷の権威失墜がはなはだしくなるのと併行して、民間から時代の要請を実現すべき、きっかけはついにつくり出された。

北野天神社発生の経緯と天満天神号の成立

多治比文子の託宣にはじまり、北野社成立におよぶまでの経緯については、すでに西田長男氏の「北野天満宮の創建」に詳細な研究があるので、大体はこの御高説によってのべておこうと思うが、同氏も示されたように、これをうかがう史料として『北野天満自在天神創建山城国葛野郡上林郷縁起』『天満宮託宣記』『最鎮記文』の三つの文献があり、作者は前者が多治比文子、後者が僧最鎮で、中者は多分菅原道真の庶流であり淳茂一流の手によって編集されたものではないかと考証されており、このような推論をすすめることによっておのずから北野社創立の真相が明らかになるであろう。まず西田氏は文子の家である多治比氏は蝮氏とも書くように、蛇神すなわち雷神を奉ずる氏族であり、したがって菅公が雷神としてこれに神懸りするのは不思議でなく、文子は巫女の意にほかならぬとせられる。多治比氏は古代の名族で、多数の門流に分れたが、神懸りした文子の家はすでに一介の庶民にすぎなかった。折角の神託は下っても文子の家では別に神殿を構える力はなく、五年間邸内に祠《ほこら》をたて奉仕していたが、天暦元年（九四七）六月九日、葛野郡上林郷すなわちいまの北野の地に移し、正式の社としてまつることができた。現今京都市下京区天神町には文子天満宮があり、いわば天神発祥の地と考えられる。また北野は古来清浄の地とされ、承知三年（八三六）遣唐使のためここで天神地祇をまつり、元慶年中（八七七—八八四）藤原基経は豊饒祈念のため雷公をまつり、その験《しるし》あって以後、毎年そこで秋に祭が営まれた。移転後の北野社はたびたび造替が行われ、そのたびに盛大となって第五回目の新造は右大臣藤原師輔の援助により、殿舎の増築も加わり、天徳三年（九五九）二月十五日完成した。本殿は三間三面庇檜皮葺で華麗な彩色がほどこされ、御影像を安置し、法楽に供えて『法華経』十部、『金光明経』一部、『仁王般若経』二部が書写され、卒都婆四本が建てられた。また託宣により三間四面の堂一字が建ち、観世音菩薩像二体が本地仏としてまつられた（それは道真が生前、母の教えによってとくに観音を念じていた事実からきたものであろう）。この神殿は師輔の新造第を移したものであったからその形式は一般の神社と異なっていたが、そこに新しい御霊社の性格が象徴され、本地仏安置の堂がたてられて宮寺制の成立もうかがわれる。

これよりさき、天暦元年（九四七）三月十二日、近江国比良宮の禰宜、良種の子、太郎丸なる七歳の童に神懸りし、京都右近馬庭に移りたい旨のお告げがあった。よって良種はその報告のため上京したところ、この馬庭の乾の角にあった朝日寺の住僧最鎮がききつけて良種に馬庭のどこが神意にかなうのかと問うと、「到らむ所には松を生ずべし」との託宣を伝えた。果して間もなく一夜のうちに数十本の松が生え、鎮座の場所がはっきりしたのでそこに社殿を造立した。この社殿とは前述多治比文子が自邸から移した社と同じもので、恐らくここに到り時を異にして下った二カ所の託宣をもとに二派の人々が合同協力して北野に社殿を創めたのである。この際、文子の一派は星川秋長・僧満増・増日、良種の一派は最鎮・法儀・鎮西らであって、この宮寺制経営のため、満増は寺主、最鎮は検校となり、二派連立の体制が成立した。しかし神威の高揚に伴い、両派は次第に対立を生じたのみならず、藤原師輔の後援によって勢力を有した文子は、天徳四年師輔歿するにおよんで最鎮・良種一派から押されるようになり、最鎮は菅原氏と結んでこの宮寺を同氏の支配にまかせ、みずからは検校の地位を確保し、事実上、経営を独占する体制をとり、菅原氏を通じて朝廷からこれが認められ、増満の死後代って寺司となった増日も寺より逐われる身となり、最鎮はみずから書いた『最鎮記文』の中で根本建立の巫女である文子をも縁起から抹殺してしまったのである。

北野社はかような内紛にもかかわらず発展をつづけ、永延元年（九八七）八月五日を官祭日と定められた（のち四日となる）とき、宣命には「かけまくもかしこき天満宮天神」と称せられ、天満天神の称は公的権威を与えられるに至った。しかし恐らく「天満大自在天神」はすでにそれ以前から久しくとなえられていたと思われ、既述、延喜三年、道真歿直後には火雷天神の号を贈られたとの『扶桑略記』の記事からも暗示されるように、雷神とみられたのは案外にはやく、多治比文子の書いたといわれる上記の縁起にも、託宣の内容の一部に「すでに天神の号を得、鎮国の思有り、須く彼処（北野の地）に進発し、聊かわが禿倉《ほくら》を結び構え」云々の言葉があって、「天満大自在天神」の号が考えられていたらしく察せられる。いわんや天暦元年（九四七）三月十二日の『天満天神託宣記』の太郎丸に下った託宣に、

我れ瞋恚の身と成たり、其瞋恚の焔天に満たり、諸の雷神鬼は皆我が従類と成て惣て十万五千に成たり、只我所行の事ハ世界ノ災難の事也、帝釈も一向に任せ給たり、其故は不信の者世に多く成たり、疫厲の事をも行へと宣は、此我類をなむ所々に使にて行はしむる、今は只不信に有らむ人をは雷公電公等に仰せて踏殺さしめむ、悪瘡不吉物は有める、汝等もわが為に不信ならば、子孫ながら絶ちてむとするぞ、あはれかくいふばかりぞや、世界に侘びろひ悲ぶ衆生を見れば何《いか》で救はむとのみぞ我思う、筑紫に有し程に常に仏天を仰ぎて願し様は命終りなば当生に我の如く慮外の災に遇はむ人、

惣じて侘悲しむ者をば助け救ひ、人を沈損せむ者をは糺す身と生れむと願しを思ひの
如く成たり、

云々と詳細な説明が行われたのをみると、もはやこの称号が当時周知であったことは疑えない。天満とは怒りの炎が天に満ちる義であり、世界中どこへでも自由にかけめぐって災難を起させるゆえに自在の身、そうして雷公・電公を駆使し、下界の不信者を思いのままに踏殺させるから天神であり、同時に人を陥れる者を糺す神ともなったのである。「自在」の語はすでに八幡神も威力神通大自在王菩薩と称し、志多羅神の神輿の一基は自在天神で、従来、文江自在天神と解された中の文江は真壁俊信氏の研究で「鳥居の文に自在天神と注す」と読み改めるべきだと判明した。また菅霊ははじめ雷神と考えられ、いつしか雷公・電公を使者とする上位の神に昇華している。たんに地位が上ったというだけでなく、一歩仏に近づいたことを意味した。いうまでもなく、農業神として古来農民に崇敬されてきた雷神はここにおいて幽界の怨霊と現世を結ぶ中間的・媒介的存在として利用されるようになった。雷は天上と下界を自由自在に往来できるからとみられたによる。かくて雷神も菅霊の眷属・使者となって仏教化し、その本来の意味を喪失していった。

道賢の『冥途記』とその思想

しかし菅霊のかかる発展にはいまひとつ、それに影響をおよぼしたとみられる事を見逃

しえないであろう。それはかの有名な沙門道賢の撰述にかかる『冥途記』で、今日『扶桑略記』の抄録のみによって知られるにすぎない。この抄録によると延喜十六年（九一六）春二月、十二歳で彼ははじめて吉野金峯山に入り、発心門椿山寺で出家し、塩穀を絶って六年間修行した。この間母が病にかかり恋泣休まざるをもって、二十一年三月京都へ帰った。爾来、春秋の候、毎年入峯して勤修すること二十六年におよんだ。これによって彼は遊行的な金峯山行者であったと察せられるが、当時この類の山岳遊行聖は少なからず、たとえば陽勝仙人は金峯山に棲むこと五十余年、八十余歳にして仙道を得、天に上り自在に駈けまわり、法華の力によって見仏聞法自在自由であった。その母、重病で仙人を恋うたので、これを知って屋上に飛び来り『法華経』を誦したが、家族はその声を聞きながら姿は見えなかった。また毎月十八日来って焼香散華すべしと語った。毎年八月、叡山不断念仏の頃には登山して大師の遺跡を拝したと故老は語り伝える。これは『扶桑略記』にのせるところであるが、浄蔵も熊野・金峯・横川等つねに山岳修行を事とし、鬼神を使い父清行の死を予知して一時帰宅したとの神仙的一面さえ伝えられている。彼は一見世捨人のごとく行動しながら、実は世相の動きを注意深く感じ取り、折あらばそこから新しい時代の指導的方向を見出そうとする野心も蔵していた。道賢は当時の天下災難多く、物怪の夢想身を悩まし、天文・陰陽道はしきりに不祥を告げるので、霊験の助けを蒙らんと金峯山に登り、三七日間無言断食、一心念仏、壇を立てて作法中、たちまち熱を発し気息通わず、すでに命絶えたごとくであった。ときに天慶四年（九四一）八月一日午《うま》時許《ばかり》と、いとも正確な自己の往生を記し、これから幽界たる金峯・大峯諸山の遍歴譚がはじまるのである。

まず最初に気がついたのは岩崛より出てきた執金剛神《しゅこんごうじん》で、みずからわれは釈迦遺法の守護と名のり、道賢に彼が年来の法施の礼に雪山の水をのませ、数十の天童子は種々の飲食を大蓮華に盛り、二十八部衆がこれを捧げて道賢に呈した。それより一和尚に案内されて北方の一金山に至ったが、ここは金峯山浄土で和尚は蔵王菩薩とわかった。菩薩は道賢に汝の余命はいくばくもないから、延寿のため「日蔵九々、年月王護」と記した短札をくれ、日蔵と改名し、護法菩薩を師として重ねて受戒すればよいと教えられた。ついで太政威徳天が無数の侍従・眷属・異類雑形をつれてあらわれ、道賢をその住所太政威徳天城へ案内した。そこで威徳天は「われはもと菅相府である、三十三天われを呼んで日本太政威徳天という、われ始め愛別離苦の悲しみにより君臣を悩乱、人民を損傷し、国土を殄滅せんと欲した、また一切疾病災難の事を主《つかさど》るにより、生前流すところの涙をもって日本を亡ぼし、水海にしようと思った、しかるに普賢・竜猛等盛んに密教を流布し、その感化をうけてわが怨心は十分の一に減った、加うるに化身菩薩等悲願力をもって神明に名を仮り智力を尽くしてわれをなぐさめてくれたので、いまだ巨害をおよぼすに至っていない。ただし、わが眷属十六万八千の悪神等到るところで害をなし、これは容易に禁じがたい」という意味の話をした。道賢は「日本の人は上下こぞって菅公を火雷天神と称し、仏尊のごとく尊敬しているが、なお怨心あるか」と問うと、威徳天は答えて「自分には第三の使者として火雷天気毒王なるものあり（第三とは父神・母神に対して若宮の立場にあることを意味するのであろう）、害をなすのはこの使者であるが、もしわが形像をつくり、わが名号をとなえて慇懃に祈請するものがあればそのいうところをきこう」とのべ、さらに蔵王菩薩から与えられた短札の文句を説明して、「九々は八十一、王護は蔵王菩薩の守護を指す、大日如来に帰依して胎蔵大法を修せば余算八十一である」と。終って再び金峯へ帰り、蔵王菩薩に会うと、「自分はお前に世間の災難の根源をしらしめるため、太政威徳天の城へやったのである、太政威徳天は菅公でその眷属十六万八千が国土に遍満して大災害を起さしめ、国土善神もこれを止められず、清涼殿落雷、崇福・法隆・東大・延暦・檀林等諸大寺の火事すべて火雷天気毒王のしわざであり、醍醐天皇の身肉六府爛壊して命を終えたのも、悪神の所行である」。

そういった話を長々したあと帰路を教えてくれたが、やがて蘇生した。それは八月十三日寅時であった。十三日かかった幽界遍歴はこうして終ったのち、道賢は金峯山の菩薩が自分に地獄をみせてくれた模様を追記し、ある鉄窟には灰燼のごとき人間四人居り、獄領はその一人、衣をつけているのが醍醐帝、裸の三人はその臣下であると教えた。帝は道賢に対し太政威徳天は怨心をもって仏法を焼滅し、衆生に害を与えている、その悪報は自分が原因である、そのため地獄で苦をうけている、よって早く日本へ帰り、自分を救うよう天皇に上奏せよ、摂政藤原忠平にはわが苦を救うため一万の卒都婆を建てるよう告げよとのべた。以上が『冥途記』抄録の大要である。道賢のファンタジーによってつくられたこの話からは、はっきりした所依の経典にもとづく体系的思想は把握しがたいが、金峯山を真言密教の密厳浄土と考え、これに太政威徳天を中心とする『法華経』の霊山浄土を加味し、長寿延命の利益をうる呪法の宣伝を彼なりに案出したもので、部分的には時代思潮と結びつくものがある。わけても太政威徳天や蔵王菩薩（あとのほうでは満徳天となっている）の説明はほぼ菅公の怨霊についての朝野の考えを網羅しており、天満とは眷属が国土に遍満していること、落雷の災害は第三の使者火雷天気毒王の所為であり、清涼殿以外の諸大寺災厄も同様である点は、多治比文子の『北野縁起』や『天満宮託宣記』所載の託宣に示された天神の説明と多少異なるが、考えの基調には軌を一にするものがあり、『冥途記』の影響が北野社創立に従事した人々に深くおよんだものと想像される。

天満天神の眷属

ところでさきにあげた天暦元年、天満天神託宣の「我れ慎恚の身と成りたり」云々の文句の前に、

良種聞け、我が像《かたち》を作めるを（ママ）笏は我が昔持てりし有り、其を取らしめよと仰給ふ、良種等申さく、何処にか候らむと答、仰給ふ、我物具ともは此に来住せし始皆納置けり、

仏舎利、玉帯、銀造の太刀、尺鏡などもあり、我が従者に老松・富部と云ふ者二人有り、笏は老松に持せ、仏舎利は富部に持せたり、是れ皆筑紫よりわか共に来れる者どもなり、若宮の前に少し高き所に地下三尺ばかり入て有り、此二人のやつどもは甚だ不調の者どもぞ、心つかひせよ、我が居たる左右に置たれ、言はずしと思ふとも、笏に依て云ふ、此年来は僧もなく有つれば告げずして有つるに、老松は久しく我に随ひて成ぬる者なり、是なむ至る所ごとに松の種は蒔く、我昔大臣と在りし時に夢に松身に生じて即ち折れぬとなむ見しは流さるべき相なりけり、松は我が像の物なり、

の一節があり、文子の『北野縁起』の託宣にもやや簡単で大同小異の文がのせられている。ここで重要なのは天満天神の従者眷属中に老松・富部という二神があって、老松は松の種を至るところに蒔いて歩くもの、つまり松の苗床が生い出たところに神の出現を示すもの、賀茂ミアレ木の思想と同様で、若宮の誕生を意味する。それゆえ老松は生い松によって象徴される若宮神の一種であった。菅霊が北野鎮座の場所を告示したのは一夜にして松林出現の奇瑞によってであり、恐らく北野の地がもともと清浄な松林のあるところであったため思いつかれたのであろう。富部のほうは仏舎利を持つが、その機能は具体的に書かれておらず、推定はむつかしい。とにかく天神社のまつられるところ、老松・富部の両社は末社として全国に普及した。

天満天神の仰せには、この二者は筑紫よりわが供として来た者だがはなはだ不調者、つ

まりきかぬやつらで手を焼くからよく注意しろ、そのためわが左右におき若宮の前小高い場所を地下三尺程掘って入れてあるというので、つまりは祟る神・災をなす神が若宮であり、眷属神となって主神たる天満天神がつねにこれを手近かにおき、監視するとの意味である。ここにおいて御霊神が雷神として直接恐ろしい災厄を与える思想は後退し、さような厭うべき祟りは若宮の機能へと下降し、主神はこれを抑え統御し、恩沢をより多く与える仏尊へと急速に近づいていった。かつて恐るべき祟りをもって特色づけられた御霊は、こうして若宮的・眷属神的性格へと移され、その荒ぶる機能は何らか特殊な場合にのみ利用せられるにすぎなくなった。

これはひとり天満天神に限られたわけでなく、八幡社では老松に相当する松童が知られている。中世の記録である『石清水八幡宮末社記』に、松童は本地不動で、末社高良社の板敷の下に坐し給うとあり、高良神は武神で善悪を糺す審神者《さにわ》である。その板敷の下にあるとは祟りのはげしい悪神であって高良神がつねに拘禁しているとの意味をあらわし、松童みずから託宣して高良の分身、「大神は稍に怒り小神は屢々怒る」とのべ、呪咀神とも称せられた(『八幡愚童訓』『東大寺八幡験記』)。そのほか釼・八子・夷三郎・百太夫・志多羅・子守・一童・大将軍なども相ついで中世までに勧請された末社と思われるが、これらの中には呪咀神、本地を不動とする釼神、若宮を守る八人の小女房で本地毘沙門の八子、毘沙門・不動を本地とする夷三郎、道祖神が本地毘沙門または不動とみられる百大夫、不動が本地の一童、陰陽道的（祇園系）大将軍、修験道的子守があり、本地から察すればほとんど高良・松童と同様、祟りのはげしい荒ぶる小神で、そうした眷属を一体でも多く配下に入れて統御するのが八幡神の機能・利益を大きくし、世の崇敬を増す所以となったので、この意味から天満天神と同様、御霊神的性格を帯びて社運はさらに発展を遂げるに至ったのである。そう考えると八幡神は天満天神とライバルの関係にも立っていた。『天満宮託宣記』の一部に、

賀茂・八幡とのみぞ祈るめる、何の神も我をはえ押し伏給はじ、焼きに焼き払ひてむ、小童部も立出めりや、去し月、此若宮事せむとて出ル、人に障られて還り来る、仍て申すべき事有るを、八端の角の辺にまれ、若くは坊城の辺にまれ、我彼の馬庭の辺に移り居たり、

云々とあって、明らかに石清水・賀茂への対抗意識を示している。火災はすべて天満天神の管掌するところ、その眷属である小童部の神々の所為、つまり十六万五千の雷神・鬼神であるというのである。それは若宮であり眷属であるがゆえに小童部と呼んだのである。かつて雄略天皇の頃に出た小子部連蜾蠃《ちいさこべのむらじすがる》が雷を捕えた武勇譚をのこし、彼の家が雷神の司祭者であることを示唆したごとく、小童部の神は雷神の系統をひき、それゆえ御霊神と信じても何ら差支えはなかった。かくて八幡社に劣らず、古代・中世を通じて多数の眷属神を摂末社としてその支配下に組込み、御霊神統制の勢力拡張の努力がつづけられたが、八

幡系のみこれに従わなかったのは、北野社が天台系を背景としたのに反し、八幡社は真言系であったためと察せられる。いま鎌倉中期にほぼ成立していたと思われる摂末社を列挙してみよう。(カッコ内は本地)

三所皇子(二所聖観音、一所阿弥陀)
貴布禰(不動)
老松(不動)
十二所
寛算入寺、大門内供奉、橘逸勢、藤太夫、文太夫、淡路廃帝、広嗣、老松、白太夫、桜葉、吉備大臣、崇道天皇
福部(毘沙門)
十禅師(地蔵)
尼神(菅公娘)
早鳥(毘沙門)
今雄(吉祥天)
火御子(降三世)
一挙(不動)
周枳(千手)

白太夫（不空羂索・阿弥陀・毘沙門）
松童八幡（阿弥陀）
夷（不動）
三　郎（毘沙門）

北野の末社中に一つ注目せられるのは白太夫社で、廻廊内にまつられ、あるいは聖廟荒神社がそれともいわれ、二カ所あった。もと道真配流のときこれに随行したものに白太夫なる者あり、死後眷属神としてまつられたと伝えるが、西田長男氏は白太夫を近江比良明神をまつる白鬚神社の神人《じんにん》ではなかろうかと推測され、彼らは白鬚明神の神威を宣布するために諸国を巡遊していた宗教芸能者であり、傀儡師や遊女の奉じた神は白太夫神とよび、つとに白鬚神社の末社に天満天神をとりいれたのみならず、その神徳をも宣伝して歩いた。天満天神が比良宮の巫童に神懸りし、同所にまつられたりしたのはそうした事情からであろうと西田氏は説明されている。比良宮は最初から天台の勢力下にあり、朝日寺もまた同様であったが、両者の結びつくべき因縁はどこにあったか、その発端はどちらにあったのか等の問題はなお未解決である。朝日寺はのち西脇観音堂とよばれ、別に東向観音堂がたてられ、ついで愛染堂も建立され、輪蔵・宝塔・石塔・経王堂は相ついで中世にそなわった。

文道の神としての菅霊の発展

寛弘元年（一〇〇四）十月、当社行幸のとき叡山西塔の僧是算が菅原氏出身の故をもって北野別当職に補され法橋に叙せられ、以後天台僧これを継承した。天満天神は北野社成立以後も折にふれ託宣あり、その内容は時代とともに微妙な変化をみせ、たとえば正暦三年（九九二）十二月四日、筑紫の安楽寺聖廟禰宜藤原長子に下った託宣に次のごとくのべている。われ毎日三度帝釈天に参って愁訴してから自在の身をえた、帝釈天はわが思いをよく察知されたのである。配所で詠んだ、

離レ家三四月　　落涙百千行
万事皆如レ夢　　時々仰二彼蒼一

の句は口外に出さなかったけれども、すでに帝釈天はご存じで、たちまち感歎されたのち、『菅家後集』にのせられた。大唐の人さえ皆暗誦している。われいま一絶句を懐いており寺僧に示そう。

家門一閇幾風煙　　筆硯抛来九十年
我仰二蒼天一懐二古事一　　朝々暮々涙連々

と。翌年五月、菅公に従一位左大臣追贈あり、しかるにこれを不満としたか菅公はこの宣旨を勅使である菅原幹正に返し、神殿珠簾内よりは、

忽驚㆓朝使㆒排㆓荊蕀㆒　官品高加拝感成
雖㆑悦㆔仁恩覃㆓邃窟㆒　但羞㆑存㆓没左遷名㆒

と記された青紙書が風にのって出てきた。この詩はのち外記局に保存せられたが、菅公の真筆でなく道風の書に似ていた由である。むろん誰か名筆家が偽作したのであろうが、その結果、同年十二月、太政大臣が贈られた。するとまた長子に託宣あって、

昨為㆓北闕被㆑悲士㆒　今作㆓西都雪㆑耻尸㆒
生恨死歓其我奈　今須㆔望足護㆓皇基㆒

との喜びの句が示された。以後この詩を詠ずる人は毎日七度天満天神が守護するとの誓いをされると伝えられるようになった。

かくて菅公は次第に文道詩作の神たる性格を強め、その反面雷神信仰の要素を急速に稀薄ならしめていった。これはひとつには北野社の繁栄に伴い、公家への接近が顕著になったからで、疫神御霊の信仰はなお民衆を支配していた。

北野・祇園以外の御霊信仰

正暦五年（九九四）の疫病流行では左京三条南油小路西の小井の水が疫病を免かれるに効ありと噂され、都人群集し、六月十六日、朝野あげて門戸を閉じ外出しない事態が起ったのは疫神横行の流言によるのであろう。ついで六月二十七日には大規模な御霊会が修せら

れた。民間の催しらしいが、木工寮の修理職が神輿二基を新造し、北野・船岡の上に安置し、僧侶を屈請して『仁王経』の講説を行い、都内の人が伶人を招いて音楽を奏し、幣帛を持って参詣する者引きも切らず、祭りが終ると難波海に神を送った。疫神遷却の行儀とはいえ、はるばる難波の海岸まで送ったとすると、彼の地でも祭りがあったものとみえる。とにかく四月より七月まで京中死者過半に達し、五位以上の犠牲六十七人を数える猖獗ぶりで、鎮西より起り七道に遍満したとあるよりすれば、西方大陸から貿易船で持込まれた伝染病ではなかったか。それより約十年をへた寛弘二年(一〇〇五)五月九日、紫野に御霊会が営まれ、左右両京条坊より十列細男を出し、これも民間行事で長保年中(九九九―一〇〇三)にはじまり、世に今宮祭といった。ことによると、右の船岡の盛大な御霊会が契機となったものではあるまいか。逐年盛大を加えて寛弘五年五月九日には諸司・諸衛・神供・東遊・走馬十列を調進参向し、半ば官祭のごとき観を呈した。七月十八日は絹(衣)笠岳御霊会でこれは前年広隆寺別当松興が門外に小屋を造り移し奉るところで、霊託により内匠寮がこれを造建した。民間行事ながらさきの木工寮といい、この内匠寮といい、関係があるのは要するに下層官僚が都民の信仰と深く結びついていた証拠である。長和四年(一〇一五)六月二十五日には洛西花園寺西南の紙屋川西岸に夢想による疫神社が創められ、参詣相つぎ幣帛・神馬が捧げられた。藤原実資は下部の話をきき、近衛府・衛門府・兵衛府の職員奉仕し、左右馬寮が十列を牽き、都民通夜して盛況を呈し、路次混雑、境内は積紙(紙の幣をいうか）で充満、さながら紫野神社のようだと記しているところからみて、紫野御霊会はすでに定着していたが、これに追随する新興疫神がなお盛んにあらわれつつあったと想像される。実資は深く命を惜しむによって花園御霊会の真相を追求しないが、もし本当に霊験あるものなら自分も帰依してもよいと洩らし、やや半信半疑の体であった。しかしその後、この御霊会があってから疫病はいよいよ倍増したとのべているところをみると、次第に彼は批判的になってきたのであろう。

その後、永承七年（一〇五二）五月、西京の住人が夢想を被った。その託宣に、

吾れは唐朝の神なり、住所なく此国に流れ来る、すでに拠るところなし、吾れ到る所悉く以て疫病を発せん、もし吾を祭りその住所を作りうる者は病患を留むべきなり、吾れ瑞想をあらわし汝に示すところを以て吾が社となすべきなり、

と告げ、この人は西京ならびにその近傍に鉤のごとき光耀をみたので郷里の人々にしらせ、都民協力して社を立て諸府の官人祭礼をたすけ信者雲集した。これもまた今宮と称せられた。その頃、天安寺や東寺でも神託により新造の神社が御霊会を催し祇園社と称している。応徳二年（一〇八五）京中では各条辻ごとに宝倉をたて鳥居に額を打ち、福徳神・長福神・白朱社などと称し、都民群集、盃を傾け、大変な騒ぎで朝廷は淫祀として破却せしめた。その原因明らかでないが、既述天慶二年九月の京中岐神または御霊神神像礼拝騒ぎに似て、しかも疫神的より福神的ムードの強いところに時代の推移が感ぜられる。

かくて天満天神社が上層知識階級の信仰へとそのおもな発展方向をとったあと、御霊信仰は東に祇園社、北西に紫野・今宮はじめ新興の様々な疫神の叢出があって、依然活況を呈していた。北西に新興社が集中したのは平安京乾の方向にあたり、疫厲除去の意味があったからであろうか。いまひとつ洛東は祇園の勢力下にあって進出の余地がなかったためでもあろう。しかし十一世紀すでに御霊信仰は下降の傾向がみられ、祭礼は娯楽的に盛大をつづけても、信仰そのものは仏教との習合をさらに進行せしめて、より魅力的な行儀・呪法へと民衆を導き、かつての疫神託宣の権威は凋落を余儀なくされたのであった。

九　金剛蔵王菩薩と金峯山信仰

修験道の形成と蔵王権現の信仰

前章で天満天神信仰に関連して金峯山修行者の道賢や浄蔵が活躍した次第をみ、第六章でも神泉苑御霊に中心となった薬師寺僧慧達が山岳修行者であった事実を明らかにしたが、御霊信仰の成長期は同時に修験道においてもその形成期にあたっており、互いに両者は表面無関係にみえながら、実は深い交渉をもっていたのである。これを大まかにいうならば修験道はまずわが国固有の山岳信仰を基調とするが、御霊信仰も雷神である高所の神祇(天神《あまつかみ》)をまつるものであり、御霊の宿る幽界は祖霊が死後赴くところと古来日本人が考えた深山高岳につながり、山中浄土の思想に立つ修験道と結びつくものがあった。そうして現実に怨霊調伏の密教的呪法は山岳修行で法験を体得した修験行者によりはじめて効果をあらわすものであり、俗世間は貴族・庶民を問わず挙げてそうした修験者の活動に期待したから、深山に道場を求めて入る僧侶は年毎に増え、これに伴って浮浪の徒の、験者を偽装、横行するものもあらわれたほどである。無名の民間修験者の中には名利を考えず世間体も度外視して奔放自在に山野を跋渉し、仙力をたくわえ、非凡な呪法を駆使しうるものがあるとする期待は貴族化し無力化した平安仏教にいささか匙を投げた形の公家貴族にむしろ強いものがあり、本来卑しんだはずの民間における野伏が不時に召出され、貴人のために肝胆をくだき、またそれが機縁で出世した幸運者もあったのである。野伏は自然の山野に起臥して修行するもので、山伏に近い概念である。しかし怨霊調伏は所詮怨霊を昇華せしめて仏菩薩に近づけ、荒ぶる機能である崇厲を去らしめるところにあったから、それはあたかも山岳修行者が山神の祟りの表現であるはげしい山の気象・風土の中に分け入り、金胎両部の密法をもって山神を教化し、浄土的聖域を現出しようとするのと軌を一にし、基本的には神仏習合による新たな、より強力な呪法の感得が志向されていたのである。

さて御霊信仰流行期に入り、漸く文献にちらほら散見してくる修験霊場は吉野・金峯・熊野であって、これらはわが国修験霊場の先駆をなすとともに、長く後世、全国的にも中心的役割を演じたのである。もっとも、これらより早く役小角が根拠にした葛城山一体は最初の霊地として知られていたが、小角の時代は原始的山岳信仰としての色彩が強く、仏教・道教など外来思想の影響が果してどの程度およんだか具体的に明らかにしがたく、これを修験道の開立開祖と仰いだのは、のちこの宗教が組織的に形成されてきてからのことに属するから、詳しくは拙著『山伏の歴史』にゆずっていまは割愛しておきたい。吉野・金峯・熊野といえどもすでに奈良時代から入山するものはあったが、天台・真言両密教の発展に伴い、これらの地方のみならず全国各地の名山には急速に密教勢力が侵入していった。それでは密教の侵入がどんな時点で修験道を生み出すかの問題であるが、もとより自然発生的な形をとるもので、特定の教祖による新宗教の草創とは趣きを異にする。ただその自然発生的契機を一般的に考えるならば、山岳に修行する呪術的密教徒がその山の地主神に接触しその信仰圏に自己の活動拠点を樹立するときにはじまると考えるべきであろう。平安中期に出た醍醐寺の聖宝は後世、修験道中興の祖と仰がれるが、この頃より修験行者の活動は漸く本格化しはじめたようで、彼は寛平七年（八九五）金峯山開発にのり出し、山上に寺をたて六尺の金色如意輪観音や毘沙門天・金剛蔵王菩薩をまつり、その交通を便にするため、吉野川に渡舟をもうけ渡子六人を置き、堂守を金峯山に配置した。彼の醍醐寺創立も山岳修行の産物であろうが、のち醍醐寺座主になった貞崇も昌泰二年（八九九）金峯山に登り三十年間の籠山を志し、一草堂を新築している。また宇多法皇は昌泰元年十月、金峯山に参詣せられ、延喜五年（九〇五）九月にも再び御幸になっており、恐らく皇族の登山は堂舎の整備を裏書きするものであろう。長元二年（一〇二九）の頃には検校として元助なるものあり、そのほか住僧の存在が知られ、同五年六月十八日、元助が十津川住人に殺される事件あり、寛治七年（一〇九三）十月、金峯山と興福寺の争いに権少僧都貞禅が検校としてみえ、この頃には教団組織化がすすんでいたと察せられる。これよりさき、永承四年(一〇四九)十月には興福寺出身の権律師円縁が検校となっており、藤原宗忠の日記『中右記』の嘉保元年(一〇九四)三月の条には金峯山が興福寺の末寺である旨を記しており、次第に南都の勢力下に入った模様である。

かような教団的発展につれ、教義内容も充実が考えられてくるが、そもそも金剛蔵王菩薩とは何か、それは何時頃からまつられるようになったのであろうか。まず金剛蔵王の尊名であるが、密教では大日如来を主尊とする世界観を金剛界・胎蔵界の二つの曼荼羅によって図式的に示しており、そのうち胎蔵界曼荼羅の中に虚空蔵院と称する一画があって、その右端にこの仏尊が描かれている。その形相は十六面または二十二面で百八の臂を有し、青黒色の肌をし、多数の手には独鈷・三鈷・輪索・戟劔・鉤・宝珠・梵篋・棒・花形杵などをもつ。百八の臂は百八煩悩を退治する意で全体として虚空蔵菩薩の福智二門中、智徳を表わす。そのほかでは『陀羅尼集経』などに尊名がみられる程度で、求聞持法を通じて虚空蔵菩薩の信仰が奈良時代、山岳行者の間に高まった結果、とくに智徳の守護の尊とされる金剛蔵王菩薩がクローズアップされてきたので、金峯山が古くより金の埋蔵されている山との思想から「金」の概念を媒介に、金峯山の本尊に結びつけられたのであろう。かようなわけで聖宝以前に密教徒が経典や呪法習得を容易ならしめる必要から見出した仏尊というほか正確に信仰の端緒を把握しえない。

金峯山の本尊にまつり上げられた蔵王菩薩（図3）はやがてその信仰内容を発展させはじめた。すなわち智徳を代表するところから転じて不老長寿の利益を司るとせられたのは、金峯山に黄金浄土があり、黄金の邪気撃攘の呪力から息災延命の機能が導かれてきたためである。前章にのべた道賢も『冥途記』の中で、金峯山の蔵王菩薩から長寿延命のお守札をもらった話をのせている。平安末頃からその像形を鋳造したり、鏡の背面に毛彫りで描いたもの（図4）があらわれてくるが、それでは目三つの忿怒相に三鈷冠を戴き、左手剣印を結び腰に安んじ、右手三鈷杵を頭上高くふりかざし、左足は磐石を踏まえ、右足高く上げる動的姿勢を示す。さきに肌が青黒色といったのは降魔の相を示すからで、左手の剣印は煩悩の闇にとざされた大地を降して菩提心を発する大地となす意、右手の三鈷は煩悩の雲を払って性徳の心月をあらわす意、左足磐石を踏むは四海の障害を鎮め、右足空にあげるのは曜宿（日月星辰）の祟りを払う相であるとする。図像的には奈良朝から信仰されていた五大力菩薩の形相をもとにし、執金剛神のような忿怒の像容も参酌されたであろう。

貴族の御嶽詣

摂関全盛期の頃より盛んとなった金峯山参詣いわゆる御嶽詣《みたけもうで》はこうした蔵王権現の現世的なさまざまの利益に惹かれたものである。摂関の座にある権力者も一家一門、今世後世安穏のためには一時的ながら山伏の作法に従って抖擻行脚の苦行を味わったのである。つ

図3　金剛蔵王菩薩鋳像（幸田弥太郎氏蔵）

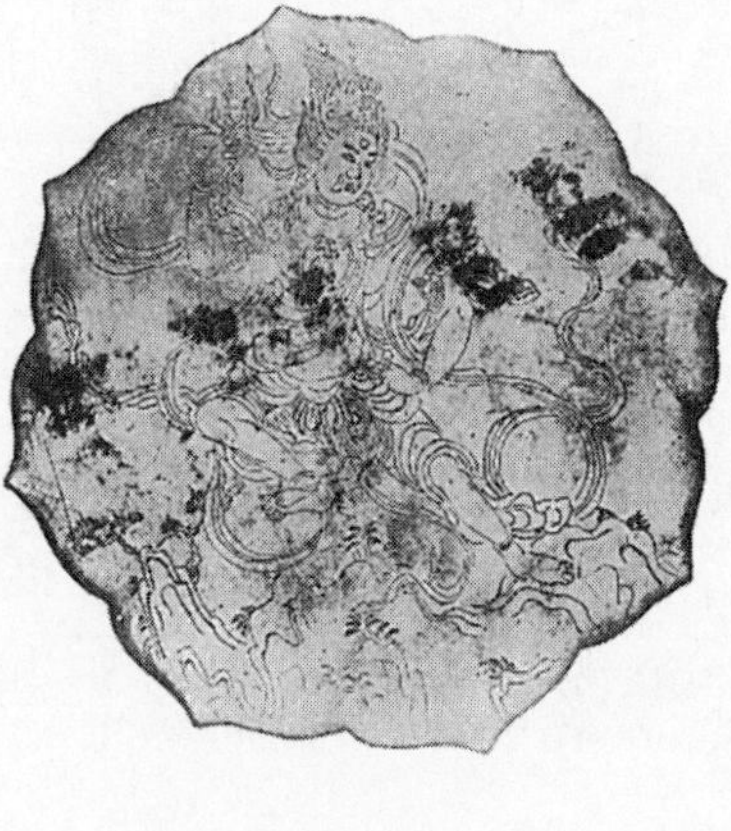

図4　金剛蔵王菩薩御正体鏡（東京芸術大学蔵）

ぎに藤原道長・同師通の登山をみてゆくが、この頃にはかなり山伏修行は各種の慣例・風習が出来つつあり、そこには神祇信仰や陰陽道と習合した密教的行儀が認められ、修験者としての特色が形成されつつあった次第を看取せられよう。道長は寛弘元年（一〇〇四）五月二十一日、法華八講五巻日にあたって花山法皇より山伏の具すべて銀製のものを下賜された。これはかねて彼が金峯山へ『法華経』埋納の志あるところからなされたもので、すでに長徳四年（九九八）三十三歳のとき発意していたが、病気のため延引し、四十二歳の寛弘四年になって漸く実現した。つまり男の厄年にあたって無病息災の祈願をこめた参詣でもあり、この頃すでにそうした厄年の思想が知られていたのである。寛弘四年（一〇〇七）閏五月十七日、賀茂川原で陰陽道の解除（祓い）をうけ、室町の源高雅宅を精進所として長斎の籠りに入った。これに従う人、源俊賢・藤原頼通・同知章・同能通・同済政・同忠経・同広業・同為義・同孝義・源斉・菅原為理・源親平・藤原順時・同頼行・源正忠以下七、八人である。この精進所は自宅より方位の良否によって定め、他人の邸やそのほかの建物を一時的に借り、五十日ないし百日間読経・写経に籠るのである。道長の場合七十五日の長斎である。六月三十日・七月一日には陰陽師賀茂光栄《みつよし》により賀茂川で解除、河臨祭を行なっている。また笠置寺や賀茂社へ詣り、自邸土御門第では観修大僧正や仁霎が彼の身代りとして長斎を修するなど物々しい有様であった。

かくて八月二日丑時（午前二時頃）出発、門を出るとき塩湯を一行に灑ぐ儀あり、中御門より西、大宮より南、二条より朱雀大路に至り橋下解除がある。羅城門を南下して賀茂川尻より乗舟、石清水八幡宮に奉幣後、内記堂に一宿、三日は奈良に向い大安寺に宿し、四日井外堂、五日軽寺、六日壺坂寺に泊し、七日観覚寺・現光寺をへて野極に一泊、八日は雨で休息、九日吉野山へ登って祇園宝塔近くで一泊、宝塔は金峯神社の左方にあった安禅の蹴抜の塔をさし、神社の上方百丁茶屋辺の今祇園で宿をとったのであるが、ここは二人宿とて大峯登山者が第一夜を明かすところになっていたのである。十日は天井嶽・三人宿・四人宿を経、鋎懸嶺《かねかけ》をよじて山上に到り、金照房の僧房に入って沐浴解除、十一日は湯屋にて朝早く水を浴び（修験道では垢離《こり》をとるという）、子守三所に詣でて金銀五色絹幣紙・御幣紙・米等護法を献じ、子守三十八所へも参詣、同様供幣、五師朝仁に被物あり、五師は金峯山の別当をさすのであろうか。また二十条の絹蓋十流、御明燈を三十八所に献じ、『法華経』百部・『仁王経』等を供養した。一条天皇・冷泉上皇・中宮彰子・東宮居貞親王のため「理趣分」八巻、八大竜王のため『心経』百巻、前年より書写の金泥『法華経』一部、今回とくに書写の『弥勒経』三巻、『阿弥陀経』『心経』などすべて宝前の金銅燈籠下に埋めた。この間諷誦供養が行われ、五師・三綱（金峯山の幹部）に禄を賜い、なかんずく別当金照・朝仁に白褂一重、他には単重を賜い、さらに頼通の経供養について金照には単重・米三十石を加えられた。夜は百丁茶屋でまた一泊して（現在の大峯山上まではゆかず）帰途につき、十四日淀より車にのり賀茂川沿いの精進所に入り、解除をうけて本邸に戻り参内報告した。

ついで寛弘八年正月にも御嶽詣を思いたち、八日枇杷殿にて長斎の籠に入った。二十日山納物・写経をはじめ、二月十六日より同月末までの間賀茂川原で解除、また七瀬の霊所（川合・耳聡川・東滝・松崎・石影・西滝・大井川）や般若寺滝で陰陽師賀茂光栄・同大中臣師実・同賀茂吉昌ら奉仕して祓いが修せられた。三月に入ってもしきりに祓いをしたが、二日に犬産の触穢あり、ついに中止した。かように準備期間に陰陽師が関与しているのは道長個人のせいもあるが、当時すでに修験道に陰陽道がかなり習合していた事情を暗示しており、陰陽道の習合には神祇信仰からくる呪法の変形があるように思われる。言いかえれば修験道における神仏習合は陰陽道・仏教習合の形をとる場合が多いのである。

摂関家としては道長についで子頼通も独自に永承四年（一〇四九）参詣しているが、記録はのこさなかった。その孫師通は寛治二年（一〇八八）七月二十五日参詣し、日記『後二条師通記』に書留めている。彼は十五日に桂川辺から乗舟、二十五日吉野山に登り、鎰懸峯に至り、蔵王権現に祈念、山岳重畳の風光を見下しながら等覚門外に参向、薦《こも》を敷き奉拝すること三反、暮方拝し終る頃、近くの山に雲かかり雷鳴するのをきいた。湯屋に向い祓いし、手足を洗い夜は別当の房に宿した。けだし大乗仏教における如来・菩薩の五十二階位中、発心・修行ははじめの段階、等覚・始覚は最後の段階の名称で、金峯山はじめ熊野・日光など各地修験霊場では長途の参詣道の要所要所に主としてこの四つの名称を門としてつけ、参詣者をしてこれらの門を通過しゆくごとに目的の霊地に一歩一歩近づくよろこびを、こうした階位の昇進にたとえて味わわせたので、発心門は登山口、修行門は二の鳥居、金精大明神のところにあり、第三の関門である等覚門は鎰懸峯の付近にあったのである。帰りは二十八日、木津川を舟で下り翌日入洛している。寛治八年八月再度登山、今回も鎰懸峯をよじ、参詣の慶びに涙を流し、十日は帰途について子守・三十八所明神に参り、金銀幣を奉納、蔵王大名を拝し、今祇園で宿をとり、十三日京都についた。以上二人の参詣は山上に埋納した物が今日発見保存されていて、よく日記の文と符合し、その上、埋納した経筒の側面に銘文が画せられ、そこから彼らの信仰の内容が相当具体的に把握しうる。すなわち銘文によると、『法華経』は蔵王に親しみ、弥勒に値い、釈迦の恩に報ぜんがため、『阿弥陀経』は極楽往生を願わんがため、『弥勒経』は五十六億七千万年ののち、第二の釈迦として俗世界に下生された弥勒菩薩に会うため埋納するとの主旨が記され、蔵王・弥陀・弥勒・釈迦等各種の信仰が併存しているをみる。しかしこの裏には金峯山に埋蔵されている黄金は弥勒が世に出て末法の衆生を救うときまで蔵王が預っているとの信仰があって、これに黄金の延命富貴といった呪術的利益信仰が加わって全体にははなはだ現世的色彩の濃厚なものである。師通の願文を記した銘文も大体同様な内容であるが、終りに、

蔵王もし感応を垂れれば重ねて礼せん、此の砌りまさに宿賽を遂げんとす、仰ぎ願わくは蔵王大菩薩・三十八所・八大竜王・山内諸神・護法神等各神霊の玄感を施し、必

ず弟子（師通を指す）の素心を照らし、功徳無量・利益無辺なり、（原漢文）

とあって、山上神祇の利益が強調されているのは興味深い。

吉野・金峯の諸神祇

これら神祇は密教の侵入以前よりまつられた山の神々で、蔵王権現信仰の発展に伴い、蔵王の眷属や護法神のあつかいをうけるようになってしまったが、なお原始的な山岳呪術信仰の面影をとどめているところがあり、密教化した蔵王菩薩信仰が現世的基調に立つのもそこからくるのであろう。神祇のおもなものは子守・勝手・早馳・若宮・金山・三十八所で、三十八所とは子守明神が生んだ兄弟の神とも行者が勧請した日本国中三十八所の有名神ともいい、一所にあがめて本地を千手観音としている。いま吉野山上には蔵王堂の少し上手に勝手明神があり、さらに登って上の千本までゆくと吉野水分《みくまり》神社があり、一段とそれより高く奥千本まで分け入ると金峯神社がある。このうち吉野水分は古くより御子守神社ともいわれ、楼門・本殿・幣殿は安土桃山期の建築、本殿は中央一間社、左右それぞれ三間社の流造、中央に天水分神、右が天津彦火瓊々杵命《あまつひこほのににぎのみこと》・天万栲幡千幡姫《たくはた》・玉依姫命（図5）、左は少彦名命《すくなひこな》・高皇産霊《たかみむすび》・御子神をまつる。勝手神社は天忍穂耳命・大山祇命《おおやまずみ》・木花咲耶姫命等を、金峯神社は金山彦命すなわち金精明神をまつる。この金峯神社がかつての金峯山信仰の中心地で、付近に聖宝の開いたと伝える鳳閣寺、相応の安禅寺、牛頭天王をまつる祇園宝塔があり、安禅寺には一丈七尺の蔵王権現（いま下の蔵王堂に移されている）を安置した蔵王堂が出来ていて平安朝には蔵王信仰の中心となり行者で賑ったと思われる。しかし現在、吉野水分神社にのみ二十体の神像がまつられ、おもに鎌倉期の作で、うち三体の像には銘文があり、一体の女神像は小守御前、他の二体の男神像はそれぞれ三十八所・若宮御前であって、すべて経覚大法師が施主、嘉禄元年（一二二五）仏師蓮慶の作と知られる。そのほかの像についても女神像には小守御前・天万栲幡千幡姫命・玉依姫命と伝えられるもの、男神像では三十八所・天津彦火瓊瓊杵命・若宮・天之水分神・御子神・高皇産霊命・少彦名命・早馳神と伝えられるものがあり、像容では騎馬像の早馳神や等身大で流麗な写実的傑作の玉依姫命が特異である。これらは御子神が脇侍一体のほか、他は全部三体一グループの三尊形式をとり、神殿中央は主神たる天之水分神（男神）と男女各一体の脇侍像より成る。玉依姫命は二女神を

図5　玉依姫命木像（一部）（吉野水分神社蔵）

脇侍とし、右三間社の第二殿にまつられる（その銘文については拙著『山伏の歴史』一〇八ページ参照）。

いっぽう埋納の経巻が発見された大峯山上の経塚からは多数の神仏像が出土しており、主として平安末期に属するが、これらは銅鋳製の丸彫り像、または打ち出しにより薄肉像をつくり、別の銅板に貼付けたもの、鏡の面に像を毛彫にしたもの、光背形などの形の銅板に像を毛彫にしたものなど鋳造品ばかりである。そこにみられる像の種類は明らかに特色ある蔵王権現像が圧倒的に多く、神像には子守・早馳・勝手・若宮のほか、神名不明の衣冠男神像多数があり、また仏像では釈迦・阿弥陀・薬師・阿閦《あしく》・多宝等の如来、千手観音・十一面観音・如意輪観音・聖観音・勢至・地蔵等の菩薩が含まれ、別に千仏像・胎蔵界曼荼羅像がある。このうち子守神には両脇侍を配する作品が多々あって、それも女神二体のもの、女神と僧形神、男神と僧形神と配合はさまざまである。これら子守三所中、東京国立博物館所蔵の銅製華鬘形御正体鏡には永承六年（一〇五一）八月五日、女弟子紀氏の銘があり、かつ鋳造の理由を記して、自分は年来宝前に参詣したいと思ったが、女人でそれができぬため、男子となって御前に参り、また弥勒出世の時代に会わんがためとしており、脇侍が僧俗ともに男子形である点も転成男子を願う意がこめられているのかもしれない。子守神の表現については上記、鋳造・木彫のほか図像もあってこれについては景山春樹氏の詳しい研究（同氏「みこもりひめの画像」『大和文華』二十二号）がある（図6）。同氏は藤

栗栖殖氏蔵、中　藤岡薫氏蔵、右　大和文華館蔵）

岡薫氏所蔵で十二単衣、女官風の上畳に真正面向って坐する御子守姫影像と大和文華館所蔵の向って左向き立姿の女官風同影像、ならびに栗栖殖氏所蔵の向って右向き同影像が、もと三幅一対の御子守神影図であることを研究され、既述吉野水分神社にまつられている二十体の神像中、第二殿の玉依姫命とその脇侍二女神に注目し、狭義にはこの神像図はこの玉依姫命と脇侍の三体に他ならない、広義には水分神全体を象徴する意味をももつとされた。実際、本来の主神である水分神の男子像と並んで水分《みくまり》から御子守《みこもり》への転訛に伴

図6　吉野子守三所神影図（左

う信仰観念の変化であらわれた御子守神の女形像が同じ神殿内に同列に安置されているのは、水分神のさまざまな属性の習合的発展を物語るもので、これは同神社にまつられる他の多数の神像についても同様のことが考えられるであろう。

とにかく図像による御子守神三尊形式は景山氏の研究によれば、一体の脇侍は鬼子母神、他の一体は羅刹女から着想して描かれたもので、一つは子守神の児童愛育の属性を象徴し、一つは護法調伏の属性を示したものとされる。そうしてともに『法華経』を守護する鬼神であるのは、早くから金峯山に入った『法華経』の霊山浄土信仰に由来するものであろう。もっともこれら神像図は中世の作にかかるが、神像彫刻や鋳造神像と関連せしめて考えるとき、背後にみられる上記の信仰はその由来するところ平安朝にあると推定して誤りないであろう。神祇の機能や属性が仏教の影響をうけてさまざまに発展し、これが眷属神・脇侍の形、あるいは配祀・合祀の形でみられるかっこうの例が吉野水分神社の祭神であり、わが神祇信仰の重層性といった傾向が習合の結果として顕著になりゆく事実を強調しておきたい。

なお中世、修験者の手でまとめられた『金峯山秘密記』に諸神祇の像容が記され、鋳造神像の神名判定に役立つが、子守明神については、

　地蔵菩薩の垂迹、勝手明神の妻あり、七珍宝衣を着し、即ち左手宝珠を執り、衆生行願を満たす、右手天扇を執り、国土災難を払う、

早馳明神については、

　勝手明神・若宮、本地文殊垂迹、今獅子を改めて馬にのり、智刀を摂し弓箭を執る、これ同じく護法の意なり、多聞を父として生す、ゆえに王子という、母は子守明神なり、若宮は童女相を現じ、七重衣を着す、

とあり、さらに金峯山諸神祇をも含む後述の熊野曼荼羅を参酌すれば、勝手明神は甲冑に身をつつみ、右手剣、左手弓を執り、そのほか普通の衣冠像は金山明神とほぼ察せられる。金山明神はもとより金峯山の地主神でその点数も多く、黄金から連想される富貴延命がおもな利益で床あるいは円座に坐し、鳥居形あるいは屏風を背にし、正面を向くもの、左や右を向くものなど細部には種々表現の相違がある。これに子守明神の安産・子宝施与、勝手明神の邪気撃攘、早馳明神の安産守護、産気を告げる使者の役などを合せて金峯山全体の信仰をみると、極めて日常的・現世的でしかも女性を近づけない修験霊場であるのに、女性の信仰をとりいれており、そこに修験道化する以前の金峯山信仰の面影がみられると

ともに、蔵王信仰の侵入により、かえってこれが垂迹神を通して仏菩薩の広大な利益へと昇華されていったのである。

吉野・金峯の本地垂迹思想

また鋳造像としての仏像が上記のごとく多種類にわたっているのはもとよりこれら諸神祇の本地仏だからで、『金峯山秘密記』『峯中記』『両部問答秘抄』など後の文献ながら参酌してみると、金山明神は阿閦如来、子守・早馳は既述の通り地蔵・文殊だが、『峯中記』は子守三所としてみる場合、中尊は弥陀、左脇侍地蔵、右脇侍十一面観音としている。勝手は多聞、三十八所は千手観音、若宮は勢至で、すべて鋳造仏の種類に含まれるから、こうした本迹関係は平安末には成立していたのである。薬師如来は金峯神社近くの祇園宝塔にまつられる牛頭天王の本地であり、釈迦如来はもとより蔵王菩薩が釈迦の変身とされているところから本地的な意味をもってつくられた。修験者により蔵王菩薩の信仰が金峯山を圧するようになったこの頃には、諸神祇は結局、蔵王の眷属あるいは護法、ないしは属性的地位に下り、蔵王自体はこれら諸神祇を統御する主神格の地位に上ってゆく。したがって本来の儀軌よりする密教的仏尊としてより、神祇的ないかめしさにおいてその現世的かつ速かな恩寵が渇仰されたのである。鎌倉期の文献である『沙石集』に、「蔵王権現は役小角が吉野山上にてむかし祈り出したものである。はじめは釈迦の姿であったが、わが国の衆生済度には適しないと申したので、弥勒の姿にかえてあらわれ、これも相応しないと断ると、遂に恐ろしい蔵王の形で出現され、これこそわが国にもっともふさわしい教化者であると歓迎されたのでいまにこの形でまつられているのである。わが国の風儀として神祇は賞罰をきびしくされるゆえ、かえって信敬を益すので、仏は余りに利益が遠くおだやかで、愚かな衆生に信をおこさせることはできない」とのべている。これによっても蔵王権現の忿怒相が日本神祇本来の祟厲的畏怖性に置きかえられ、蔵王はまったく神祇化され、したがって釈迦はその本地と仰がれたのである。あたかも牛頭天王が密教から出て、その畏怖感のゆえに神祇化され、本地として薬師如来がまつられたのと同様である。かくて蔵王は主神として多くの神祇を統括することにより、それ自体の機能・属性は拡大したので、鋳造像に二十三種に上る表現のちがいがあらわれてくるのもそこに多少の関係があろう。本章のはじめあたりに掲げた蔵王の形相は標準的なものにすぎず、たとえば冠は三鈷冠のほか、花冠、目は三目か二目、持物は三鈷・独鈷・蓮茎・金剛鈴、手印は剣印・拳印・伸指・屈指、台座は磐座・蓮座・瑟々《しつしつ》座などがあり、姿態もさまざまである。

いずれにせよ、これら神仏像を経巻とともに地下に埋納するのは一種の奉賽とみられるが、埋納ばかりでなく、土中出土には火災にかかった形跡のある像も交っていて、社殿にまつられたものと想像される。鋳造像とはいえ、円板に鋳付けられたもの、円板打ち出しのもの、鏡面毛彫のものなどいわゆる御正体鏡的意味の作が圧倒的に多く、これらは本来堂舎内の欄間・長押などに懸けてまつる懸仏式につくられたのであろう。それにしても神像ないしこれに準ずる信仰対象をこれほど古く、かつ多数懸仏式にあらわしたものは他の霊地にみられないところであり、吉野・金峯山の修験道が神仏習合的活動を通じて生み出したもっとも著しい特色であったといいえよう。

一〇　熊野三山の信仰

熊野霊場の形成と熊野詣の盛行

熊野地方の宗教的初見としては『日本書紀』に伊奘冉《いざなみ》尊が火神を生まれたとき、焼かれてなくなられ、紀伊国熊野の有馬村に葬られ、土地の人々はこの神の霊をまつるのに、花ある時は花をもってまつり、鼓・吹《ふえ》・幡旗《はた》を用いて歌舞しまつるとある有名な記事が指摘されよう。いわばこれは伊奘冉尊葬送の儀礼とみてよいものであって、古くから鬱蒼たる森林の山々が重なる紀州の南端、熊野は中央からみるとき、文化の光もおよばぬ暗闇の世界、死者の赴くところとみられていた次第を物語る。しかし律令国家の発展につれ、やがて神武天皇が大和へ入る前の聖地として意義づけられ、奈良朝仏教の興隆は修業僧の進出となり、漸く宗教家や知識人にも認識される方向にむかった。平安朝に入って貞観元年(八五九)正月二十七日、熊野早玉(新宮)と熊野坐《にます》(本宮)の二神社が従五位下より同上に昇叙しており、この頃すでにこの地方の神祇信仰が中央の統制下に入っていたのである。そうして延喜七年(九〇七)十月、宇多法皇は皇族として最初の参詣を実現され、これによって同年十一月二日、熊野早玉神は従一位、熊野坐神は正二位に進められ、いよいよ地方大社としての権威がそなわってきた。三善清行の子浄蔵は第八章でもふれたが、延喜十五年、二十五歳で那智山に入り、三年間滝本に籠り、きびしい修行をつづけたと伝えられ、密教僧の活動がおよんだ事情をうかがいうる。そのほか熊野三山をめぐり、あるいは熊野より紀伊半島中央部のいわゆる大和アルプスを踏破して大峯・金峯へと出る行者もあらわれ、修験道場としての環境が形成されてきた。永延元年(九八七)の頃、花山法皇の御幸あり、ついで京寿なる者が熊野別当になる野心を起し、ときの別当増皇を罪に陥れてその追出しをはかったところ失敗した事件起り、熊野教団の組織化がはしなくも文献を通して察知されてくる。ついで永保元年(一〇八一)受領を歴任して富裕となり白河院の院司として勢力を振った藤原為房が参詣し、幸いその日記『為房卿記』(『大御記』)をのこしたので、熊野信仰の実態が漸く伝えられはじめた。それによると、九月二十一日舟で淀川を下り、四天王寺・住吉をへて紀州に入り、日前・国懸両社に参り、岩代あたりから舟で太刀浦へわたり、三栖秋津をへて滝尻につき、本宮では勢深房の許で宿泊、三所の御殿に幡・花鬘代等を奉幣し、礼殿に御明《みあかし》を奉り、経供養を行なった。これで本殿における家津御子・結・早玉三神の祭祀がはじめて記録で明確にされ、別に礼殿があって後世みるような社頭の規模もほぼ確認される。帰りは切戸山で熊野の神木である梛《なぎ》の葉をとって笠に挿し、参詣者の風習の一端をみせ、十月十三日、稲荷社に奉幣ののち、二十三日にわたる旅を終っている。応徳三年（一〇八六）、関白藤原教通の女真子は七十一歳の身で後世安穏を願い、那智山に紀伊国在田郡比呂荘の免田十三町五段と同郡宮原荘免田十三町五段を寄進しており、為房の参詣が多少影響したためかもしれないが、従来、本宮・新宮ほどに重い待遇をうけていなかった那智に対する中央公家階級の援助が想像され、次第に熊野三山鼎立の形勢が馴致されつつある様子を推察しえよう。またその寄進状の中に「抑も伝え承る熊野権現、弥陀・観音垂迹」の句があって、本宮家津御子の本地弥陀、那智結宮の本地観音がここに明示され、両社の習合化がすでに相当進んできたものとみられる。

さらに上の『為房卿記』中に注意されるのは、九月二十四日、和泉国日根王子につき宝殿に燈明を献じている記事で、熊野参詣に路次の王子社を拝する記録の初見である、この王子社は熊野信仰独特のもので遙拝所や分祀の社を組織化し、京都より本宮までの道中に九十九王子が配置されたというが、九十九とは多数を意味し、実数は時代により一定せず、九十一、二社が最大限度であったとみられる。王子は神祇では子神・若宮の類を、仏教では眷属の護法神をさし、熊野信仰の仏教的習合がすすむにつれては、後者の解釈が中心となる。王子社の中には金峯山同様、行者が解脱の最高位に至る大乗五十二階の段階になぞらえ、本宮の東数キロのところを発心門と名づけ、王子社を設けて発心門王子とよんだが、修行・等覚・始覚の門はできなかったようである。また那智でも山麓に一基の鳥居をたて、発心門と称し、京都白河に分社を勧請して新熊野《いまくまの》社が営まれると、ここにもその設置をみた。

為房参詣二年後の永保三年九月、熊野本宮別当・大衆らは紀氏某より寄進された土地が奉国朝臣らに横領されたとして播磨守某に訴えたが、その際の申文の終りに、別当・大衆ら職員の役名を列挙しており、それに大法師として別当・修理別当・検校・上座・惣目代、法師として在庁・寺主・都維那・通目代等がみえ、別当の下に多数の職階を擁する大きな宮寺制の成立を物語っている。別当職は上述の増皇のあと、弟の殊勝をへてその女婿、藤原実方の子泰救へ伝えられ、爾後もっぱら小一条流藤原氏である泰救の子孫が相伝するに至った。さきに長元元年（一〇二八）十月十三日、金峯山の住僧百余人、陽明門に大和守保昌の非法を訴える事件あり、永保二年十月十七日には熊野の僧徒三百余人が尾張国衙人による熊野大衆殺害を訴え、新宮・那智の神輿を京都粟田山の山口に進めており、金峯・熊野両々相俟って南山修験教団の勢力は十一世紀の朝廷を震駭させるほどになっていたのである。院政の発足とともに始まった上皇の熊野詣はたんに信仰ばかりでなく、こうした教団の勢力に対する朝廷の認識にもよるであろう。

その第一回は寛治四年（一〇九〇）である。白河上皇は正月十五日より精進所《そうじ》に入られ、二十二日出発、園城寺の法印権大僧都増誉、延暦寺の権少僧都慶朝、仁和寺の法眼権少僧都覚意ら数名の僧侶に十一名の公家が扈従《こじゆう》し、二月十日本宮着、翌日奉幣・沐浴ののち、『大峯縁起』を御覧になった。この『大峯縁起』は非常に神聖視せられたもので、延久二年（一〇七〇）、本殿背後四面廊御聖体の間に安置したといい、本来、僧隆明が縁起を読み上ぐべきところ、失明により奉行人大江匡房が読んだ。鎌倉時代、光宗著の『渓嵐拾葉集』には、縁起の内容について、大峯はインドの霊鷲山が欠けて飛来したものであり、日本最初の天の逆鉾が立ったところでもある。役行者は聖徳太子と一体で、天照大神とも同一である、等々の記事が載せられているとのべている。上皇の帰洛されたのは二月二十六日で、この際、紀伊国二郡の田畠五カ所百余町が本山に寄進され、増誉は新設の熊野山検校につき、本山の別当長快は法橋に叙せられた。これより以後、上皇の参詣に先達の役をつとめるのは代々園城寺の僧に限られ、同寺と熊野の関係は密接を加えるようになった。金峯山でも別当金照が寛仁元年（一〇一七）十月、法橋の位を授けられており、このほうは真言密教側の支持があったものと思われる。しかし白河上皇の頻繁な御幸がくりかえされるに従って熊野別当家一族はしきりに僧階を昇せられ、経済的援助も増大して三山の繁栄は目ざましいものがあった。

熊野御幸を詳しくうかがう史料としては源師時がその日記『長秋記』にのせた長承三年（一一三四）の御幸記録があげられよう。これは鳥羽上皇第三度目の御幸で、待賢門院とともに長承三年二月一日、本宮着、礼殿を御所とし、住僧・客僧に各百石を賜い、山臥大峯入りの行事をみるため、舟で対岸へ渡られた。城門房なるものが御幣をとって前行し、次に祝の代りに心円房がつづき、そのあとに行者宗南房が礼殿の前をへて奉幣し、菴室より負《おい》をとり出して立てる。鶏山房・勝明房・式部阿闍梨三人負を荷い礼殿前庭に立ち奉幣、還って河原に向い、上皇・女院も河原に向われ、仁禅房・勝明房が船の棹をとり、鶏山房は負をとって乗舟、対岸につくとまた舟を返えし他の行者を渡す。行者は唐人履を着用、対岸についた行者達ははるかに宝殿を拝し、笠を着、負を背にしすみやかに山中へ入ってゆく。ややあって法螺《ほら》を吹く音がきこえる。

こうした行儀を師時はたびたび見ているが、行者を送る方法がいつもと少し違っているのはどうしたわけかと述べており、大体において慣例的行儀が出来上っていたらしく思われる。夜に入って先達を招き、祭神の本地をたずねたところ本宮・新宮・那智三社の主神をはじめ熊野十二所の祭神にわたり詳細に教えられるところがあった。その内容は第十一章の「平安末期における各社の本地仏一覧表」について見られたいが、これによってすでに本宮の複雑な祭神組織の成立を知りうるであろう。上皇はこのあと二月二日本宮を出発、六日に帰洛せられた。

熊野の浄土信仰と本地垂迹思想

天仁二年（一一〇九）十月、藤原宗忠も熊野詣を行い、その模様を日記『中右記』に記録したが、祭神については家津御子を証誠殿とし、結宮・早玉を両所権現ととなえ、こうした称呼が中世には一般化したのである。証誠とは阿弥陀仏不可思議の功徳を十方諸仏が讃歎し、証誠したとの善導の『観経疏定善義』の文から来たといわれ、『寺社元要記』にも証誠殿は弥陀の垂迹、諸法証誠尊ゆえに証誠殿と名づくとあり、正式には証誠の菩薩号であって、八幡大菩薩と同様、垂迹形自体がすでに煩悩を離れ、覚者の地位に昇ったことを示し、些々《ささ》たる利益は配祀の神あるいは多数の眷属神にこれをゆずったこと、すでに天満天神においてみたところであった。けだし熊野本宮における浄土信仰の興隆は平安中期から高まった一般時代風潮の影響によるものではあるが、多数の王子神を路次に拝して垢離《こり》・奉幣・読経による精進を重ねつつ、ますます高まる清浄感の意識をもって深山幽谷に分け入り、本宮に参るよろこびは、祖霊山中他界＝山中浄土の観念に結びつき、弥陀浄土の信仰をここに導入する絶好の条件をつくり出していった。九品浄土の思想が地理的位置において なぞらえられたこと、発心・修行・等覚・始覚の四門と同じく、すでに摂津淀河尻の窪津王子が九品王子とも書きかえられたくらいで、本宮近くになれば滝尻王子をへてけわしい坂道を登るとき、下品下生の鳥居が建ち、発心門を入れば上品上生の鳥居をみるなど、浄土的ムードはいやが上にも高められた。また金峯山のように熊野を密厳浄土に比するのも密教修験者により持込まれた信仰で、鎌倉時代、熊野権現垂迹の地は胎蔵界曼荼羅の諸仏尊が利生を垂れるところであるとのべ、金峯・大峯と熊野を密教の金剛界・胎蔵界両部の曼荼羅にたとえ、両部の仏尊が利生を垂れる密教的浄土と解した『金峯山秘密伝』『熊野権現三所御記文』の思想はすでにもとづくところ平安朝にあること、次にのべる密教的護法諸神である四所宮が上述『長秋記』に記載せられているところからも明らかである。また新宮早玉神の本地が薬師如来であるとの説に関しては早玉の本義がすみやかに霊験を示すこと、熊野川の急流に比すべく、しかもその河口に位置して本来神道の祓いに適した場所であったところから疫神的要素を本地薬師如来の概念に留めたのではあるまいか。そうしてこの神が三山いずれにもまつられるにおよんでは、山岳抖擻《とそう》の行者に欠くべからざる修行中の医療を司る利益においてあがめられたのも自然であろう。金峯山では祇園宝塔を設けた関係からか薬師悔過の法要が行われている。

　本宮にあってはことに近く湯峯のごとく温泉の涌出するところがあり、藤原宗忠は『中右記』に入湯の記事をのせ「谷底に温湯寒水並び出ず、誠に希有の事なり、神験に非ずして豈此の如き事あらんや、此湯を浴する人、万病消滅す」（原漢文）とのべ、密厳浄土の思想からくる長寿延命の信仰はやがて薬師浄土の信仰につながるものがあったに相違ない。ついで那智を中心とした観音の補陀落《ふだらく》浄土の信仰はそのはじめ飛滝権現の信仰に出で、密教徒の参詣・修行がふえるにつれ、本土の最南端としての地理的事情を経典に結びつけて南方補陀落浄土の教主がまつられるところとなったのであろう。すでに貞観十年（八六八）十一月三日、慶竜上人、延喜十九年（九一九）二月、祐真上人と奥州の人十三人、天承元年

(一一三一)十一月、高厳上人が補陀落渡海をめざして入水したと伝え、平維盛は寿永三年(一一八四)浜宮王子の前より舟をこぎ出して沖から入水し、鎌倉幕府の御家人下河辺行秀は出家して智定房と称し、浜宮辺に補陀落山寺を建て、みずからは補陀落渡海を遂げている。『中右記』は那智参詣を詳記した最初の史料で、宗忠は本宮より川を新宮へ下り、新宮より那智へ向ったが、阿須賀王子から二十町ばかりで海岸に出で、浜をすすみ、南に白浪重畳・雲水茫々たるを見、これ日域の南極なりと感慨深げに記し、補陀落浜に至って白砂の美しさをめで、浜宮王子に参って地形絶勝と評した。はるばる熊野を訪れ那智の海岸に到着してはじめて南海の風光に接した当時の人々はその絶勝に魅せられ、補陀落浄土の存在を疑わなかったであろう。

次に五所王子はそれぞれの祭神の由来明らかでないが、禅師宮・聖宮は巫僧の若宮的神格とみられ、若宮・児宮は子神であって雷神的・祟厲的属性が考えられる。『保元物語』に久寿二年(一一五五)冬、鳥羽法皇御参詣の砌、証誠殿宝前にて現当二世の御祈念をされた際、夢現の間宝殿内より童子が手をさし出し、打返えし打返えししたので法皇は驚いてこの不思議な現象を巫女を召して占わしめられたところ、巫女に神がかりし、法皇に向い右手を指し上げ、打返えし打返えししながら託宣を下した。それは法皇の御寿命に関する重大なものであったとのべられている。これから察すると、巫女託宣のいわば手引きをする役目をもったもの、護法童子的機能をもったものが若宮・児宮ではなかったろうか。子守宮は金峯山からの分祀が想像され、若宮・児宮に対して保育の神としての属性が考えられたのであろう。

すすんで四所宮をとりあげよう。新宮では五所明神というが、本宮では一万眷属・十万金剛童子を一柱に数え、これに勧請十五所・飛行夜叉・米持金剛童子を加えて四所明神とよぶ。一万十万・米持に共通の金剛童子とは密教の胎蔵曼荼羅に描かれた金剛鏁菩薩の侍者であり、金剛杵を持して主尊の擁護にあたるが、熊野の祭神としては必ずしも密教の儀軌に拘束されず、いわば降魔的眷属神としての意味においてまつられたのであり、一万十万のおびただしい数的表現は主尊の権威を示す仏典の形容法をまねたので、北野天神の眷属十六万八千と称したのと同類である。米持は舎利を納めた宝塔を捧げるゆえに名づけられた。勧請十五所は賀茂神はじめ著名な各地の神祇をまとめてまつったもの、飛行夜叉は『仏母大孔雀明王経』『雑譬喩経』等密部の経典に説かれる鬼神の眷属で、降魔と飛行自在の機能は修験行者の法力としてもっとも望まれるところであった。

『熊野権現御垂迹縁起』

以上いわゆる熊野十二所権現を総合的にみるとき、弥陀・薬師・観音・大日等の浄土信仰に眷属護法の童子信仰を加えた複雑なものであった次第を知るが、祭祀の教団側からすれば、熊野信仰全体に権威と統一を与える上から、何らか高遠な歴史的由緒を標榜する必要があった。既述、修験行者のために本宮で読まれた大峯縁起は恐らく密教教義にもとづき、金峯・大峯を金剛界、熊野を胎蔵界とする両部曼荼羅の歴史的付会が叙述の中心になっているのであろうが、熊野権現自体については別に天台的発想に基づく作為が行われ、これをもって歴史的悠遠性による神秘的権威化がはかられた。それは『長寛勘文』に引用されてはしなくも脚光をあびた『熊野権現御垂迹縁起』であった。『長寛勘文』とは長寛元年（一一六三）～二年にわたって公家・学者達が朝廷に提出した意見書で、事の起りは甲斐守藤原忠重が目代右馬允中原清弘・在庁官人三枝守政らに命じ勝手に熊野領八代荘を抑え、年貢を奪い、在家を追捕し、神人を搦取《からめと》るの暴挙に出たため、忠重の処罰が宮廷で問題になったところにある。律によれば大社の神物を盗む者は中流（中距離の流罪）にあたるが、大社は伊勢神宮のみを指すとも、熊野権現は伊勢大神と同体ともいわれ、後者の説に従うとき、熊野社も大社であるからその神物たる荘園を横領するのはまさに中流の罪にあたる。熊野社が大社に入らなければその罪は軽くなるわけで、忠重処罰の程度は伊勢・熊野が同体か否かにかかり、その点に関してさまざまの意見が提出されたのである。伊勢・熊野両祭神同一をとなえる者はともに伊奘冉尊をまつるとし、異なるとする者は熊野神を素盞嗚尊とするなどさまざまで、これらの相違がいつ頃から生じたかはさておき、この論争に関して式部大輔藤原永範が引用した『熊野権現御垂迹縁起』の大体をのべてみよう。むかし甲寅の歳、唐の天台山の王子信が高さ三尺六寸の八角の水精となって日本の鎮西日子の山

（英彦山）に降臨した。それより伊予国石槌峯・淡路国遊鶴羽山（譲羽山）・紀伊国牟婁《むろ》郡切部山・同新宮神蔵峯をへて、新宮東の河須加社北、石淵谷に移り、はじめて結玉家津御子と申した。その後大湯原一位木に月形にて降臨したが、甲寅歳より数えて百五十七年たった。この王子信は中国の天台山国清寺に地主山王元弼真君としてまつられた周霊王の太子晋をさし、日本へ来て転々した場所はいずれも修験霊場にほかならず、これに甲寅・庚午等陰陽道的祥瑞の思想を織りまぜた雑駁な縁起譚である。恐らく天台の僧侶により偽作せられたもので、起源を遠く中国の聖地に求めて悠久性を強調し、神秘感を高め、かつ日本各地の修験霊場より熊野がすぐれている所以《ゆえん》を示そうとしたのであろう。そこに直接、神仏の関係は説かれたわけでないが、はるかの大陸より渡来したとの地理的遠隔感が熊野権現垂迹の尊さを強調するに役立ったのは疑いない。さらにこの勘文中、中原師光の文に、

熊野権現は紀伊国に坐すこと年序已に久しく、和光の月四海に浮び利物の雲一天を覆う（中略）、倩《つらつら》その尊宗を思うに伊勢大神宮等と差別なし、或いは伊勢に在りて大神宮と号し、或いは紀伊国に住して熊野と号す、其名異なると雖も同躰疑わず、凡そ漢家祖廟大廟、本朝大廟、天神地神未だ権現の垂迹より尊きはあらず、熊野の霊崛より先なるはなし、

とみえ、師光のごとく同体説をとるものには、本地垂迹思想が媒介となっていたのである。

八幡神の場合における「彼宮此宮その地異なりと雖も権現菩薩垂迹猶同じ」とする思想に通ずるところがあるであろう。それにしてもこの事件を契機に伊勢神宮との関係を主張する説が世の注目をひくところとなって、熊野の政治的発展に寄与し、これがまた習合思想の新たな展開へと結びついてゆく結果になるのである。

那智・新宮の鎮守社および王子社の本地垂迹説

以上十二所権現のほかにも熊野三山にはさまざまな祭祠があり、『寺門僧記補録』は那智・新宮両社の鎮守として左の諸社をあげており、これらは恐らく鎌倉期には成立していたものと察せられる。

那智鎮守

礼殿執金剛童子（本地弥勒）智証大師参詣の砌感応されたものと伝う。
湯峯金剛童子（本地虚空蔵）婆羅門僧正参詣の砌感応されたものと伝う。
発心門金剛童子（本地大白衣）この神は三山ともに垂迹。
湯川金剛童子（本地陀羅尼菩薩）
石上新羅大明神（本地文殊）湯川・石上二神ならびに新羅国神。
近津湯金剛童子（本地精進波羅蜜菩薩）
滝尻金剛童子（本地不空羂索）慈覚大師参詣の砌感応されたもの。

切目金剛童子（本地十一面）義真和尚参詣の砌感応されたもの。
藤代大悲心王童子（本地千手）
稲葉根稲荷大明神
新宮阿須賀明神
飛鳥大行事大宮（本地大威徳明王）六頭六面足神
新宮鎮守
神倉権現（本地不動）愛染垂迹之身、神劔、崛中池あり。一丈二尺、大熊八尺、霊鳥潜居。
飛鳥大行事大宮（本地大威徳）阿須賀にも作る。
牛鼻大明神（不動・毘沙門）
御船嶋大明神
屋倉大明神
榎本大明神
飛鳥中社
比平符
漢司符
両将軍

三狐神
伊　勢
住　吉
出雲大社
同東社
産田宮　伊奘冉尊崩ぜられた場所。
天岩戸　飛滝権現・摩多羅神鎮座、窟内池あり、冬夏水に増減なし。

那智鎮守に多い金剛童子は明らかに寺門派僧侶の手でまつられたもの、比平符以下の神名も陰陽道からきたもので、恐らく寺門関係の勧請、天岩戸にまつられた摩多羅神は天台の常行堂（念仏三昧堂）の守護神で、玄旨帰命壇（第十五章参照）と称する台密灌頂の儀式に本尊としてまつられるもの、熊野では金剛童子に近い護法的鬼神として勧請されたのであろう。要するに全体としても寺門密教の影響がいよいよ濃厚になってゆく様子を看取できよう。

熊野新宮の神像

熊野では金峯山ほど多数神像の造形的遺品はない。ただ新宮には七体の木彫像があり、なかんずく熊野速玉大神・熊野夫須美神（女神、図7）・家津美御子大神・国常立神の四体

図7　熊野速玉大神・同夫須美神木像（熊野速玉神社蔵）

（男神三体・女神一体）は岡直巳氏によれば京都松尾神社の神像に似て平安中期、十世紀の優作、とくに等身大で同一製作とみられる速玉大神と夫須美大神、それよりやや小形な家津美御子神と国常立命、そしてさらに小形の伊邪那岐神・伊邪那美大神・皇大神の三グループにわけられ、同じ平安朝の作でも、家津美御子神はやや時代が下り、もっとも小形のグループ三神はさらにのちの作とみられるので、これが祭神としてまつられた前後の順序を示すものとされる。つまり新宮でははじめに新宮の主神たる速玉神と那智の主神たる夫須美神が十世紀中葉合流してまつられ、その後しばらくして本宮の家津美御子大神が合祀され、ついでそのあと、諾冉二尊や皇大神の配祀があったと神像彫刻の研究から推定されたのである。そうして速玉・夫須美・国常立三神のすぐれた作風は中央仏師の手に成り、松尾社神像と同様、帰化人である秦氏と天台密教の間にかもし出された一つの形式であると判断されている。岡氏が指摘されたように、速玉神がかぶっている宝冠は、神像としては異例に属し、宝冠の表に描かれた文様が仏像関係にみられる宝相華文・蓮華文に近い点注目さるべく、像全体としては新羅《しんら》明神像や閻魔王像のごとく異国的情緒をただよわしていて、熊野参詣が流行する以前、すでに濃厚な天台寺門派の色が新宮におよんでいたのは驚きのほかないであろう。

熊野の祭祀と行儀の特色

熊野参詣の記録については既掲『為房卿記』『中右記』『長秋記』のほか、後白河法皇が『梁塵秘抄』の中に短篇ながら宝前通夜の有様をのべられており、鎌倉初期には藤原定家が後鳥羽上皇の御幸に従った記録をその日記『明月記』の中にのこし、藤原頼資は『四辻殿記』に、その子経光は『民経記』にそれぞれ参詣日記をのせている。それらの中から参詣の風儀や祭祀に関して習合的事実二、三を指摘しておきたい。

まずいずれの日記にもみえる参詣者の厳重な精進潔斎で、魚味を絶ち朝夕沐浴解除（陰陽道で行う祓禊）を励行するが、長途の旅行中これをつづけるのは苦労であったろう。沐浴は垢離《こり》と呼び、『中右記』天仁二年（一一〇九）十月二十二日条にみえるのが文献上の初見で、わが国固有の神祇作法に陰陽道・密教の思想が加味されたものというべく、次第に苦行的意義を重んじ、長時間、数日にわたり滝壺・川中にひたる風さえ生ずるに至った。すなわちその原義、あるいは川降《かわおり》の略とする『古事記伝』の説、香水より出たとする『倭訓栞』の説など、十分納得せしめるほどの解釈なく、第一義の祓いよりむしろ第二義的に「想念を凝らす」方法としての「凝り」にはやく重点がうつされたことは争えない。文覚上人の荒行は『平家物語』により著聞しており、彼は滝壺に漬っている間、不動尊の慈救呪をとなえていた。既述金峯山参詣の藤原道長のごとく、最初湯垢離をとるときもあるが、道中は河水・井水をあびる水垢離、海浜で行う塩垢離があり、寒気のきびしい折も止めるわけにはゆかなかった。かくて苦行・禁欲より解脱の心境を目ざす垢離は熊野信仰においてもっとも徹底され、有名になったのである。

つぎに後白河法皇が熊野での通夜・参籠の様子をのべられた中に、

宝殿の方を見やれば、わづかの火に御正体の鏡所々輝き見ゆ、

とか、

さいとうの火に御正体の鏡、十二所各光をかがやきて庁仕の姿うつるらんと見ゆ、これかれの捧幣の声、やう〳〵に聞ゆ、法楽のもの、心経、もし千手法花経、心々にかはるにつけて尊し、

などの文があって、社頭に焼かれる柴燈《さいとう》の火が御正体鏡に映じて美しくかがやく光景を叙

している。これは嘉応元年（一一六九）正月、法皇が新宮に参られた際の話で、柴燈の確実な文献的初例である。柴燈は柴燈護摩ともいい、元来、柴薪を集めて修するもの、これを儀礼化して小木の長さを定め、九十一本、あるいは百八本用意し、所定の作法に従ってこれを積み重ねて燃し印を結び呪を誦する。もと密教の加持祈禱に関して行われたところであるが、後世あたかも修験道特有であるかの印象を一般に与えるほど、この道で盛んになった。中世、柴燈に用いられる小木を煩悩の象徴とし、これを焼却するところ、煩悩即菩提・生死即涅槃の義ありと称し、陰陽五行思想を付会して小木は五行中の木、青色薬師如来の三昧《さんま》耶形《やぎょう》、柴打・鈴打・斧鉞等は金で弥陀の三昧耶形、護摩火は火で宝生如来の三昧耶形、炉中の洒水《しゃすい》は水で釈迦如来の三昧耶形、炉底の土は土で大日不動明王の三昧耶形とみる（『修験道峰中火堂書』）。三昧耶形は各仏尊の持物を指し、各々の本誓をあらわすところから、ひいてその仏尊の象徴というべきものである。結局この火の呪法はすべてを土に帰せしめるので、土を三昧耶形とする大日如来の化身、不動明王がこの行法の本尊となるわけである。

最後に藤原頼資が承久二年（一二二〇）参詣の際、本宮で牛王《ごおう》宝印や梛《なぎ》の葉を賜わっている『四辻殿記』の記事に注意したい。梛は熊野の神木であるが、牛王（図8）は護符として各地の社が発行し、中世以来庶民にも親しみあるものとなっている。しかし中世はじめより盛んに流布せられ、もっとも普及したのは熊野の牛王であって、近世における熊野の勧進比丘尼の熱心な全国的宣伝と頒布も一因ではあろうが、そのはじめは機動力・行動力が広範な修験行者が民間の求めに応じて諸国に医療その他の呪術作法を行なった際の護符として配ったものではなかったろうか。その起源については牛王を牛黄とも書き、インドや中国で牛の胆《きも》を医薬として珍重し、密教の行者と結びついて病魔除去の効験があるといわれた。これを牛黄加持と称し、効験を護符の形でいわば普及化したものと解せられる。したがってもと天台・真言の

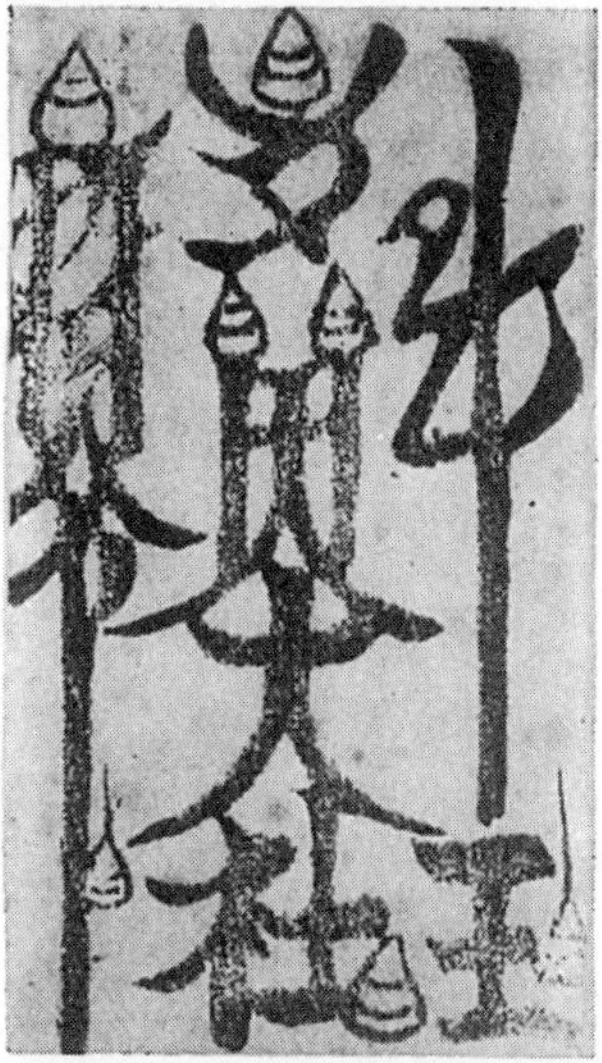

図8　多賀（上）・熊野（下）両社牛王

寺院でつくられ弘められ、中世にはその紙背に誓約の文言を記入した起請文のための起請紙として親しまれた。これについて中村直勝先生は牛王宝印の定義を左のごとくされている(『起請の心』二四ページ)。

すべての如来や菩薩はそれを表現すべき梵字を有する、それを種子という。(中略)その梵字を蓮華の台に載せ、それに後背の御光を副えて印章とし、それを以て仏身そのものに代えた。それを押捺する事によって仏心を加えたものと考えた。それを宝印という。宝印を押捺するに用ゆる朱肉に牛王《ごおう》という霊薬の微粒を加えたものを使用し、それを牛王宝印と言ったのである。

これは印章としての説明に重点をおかれた解釈であるが、たしかに牛王と牛王宝印と起源は二段階に分けて考えねばならないであろう。ところで熊野で発行する宝印は仏の印章でなく、古くよりこの地で神使とされる烏を図様化したもので、烏形を多数並べて熊野牛王宝印の文字を書き、中央に日本第一の文字をあらわす。後世この紙を用いて起請文をつくるたびごとに、御山に烏が一羽死ぬとの俗説があらわれたほど、神聖視されたのである。『源平盛衰記』には暗殺の目的で入洛した土佐房昌俊が義経にその意図を見破られ、これをとりつくろうため、そうでないしるしに熊野牛王をとり出し、紙背に上天下界の諸神祇を書き並べ起請し、灰に焼いて呑んだ話を載せており、すでに当時、熊野起請は有名になっていたのである。

以上の二章を通じ、修験道形成に伴う習合的諸現象はほぼその概略が理解されたであろうが、中世さらにこれが複雑かつ広範な発展をみせるようになる。それらは一部秘伝化しつつも、おおむね一般社会にとりいれられ、本地垂迹思潮の主導的役割をつとめたので、それらは後章に改めてのべる。

一一　念仏諸宗と神祇信仰

本地垂迹説の普及とその完成

いままで数章にわたりわれわれは平安時代における本地垂迹思想発展の経過を、もっとも仏教化の著しい諸神祇を中心として眺めてきたが、本地仏設定は院政時代に入って急速に拡がり、本高迹下の本地垂迹説はほぼ完成の段階に入ったとみられる。それではこのような本地仏設定はどのような意味があって盛んになったのであろうか。これまでの記述で大体は理解されようと思うが、改めて要約してみるならば、第一はわが神祇に固有の氏神的地域性ともいうべき性格が本地仏を背景とすることによって地域をこえた、より一般的なものとなり、いっそう広範な信仰が集められるであろう。個人中心の利益信仰が強く民衆にアピールされてくる。第二は神祇の利益が本地仏の本誓とするところに従っておのおのに特色をもち、それによって一つの神祇はとくにある方面での恩寵・効験が宣伝せられ、そのための祈願・祈禱・加持など習合的宗教儀礼の盛大が民衆を惹きつける指標となる。第三は祭神にみる父神・母神・子神の家族的関係が本地仏導入により、脇侍・眷属・護法神などの観念に置きかえられて、容易にいっそう多数の合祀・配祀ないしは摂末社の神々をつくり出し、主神の機能も出来るだけ細分されてそうした神々に分与されてゆく。一社におけるこうした祭神の複雑化はさまざまな参詣者の祈願・願望に対応されるのみならず、護法化・眷属化された神祇には悪魔的あるいは降魔的性格が付与され（八幡の松童・高良、北野の老松・富部のごとく）、これがまたさまざまな人間の俗的関係の中で呪咀・制裁・復讐などに利用されうる。かくて十二世紀には全国主要な神祇にはほぼ本地仏が普及したと思われ、安元元年（一一七五）六月には京都蓮華王院で惣社を創祀されるにあたり、八幡以下二十一社および厳島・気比宮などの本地御正体の図像をつくらせている。八幡以下二十一社の社名は明らかでないが、八幡を加えていわゆる二十二社の制なる山城・大和を中心とした畿内有力大社の特別待遇制が発足したのは摂関時代末期、院政初期であった。これら諸社のうち余り仏教化していないものでも、中央の大社として信仰上また経済上の発展をはかるには、院庁権力と密接に結びついている天台・真言の勢力に接近する必要があり、本地垂迹説の受容はさけられない情勢にあったから、右の惣社には二十二社制による神社がほぼ含まれていたものと推定してよかろう。これらの社は公家や寺院を背景として地方に寄進された荘園を有するものが多く、そうした所領へ本社の神霊を分祀勧請し、あるいは地方在来の古社を分社へと改めつつ、中央の信仰を地方農村へ滲透せしめ、あわせて本地垂迹思想の普及化をはかったのである。

いま試みに文献の上で平安末、確認される本地仏を各社について示すと左のごとくである（比較の便宜上、多少既述と重複する点もあるが諒解されたい）。

平安末期における各社の本地仏一覧表

伊勢内宮　盧舎那仏（救世観音）

石清水中御前　阿弥陀

春日　一宮　不空羂索

二宮　薬師

三宮　地蔵

四宮　観音（『春日社古記』）

宇佐　中御前　阿弥陀

左　観音

右　勢至

日吉　大比叡　釈迦

小比叡　薬師

八王子　観音（『梁塵秘抄』『康頼宝物集』）

祇園　牛頭天王　薬師
　　婆利采女大王　文殊
　　八王子　十一面　（『三五文集』）

広田　一殿　観音
　　二殿　阿弥陀
　　四殿　阿弥陀
　　夷　毘沙門
　　西宮　毘沙門
　　三郎殿　不動
　　百太夫　文殊
　　南宮　阿弥陀
　　児宮　地蔵
　　一童　普賢
　　松童　大日
　　内王子　観音　（『伊呂波字類抄』）

熊野　証誠殿（家津王子）　阿弥陀
　　早玉　薬師　（『長秋記』）

結宮　千手
若宮　十一面
禅師宮　地蔵
聖宮　竜樹
児宮　如意輪
十万　文殊
一万　普賢
子守　正観音
勧請十五所　釈迦
飛行夜叉　不動尊
米持金剛童子　毘沙門天

このほか間接史料を通じ推定可能のものもあり、実際はこれ以上、本地仏が多数きめられているのはもちろんである。右に示した本地仏を見渡すと、主神ないし主神グループの本地には阿弥陀と観音が目立って多いのに気付く。これは平安朝後半の浄土教信仰や各地観音霊場参詣の流行が影響している。それについでは薬師・地蔵の順になる。この両者ともに長寿延命の祈願対象になっているのはもとより、本地垂迹思想を通じての弥陀・観音の信仰も彼岸的より現世的傾向が強かったのである。浄土はこの現世において求めらるべく、そのためには原始的神祇信仰や密教のさまざまな呪術的儀礼が必要である。寺塔・仏像の造立、写経、経済的寄進などの善根を積みえない庶民には口誦・易行の方法が空也を先駆としてとなえられてきたが、この世に浄土的幸福を求めようとする人々には、本地垂迹関係によって遠い浄土の仏が形を変え、身近かに親しみある垂迹形となってあらわれ来った神祇こそ、現世的祈願に対応する、もっともたのもしい救いの主であった。

法然の浄土教における神祇信仰の問題

鎌倉時代仏教改革運動の魁をなした法然の教えが、こうした本地垂迹思想の高まりの中で発足したのはまことに意味あることであった。しかし彼の提唱した専修念仏が画期的なものであり、下層民救済を徹底的に打ち出したものであっただけに、その深い思想を理解しえず、あるいは自己流に都合よく受取ってはばからない門弟・信者が続出し、深刻な社会的・政治的波紋を投げかけるに至った。その一つに、専修念仏の徒は神明をおろそかにし、これに背をむけるとの非難があった。延暦寺衆徒は元久二年（一二〇五）頃の奏状に、「専修の輩は事を念仏に寄せて永く神明を敬する事なし」と責め、同じ頃興福寺も奏状を上った中に、「念仏の輩は（中略）もし神明に臨まば必ず魔界に堕せんという」と指摘しているのがそれで、そうしたところから「神祇不拝」を法然教の積極的主張のごとく解し、とくにこれをクローズアップして意義づけようとする学説もあるが、もとより法然みずから神祇不拝運動をやった裏付け史料はなく、全国的にかかる門徒の運動が起った事実も記録されていない。ただ一部にさような傾向が目立ってきたため、これが旧仏教諸宗派からかっこうの攻撃目標になり、攻撃する側はこの傾向を強調し呼号し、非難の有力な拠点に利用したのである。非難の重点はこればかりでなく、女犯・肉食・囲碁・双六など博奕の類はじめ、どんな悪業も妨なしとする造悪無碍や専修念仏以外の余行を修する者は往生しえないとして他の諸宗派を誹謗排撃するにあった。否むしろ後者の二点こそ現実に社会的混乱と旧宗派の発展阻害を惹起するとして重視したのである。

神祇不拝だけをとくに切離して大きくとりあげ、ただちに民衆の権力に対する闘争意識として高度に政治的解釈を下すのは余りにも論理が飛躍しすぎる嫌いあり、造悪無碍・余行誹謗と合せて考えるのがむしろ当時の現実に即している。造悪無碍も神祇不拝も下層民の権力者に対する反撥意識のあらわれとして共通の面をもち、余行誹謗・神祇不拝は専修念仏以外の信仰を排除する意味で相通ずるところがある。ましてや法然が神祇不拝を積極的に指導し、あるいは門徒の間に不拝運動が組織的に盛上った事実がないのであってみれば、これが本地垂迹思想に対する民衆の革新的理論と意義づけることの無理は明らかである。専修者の神祇不拝はむしろ攻撃非難する側から実際以上に誇大視され拡張解釈された傾きがある。というのも上層・下層それぞれの社会で信仰のあり方にさまざまの相違はあるにせよ、神祇崇拝はすでに日常生活上の慣習的意識となっており、加えて本地垂迹はもはや広く下層にまで定着してきている時代に、わずかでも不拝の社会があらわれると、公家や既存の社寺のみならず、一般庶民にとり、異常の事態として眼に映じ、大きな衝撃となるのは当然であった。

ここで右の興福寺奏状を再びとりあげ、そのうちの第五条「霊神に背くの失」の内容を全部読下し文にして挙げてみよう。曰く、

念仏之輩永く神明に分れ権化実類を論ぜず、宗廟大社を憚らず、もし神明を崇まば必ず魔界に堕せんといふ実類鬼神に於ては置きて論ぜず、権化垂迹に至っては既に是れ大聖なり、上代高僧皆以て帰敬す、彼の伝教は宇佐宮に参り春日社に参り、各眼前之奇瑞あり、智証は熊野山に詣で、新羅神に請い門葉之繁昌を祈り、行教和尚は袈裟之上三尊影を宿し、弘法大師は画図之中、八幡神を顕わす、是れ皆法然に及ばざるの人か、魔界に堕つべきの僧か、就中、行教和尚は大安寺に帰り二階楼を造り、上階に八幡御体を安んじ、下階に一切経論を持せり、神明もし拝むに足らざれば如何んぞ聖体を法門の上に安んぜんや、末世沙門猶君臣を敬す、況んや霊神に於ておや、かくの如き麁言尤も停廃せらるべし、

と。この文中はじめの「実類鬼神」「権化垂迹」とある神祇の分類概念は平安中期、権現思想があらわれて以来のものとも理論的にはいいうるが、法然の時代には地方田舎で本地仏設定がみられない一部末端の祭神を含めての土俗信仰の対象が実類鬼神であり、その他

の社の神祇が権化垂迹と知識階級からはみられたのではあるまいか。そうして実類鬼神の不拝のみは偶然、興福寺側と専修念仏者側とで一致したのである。かかる権化垂迹の神祇に対する高僧の信仰例として宇佐八幡宮・春日社に対する最澄、熊野社に対する円珍、石清水社に対する行教、神護寺鎮守に対する空海の崇敬があげられ、なかんずく大安寺における八幡鎮守を強調した。これらは事実の有無を別として、当時半ば神話化された本地垂迹説の権威づけに寄与していた。とくに南都の立場からは春日社や大安寺行教・空海の場合が権化垂迹の歴史的権威とされていた事情がわかるであろう。

浄土真宗における神祇思想の発展

親鸞は本地垂迹説についてはほとんど積極的な意志表示をしなかったが、晩年に至り神魔・鬼神の類の信仰を極力いましめる文をのこしている。あたかも上記、実社の神にあたるものを悪鬼神とし、権社の神にあたるものを善鬼神として区別し、後者については和讃の中で、

天神地祇はことごとく善鬼神となづけたり、これらの善神みなともに、念仏のひとをまもるなり、南無阿弥陀仏ととなふれば、堅牢地祇は尊敬す、かげとかたちとの如くにて、よるひる常にまもるなり、

とうたい、善鬼神は念仏行者の守護神であるから決してあなどり捨てるべからずと教え、

神社等だにも捨てられたまはず、何に況んや万の仏菩薩を仇にも申し、おろかに思ひまゐらせ候ふべしや、

とのべていて、本地垂迹思想の人々にも理解しうるよう配慮している。これは鎌倉時代も後半に入り、新仏教諸宗派の発足につれていよいよやかましくなってきた神祇信仰との調和の問題、公武対立の深刻化に伴う神国思想の高揚などが影響しているのであろう。降って南北朝内乱期になると、政治的権威の動揺、下剋上の激化がすすみ、社会的混乱の中で人々は争って頼るべき精神的支柱を模索しはじめた。社寺は荘園所領の侵害をうけて凋落の様相を濃くしていったのと反対に、本地垂迹思想は神国思想を高揚し、神祇信仰にますます理論的荘厳を加えて世人の心を収拾しつつあった。

このときにあたって浄土真宗では本願寺三世覚如やその子存覚が出て『六安抄』『諸神本懐集』以下多数の著作をのこし、その中で本地垂迹説の導入をはかるに至った。まず覚如は永仁三年（一二九六）十月、『親鸞伝絵』をつくり、本迹説をとりいれ、下巻において親鸞が関東より上洛の際、箱根山で起った奇蹟譚を載せている。

聖人東関ノ堺ヲイデ、花城ノ路ニヲモムキマシ〳〵ケリ、或日晩陰ニヲヨビテ、箱根ノ険阻ニカ、リツヽ、ハルカニ行客ノ蹤ヲヲクリテ漸人屋ノ枢ニチカヅクニ夜モスデニ暁更ニヲヨンデ月モハヤ孤嶺ニカタブキヌ、于時聖人アユミヨリツヽ、案内シ給フニ、マコトニ齢傾タル翁ノ正ク装束シタルガイトコト、ナクイデアヒタテマツリテ云

ヤウ、社廟チカキ所ノナラヒ、巫ドモノ終夜アソビシ侍ニ、オキナモマジハリツルガ、イマナンイサ、カヨリヰハンベルト思ホドニ、夢ニモアラズウツツニモアラデ権現被仰云、タヾ今ワレ尊敬ヲイタスベキ客人コノ路ヲスギタマフベキ事アリ、カナラズ慇懃ノ忠節ヲ抽デ、殊ニ丁寧ノ饗応ヲ儲クベシト云々、示現イマダサメオハラザルニ、貴僧忽爾トシテ影向シタマヘリ、何ゾタヾ人ニマシマサン、神勅是炳焉ナリ、感応モトモ恭敬スベシト云テ尊重崛請シタテマツリテサマ〴〵ニ飯食ヲ粧、イロ〳〵ニ珍味ヲ調ケリ、

親鸞が関東を去って上洛したのは貞永元年（一二三二）より嘉禎三年（一二三七）までの間であると推定されており、箱根の神官に厚いもてなしをうけたのは事実であったろう。ここでは明神が仏法を擁護するとの思想を示しているが、当時の箱根山は三所権現をまつり、修験道の重要な拠点として神宮寺である東福寺（別当金剛王院）が支配していた。けだし古くからまつられた駒形権現（馬の神）は毘盧舎那仏の垂迹とされ、いまに中興の祖と称する万巻（満願）上人の平安朝作とみるべき木彫坐像が伝えられているところをみても、交通の要衝にあたるこの地には修験者・遊行僧らの手で案外はやく本迹思想がもちこまれたと思われる（本書第四章ならびに拙著『山伏の歴史』一四一—一四四ページ参照）。そうしてさまざまの名ある人士が旅行の途次立ちよるごとにちょっとしたエピソードが本迹思想を基盤にした奇瑞譚になり、霊場の価値を高からしめたであろう。覚如もあるいはさような奇

瑞譚をきいて、逆にこれを自己のために利用したかもしれない。ついで『親鸞絵伝』は次の話をのせている。常陸国荷西郡大部郷の平太郎なる庶民が所務により熊野参詣の必要に迫られ親鸞に相談したところ、熊野本宮の主神、証誠殿の本地は弥陀であるから、

トテモカクテモ衆生ニ結縁ノコヽロザシフカキニヨリテ和光ノ垂迹ヲ留タマフ、垂迹ヲトヾムル本意、タヾ結縁ノ群類ヲシテ願海ニ引入セントナリ、シカアレバ本地ノ誓願ヲ信ジテ一向ニ念仏ヲコト、セン輩公務ニモシタガヒ領主ニモ駈仕シテソノ霊地ヲフミ、ソノ社廟ニ詣センコト更ニ自心ノ発起スルトコロニアラズ、シカレバ垂迹ニヲヒテ内壊虚仮ノ身タリナガラアナガチニ賢善精進ノ威儀ヲ標スベカラズ、タヾ本地ノ誓約ヲマカスベシ、穴賢々々、神威ヲカロシムルニアラズ、

云々と教えられ、これによって平太郎は熊野へ参詣した。親鸞の教えを守り、路次も特別の作法をせず、浄行も修せず、ひたすら本願を仰ぎつつ神前に参着通夜した。その夜、平太郎は夢告をうけた。証誠殿の扉を開いてあらわれた衣冠正しい俗人の仰せに、汝はなぜ我れをないがしろにして不浄で参詣したかと。そのとき親鸞突然あらわれて対坐し、平太郎は自分の教えにより念仏するものですと答えると、衣冠の人は笏を正しくして恭敬の礼をしながら、重ねて申し上げることはありませんといわれたと見て、平太郎は我が身に返えった。彼がこれを帰って報告すると、親鸞はそうであったろうと答えた。これまた不思議である。熊野も箱根も修験者の聖地である点見逃しえないところがあるが、熊野の主神

は本地阿弥陀であり、参詣は不浄も女子をも妨げなしとするので、その自由さが親鸞の在俗生活肯定に対比せしめられ、神祇垂迹は弥陀の本願に発するとの付会をさせたのであろう。むろん一遍が熊野に時衆開立の動機になった託宣をうけてから二十数年たち、時衆は燎原の火のごとく教線を拡げつつあったから、覚如もこれを知らぬはずはなく、したがって多少の影響はあったにちがいない。

覚如の子存覚は真宗の要義はもちろん、南都に法相・華厳を学び、叡山では尊勝院玄智について天台の教義を究め、青蓮院慈道の門に入るなど旧仏教にも造詣あり、したがって本地垂迹説に対しても関心が深かった。かくて時代の趨勢をみながらこれを逐次自己の宗旨に調和させていったのである。まず『六要抄』の中で親鸞が仏に帰依して余の諸天神に帰依せずと教えたのは邪神に仕えるのを誡めたので、権社の神はこの限りでない。わが国は神国で王城鎮守・諸国擁護の諸大明神はその本地すべて往古の如来、法身の大士にほかならぬ、垂迹の主旨は正法に帰し、生死を離れることを教えんがためであって、その神恩を思い神祇をおろそかにしてはならぬ、専修念仏によって浄土に生ずれば諸仏菩薩の冥助をうるばかりでなく、垂迹たる天神地祇の聖慮にも違わぬとのべ、すすんで『諸神本懐集』により本格的な習合論を展開した。存覚はその内容を三つに分ち、第一には権社の霊神を明らかにして本地の利生を尊ぶべきことを教え、第二には実社の邪神を明らかにしてこれに仕えるのを止めるべきであると教え、第三には諸神の本懐を明らかにして専修念仏の必要を説いている。第一の権社とは往古の如来、深位の菩薩が衆生に利益を与えるため、権りに神明の形を現じたものをいうと定義し、日本のおもなる神祇を列挙した。まず日本国をはじめられた伊奘諾・伊奘冉両尊が伊勢の天照大神と出雲の素盞嗚尊を生まれ、前者は日天子、観音の垂迹、後者は月天子、勢至の垂迹で、両菩薩は弥陀の分身たる悲智二門である。鹿島大明神である伊奘諾尊は本地十一面観音、同社奥御前は本地不空羂索、左右の八竜神は不動・毘沙門である。奈良の春日、難波の住吉、平安京の大原野・吉田はすべて鹿島の分祀である。つぎに熊野はもと西天摩訶陀国大王慈悲大賢王で、それが日本に渡ってきたと、以下既述の『長寛勘文』所引の王子信の来朝縁起譚と同様な話をのせ、熊野十二所権現すべてについて本地と本誓を詳しく説明しており、熊野に対する関心の深さは覚如の書いた『親鸞絵伝』と同様で注目される。それは、

証誠殿ハタ、チニ弥陀ノ垂迹ニテマシマスカユヘニコトニ日本第一ノ霊社トアカメレタマフ、

云々とあるのをみても十分うなずけるであろう。そのほか三島三所権現・八幡・日吉・祇園・稲荷・白山・熱田の本地にも言及し、

ソノ本地サマ〳〵ニコトナレトモ、三十弥陀一仏ノ智慧ニオサマラストイフコトナシ、カルカユヘニ弥陀ニ帰シタテマツレハ、モロ〳〵ノ仏菩薩ニ帰シタテマツルコトハリアリ、

したがってその垂迹たる神明には別して仕えずともよいのであるとしている。第二に実社の神とは生霊・死霊等の神で、

タ、リヲナシ、ヒトヲナヤマスコトアレハ、コレヲナタメンカタメニカミトアカメタルタクヒナリ、

と規定し、唐の江南黒譚の竜神が動物の犠牲を受ける話を例にあげている。たとい祟りをせずとも、先祖を神とまつるのは皆実社の神であるとする。

第三、諸神の本懐を明らかにする条は詳細で、諸仏菩薩の利生方便は折伏門と摂受門の二種あって、前者は愚かな者に賞罰をあらわして縁を結ばしめ、因果をわきまえぬ輩には祟りをしてこらしめ、信心を起させる。神祇への垂迹はそこに本意がある。後者は本地の化導で利智あり、因果に明らかな者にただちに経法をもって済度するをいうとし、前者の説明として八幡宮の御託宣や新羅明神の奇瑞譚などを掲げている。

さらに聖徳太子が二十七歳のとき黒駒にのって三日三夜、日本中を巡見の砌、熊野に詣でて一晩通夜し、熊野権現と物語をしたとの不思議な話をのべ、熊野への関心の深さをここにものぞかせている。すなわち権現が太子に話された内容とは、われ荘厳の浄土を出てこの穢悪の国土に現れたのは、衆生をして西方浄土に往生せしめんがためである。しかるに信者は子孫繁昌・福徳長寿のみを祈って菩提出離を願わず、はるばる苦難を重ねて参詣し、法味を捧げても、われ和光の本懐と信者の内心とは一致しないので法施をうけるわけ

にはゆかず、ために三熱の苦しみをうけ、本覚の理を忘れる始末である。いま幸いに太子にお会いして無上の法味をうけ、三熱の苦しみたちまちに止み、身涼しく心明らかになったとあるものである。これは熊野へ参詣する信者が余りに現世利益ばかり祈るのでそのペースに巻込まれて神は衆生を浄土へ済度する本誓を忘れ、三熱の苦をうけて煩悩に陥り、本覚の理、つまり衆生に本来そなわっている仏性まで見失うほどになったというわけで、仏と同体である筈の神祇にも悩みがあったとし、さらにこれを救うものとして聖徳太子がもち出されているのである。事実、親鸞の太子信仰は厚く、和讃の形で門徒にこれをすすめたのであった。まことに鎌倉時代には聖徳太子の信仰は本地垂迹思想の中で理解されつつあったのである。

ついでわが国神明の本地となる仏として釈迦・弥陀・薬師・弥勒・観音・勢至・普賢・文殊・地蔵・竜樹をあげ、これらの仏はすべて弥陀に帰し、弥陀はこれらの仏に分身するので弥陀を信ずれば他の諸仏に帰依する結果にもなると、あたかも弥陀と神祇の関係同様の説明を行なっている。終りの段に入って弥陀と星宿の関係にも言及し、道綽《どうしゃく》の『安楽集』を引き、人民の苦悩を救うため弥陀は宝応声菩薩・宝吉祥菩薩を遣わした。これが伏義・女媧で、両者相談の上、梵天に向い、その七宝をとってこの世界に臨み、日月星辰二十八宿をつくって天下を照らし、四季を定めた。このとき相語って日月星辰二十八宿が西へゆくのは一切諸天人民悉く弥陀を恭敬せよとの意であるとのべ、宝応声菩薩は観音、宝吉祥菩薩は勢至、星宿は虚空蔵菩薩で、浄土の二十五菩薩の一つにほかならなかった。陰陽道信仰が漸く民間に滲透していった当時の世相を反映し、道教・仏教の習合思想までここに導入しているが、そこでは日月星辰二十八宿も神祇も同質に取扱われている。

以上諸神の本懐とするところ、つまり存覚の本旨とするところを要約説明したが、彼の思想はたんに個人的思索から出た付会とのみは片付けられぬものがあり、一般社会における思想・信仰の風潮がそれらを通して察知されよう。山伏や時衆の徒の活動によってことに世人の心を捉えた熊野信仰、山伏・巫女・遊行聖の手で流布された陰陽道信仰、各宗派が宗祖的ないし仏祖的神秘化を競った聖徳太子の信仰などは専修念仏の教団発展のためには避けられない障壁であり、これを論ずるのがあながち真宗教団の反動化ときめつけるわけにゆかぬ時代の流れがあったのである。

時衆の神仏習合的傾向

この時期の真宗と同様、熊野や聖徳太子の信仰に大きな関心をよせたいま一つの念仏宗がこれより少しくさきにあらわれていた。それが一遍の時衆である。一遍みずからは平素、「わが化導は一期ばかりぞ」と洩らし、新宗派開立の意志はなく、時衆とは要するに臨命終時衆の意、すなわち、つねに臨終と思って称名念仏するとき、必ず臨終に極楽より来迎する衆を意味するが、事実上は熊野権現の託宣を被ったとき、彼の宗派は発足したので、時衆ではこれを神勅相承ととなえて重んずるのである。

一遍は伊予の豪族河野通広の子、祖父通信・曾祖父通清は源平合戦で源氏のために戦功をたて、元久二年（一二〇五）には幕府より通信の勲功他に異なるのゆえをもって伊予国御家人三十二人を、守護の沙汰より通信の沙汰に移されている。この勲功が直接何に起因するか明らかでないが、御家人三十二人を通信の支配下においた幕府の処置は彼に対する信頼の厚さをうかがわせる。いっぽうその子通政は後鳥羽院西面の武士となり、承久の乱には一族おおむね上皇方に味方して惨敗し、離散せざるをえなくなった。父通広は出家して如仏といい、天台の寺院である宝厳寺に寄寓し、一遍に対しても出家を命じた。かような武家名門の出身であるだけに一遍には敬神の念が宿っており、一家一族の悲劇が彼を仏門に追いやっても、神祇への関心は薄れなかった（伊予三島社は河野氏の氏神で崇敬とくに篤かった）。熊野権現の託宣という神仏習合的な彼の教団的発足はそうした点からも理解されよう。彼の熊野詣は文永十一年（一二七四）、伊予国浮穴郡菅生の岩屋観音堂を出て天王寺より高野山を経て行われた。その途次逢った一人の僧に一念の信を起して南無阿弥陀仏ととなえてこの札をお受け下さいと彼が用意した名号の札を差出したが、相手の僧も律義な人であったのか、いま一念の信心は起りませんから受取ればそれは嘘をいったことになると辞退したので、さらに仏教を信ずる心はありませんか、なぜ受けて下さらないのですかと詰めよると、僧は経の教えは疑わないが、信心が起らないのは仕方のないことだと答えた。

ちょうど通りすがりの山伏たちがあたりに集まってきてこれを見たので、札を受けてもらえぬと他の人々にも受けられぬと思い、一遍は無理やりに僧へ札を渡し、集まった山伏にも頒ったが、この経験により一遍の信念は動揺し、それまでの修業でえた自己の宗教観に疑惑を抱かざるをえなかった。それがやがて熊野本宮での神託となったのである。

一遍が宝前に瞑目中、神殿の戸開き、証誠菩薩は白髪・長頭巾かけ山伏の出で立ちにてあらわれ、長床の山伏三百人平伏のうちに一遍に近づき、

御房のすゝめによりて一切衆生はじめて往生すべきにあらず、阿弥陀仏の十劫正覚に一切衆生の往生は南無阿弥陀仏と決定するところ也、信不信をえらばず、浄不浄をきらはず、その札をくばるべし、

と示現された。目を開くと童子百人ばかり来って手をささげ「その念仏うけむ」といって札をとり念仏申して姿を消した。この奇瑞により一遍は、

六字名号一遍法　十界依正一遍体　万行離念一遍証　人中上々妙好華

の頌を感得するに至り、これより名を一遍と改め、頌の四句の頭文字をとって六十万人といい、「南無阿弥陀仏決定往生六十万人」と記した札を人ごとに配って念仏をすすめた。

以上、熊野詣より六十万人の頌感得までは鎌倉時代の作にかかる『一遍聖絵』によってのべたが、中世末の『一遍上人年譜略』はこの頌を熊野の神より授かったとし、後世時衆(宗)では神偈または神勅偈と称してもっとも尊重する。一遍の一は理性、遍は事相をさ

し、両者合せて万法具足の実相法をあらわすが、それをあらわす名称が南無阿弥陀仏、つまり「六字名号一遍法」、聖俗にわたるさまざまの存在は差別のまま名号のうちに包摂されていることを示すのが「十界依正一遍体」、自力我執のすべてを捨てて名号をとなえるところ、おのずから万善万行の修行が具わるのを「万行離念一遍証」、以上のごとき念仏者は人中の上々たるもの、さながら白蓮華の何物よりもすぐれた色をしているのにたとえられるのが「人中上々妙好華」である。要するに一遍が霊的直感によりえられたこの頌が教義の根幹になったが、そもそもこれを札にして頒る賦算の着想は当時民間にも普及しつつあった護符の類から来ているともみられる。たとえば蘇民将来の札、元三大師（良源）の摺像、熊野牛王など旧仏教で出した護符やそれに類似の印刷物は呪術的魅力をもって一般俗社会によろこばれたからである。またこの神勅偈の内容はすでに素地がそれまでに出来上っていたので、文永八年より三年間伊予国窪寺での別時修行中にえられた、

十劫正覚衆生界　　一念往生弥陀国　　十一不二証無生　　国界平等坐大会

のいわゆる十一不二頌と呼ばれる信念にそれがあらわれている。その大意は十劫のむかし、弥陀は衆生の往生によって真の解脱を証得し、それによって衆生は一念発心、名号をとなえると、弥陀浄土へ往生する、すべては平等にして南無阿弥陀仏に帰することを悟り、名号に一切が包摂せられて蓮華大蔵海会に会うごとくであるとするので、証誠殿の託宣にある「阿弥陀仏の十劫正覚に一切衆生の往生は南無阿弥陀仏と決定するところ也」の思想は

すでに十一不二頌の句の中に見出されるものである。したがって一遍の熊野参詣は十一不二頌の心境をテストし、再確認するところに意義があったように思われる。換言すれば、神祇によっても彼の信念が裏付けされるよう求めたので、参詣途中における僧侶の賦算拒否事件が一遍の信念を根底からゆさぶるほどのものであったかどうかは疑問である。むしろ最初からこういうケースに対しても、あらかじめ彼は心にしかと決するところがあり、教義の総仕上げの場を熊野証誠殿宝前に選んだのも、この事件にかかわりなく最初からの予定であったと考えられるのである。ただ『一遍聖絵』や縁起は事件と神託と直接関係づけて、一遍の開宗をいっそうドラマチックに描こうとしたのではあるまいか。かくてこの熊野詣では最初から一遍の重大決意と意義づけをもって行われたので、神勅偈中の一遍の文字とこれを自己の法名としたところに象徴されている。一遍の意味は上述したが、かかる仏教の教義的内容のほかに、自己の法名としては南無阿弥陀仏の一念をもってわが国土を遍く教化する決意のあらわれとみてよいのではあるまいか。遠く平安のむかし、北野天神はわが国土に遍満するゆえをもって天満天神と呼ばれた事実がここに想起されてくるのである。

『一遍聖絵』によって全国遊行中、立ちよられた神祇をあげてみると、次のようである。

大隅正八幡宮　建治二年（一二七六）
石清水八幡宮　弘安九年（一二八六）

松原八幡宮　弘安十年
志筑北野天神　正応二年（一二八九）
住吉社　弘安七年
厳島社　弘安元・十年
伊予三島明神　正応元年
駿河三島明神　弘安五年
松島塩釜社　弘安三年
備後一ノ宮　弘安十年
淡路二ノ宮　正応二年
白河関の明神　弘安三年

すなわち中央の大社としては石清水と住吉があるのみ、地方では大社・小社の区別はあまりみられない。恐らく記録に上らぬ小社は多かったであろう。

賦算より少しくおくれて発足した時衆の布教手段に踊念仏がある。弘安二年（一二七九）、信州佐久郡小田切里なるある武士の屋形ではじまったと伝えるが、教義的根拠よりむしろ自然発生的に行われ出したので、空也上人が市屋、四条の辻等で興行されたのを先蹤とするとは、むろんあとからの意義づけである。しかしこれが教線拡大に非常に役立ち、逆に他宗派からの攻撃の目標となった。空也上人の古い事蹟はさておき、一遍の踊念仏には良忍のはじめた融通念仏の大合唱・群舞形式がとりいれられている。融通念仏は決して宗派形成の活動ではなく、民間を基盤にした宗教運動で、道俗大衆が群集・合唱し、いわゆる民俗的大念仏に発展したものも多い。一遍は熊野の神より「融通念仏すすむる聖」とよびかけられたように、融通大念仏の聖と混同した人もあったであろうが、事実上、その踊念仏は良忍の提唱したところから大きくへだたってはいなかった。正応元年、伊予三島明神社春の桜会には一遍が大行道をし大念仏をとなえており、踊念仏に近いものであった。踊念仏が遠く原初的かがひ歌垣からきているとの民俗的系譜論はさておき、のちには松尾明神が空也に六斎念仏をはじめて教えたと信ぜられたように、大念仏はその鎮魂的性格から、容易に神事としても成り立ちうる素地を含んでいた。弘安八年五月、美作国一ノ宮に参詣の際、楼門の外におどり屋をつくって一遍を請じたそのおどり屋は踊念仏のためのものであったろうか。また弘安十年、播磨国飾磨郡の松原八幡宮では念仏の和讃をつくって時衆に与えたが、これも踊念仏に似た合唱の法要となったものと思われる。

一二　日蓮宗および禅宗と神祇信仰

日蓮の神祇観と本地垂迹説

鎌倉期に興った新宗派のうち、もっとも積極的に神祇信仰との習合を理論化したものは日蓮宗であった。しかもそれは古代以来発展し来った本地垂迹説をそのまま利用したのでなく、日蓮特有の解釈と意義づけによって独自の神道論を生み出し、これが後世、宗内でさまざまな方向へ発展するに至った。これについては藤井学氏の日蓮書簡や著書を通じての詳細な研究（同氏『日蓮と神祇』）があり、同氏の所説を参酌しながらのべてゆきたいと思う。

まず彼の教義そのものが既存の諸宗派におけるさまざまな要素をとりいれており、むろんこれらが彼なりに一つの教義として統一されたのであるが、末法の時代の認識から、在俗生活の肯定、女人成仏の認容を建前とした点は専修念仏の行き方を踏襲しており、南無妙法蓮華経の唱題をもって衆生はそのまま永遠不滅の釈尊に帰するとの即身成仏の主張は天台宗に起因し、なかんずく教学的には平安朝以来発達し、関東に有力であった恵心流の本覚思想に根ざしていたのである。かくて現世肯定は専修念仏のごとき穢土厭離へつながるのでなく、現世浄土へとすすむのであり、必然の帰結として神祇の肯定あるいは崇拝が求められた。しかしそれはたんに古代以来の本地垂迹思想受容となるのでなく、『法華経』中心の強烈な排他主義、強い政治意識との結びつき、環境からくる関東中心の思想などによって、神祇の規定や機能、神祇への信者の態度は本迹思想よりかなり別の立場を生み出した。まず日蓮の本迹説はすべての本地が久遠実成《くおんじつじょう》の釈尊であるとの形で簡素化されている。それに対する垂迹は、

東方の善悪仏、中央の大日如来、十方の諸仏、過去の七仏、三世の諸仏、上行菩薩等、文殊師利、舎利弗等、大梵天王、第六天の魔王、釈提桓因王、日天・月天・明星天・北斗七星・二十八宿・五星・七星、八万四千の無量の諸星、阿修羅・天神・地神・山神・海神・宅神・里神、一切世間の国々の主とある人、何れか教主釈尊ならざる、（中略）天照大神・八幡大菩薩も其本地は教主釈尊也、（「日眼女釈迦仏供養事」）

と説くが、いっぽうでは、

日本国の四十九億九万四千八百二十八人の男女、各父母有りといへども、其詮を尋れば、教主釈尊の御子也、三千余社の大小の神祇も釈尊の御子息也、（「六郎恒長御消

息」)

とか、

此日本国の一切衆生のためには釈迦仏は主なり、師なり、親なり、天神七代、地神五代、人王九十代の神と王とすら猶釈迦仏の所従なり、(「妙法比丘尼御返事」)

あるいは、

神は所従なり、法華経は君主なり、(『三沢鈔』)

といい、ここでは本迹関係は親子・主従・君臣の関係にも置きかえられて、神仏同体にもとづく本地垂迹説とは主旨の異なったものになる。この意味では神祇は釈尊以外の諸仏菩薩・明王・天部・護法・陰陽道的・道教的また日本の土俗的神、国主などと同類にあつかわれ、仏本神迹としての純粋性もない。本地垂迹関係は人間の身分関係に比定せられるところから、当然下より上への奉仕に対応し、釈尊への神祇のあり方も、神武以後百代の国王守護・国土衆生安穏・正法(『法華経』)受持の三つの誓願を通じはじめて肯定され、権威を保たれるわけである。とくに正法受持が眼目で、それが神祇たる必須条件である。したがって政治情勢の変化により、これらの誓願が果されないときその権威を失う。たとえば後鳥羽上皇が承久の乱に敗れ、王法凋落を招いたのは、このとき禅宗・念仏宗が横行し、真言の悪法も流布したため、天照大神・正八幡の百王百代の御誓が敗れたためである(「頼基書状」)としており、王法・神祇は釈尊によって権威づけられなければ存立しえないとする。日蓮によれば神祇は釈迦・多宝・十方の仏の御前で法華の行者を守護し、正法弘通の妨害者には治罰を下す旨の起請をした（『行者仏天守護鈔』『本尊問答抄』）というので、起請が盛んに行われるようになった当時の社会をよく反映させている。

正嘉より正元・文応の頃（一二五七―六〇）にかけ、地震・暴風雨・洪水・旱魃・疫病流行等の天災つづき、日蓮の災厄と政治を結びつける宗教観は『守護国家論』、ついで『立正安国論』の著作となった。そこでは法華の正法にそむいた念仏宗、その他の邪法の流通により、守護の神祇がわが国土を見捨てた結果、災厄が起ったのである。よっていまの間に邪法を禁じ、『法華経』をもって救済策を立てなければ第二・第三の国難が到来し、ことに他国侵逼難と自界叛逆難を強調した。果して元寇起るや、日蓮の信念益々固く、末法の世には日本の神祇も威光衰え国土安穏・正法受持が果しえなくなったと難じ、正法を力として王法を守護しつづける八幡大菩薩のごときもあるが（『諫暁八幡抄』）、現実に念仏宗流行し、教主釈尊より大切な行者日蓮を『法華経』で打ち、経を引き割くような輩が出る有様では、日本も謗法国となり、『法華経』の敵になったと断じ、日本守護の天照大神・八幡神もどうしてわが国を救けえられよう。早く神々に治罰を加えるべきである（「下山御消息」）とついに神祇をきめつけ、強諫に訴えるに至った。「かかる謗法の国なれば天もすてぬ、天すつればふるき守護の善神もほこらをやひて寂光の都へかへり給ぬ」（『報恩抄』）と憤激し、ついで起った弘安三年（一二八〇）九月二十四日、十一月十四日の筑前筥崎宮と鶴岡八幡宮の火災をその証拠であるとして神祇は日本より去ったと考えた。もっともいったん去った神々も、われわれ法華行者の活動によっては降臨再現し、正法守護にあたりうるとした。

けだし日蓮は八幡神を神祇の代表のごとく取扱っており、その次に位するのが天照大神である。ここに彼の生活環境を中心とした思想が看取される。むろんそれは幕府第一の崇敬社鶴岡八幡社が身近にあるからであり、またその出生地、安房国長狭郡東条の地は伊勢神宮豊受宮の御厨領として、寿永三年（一一八四）、源頼朝が寄進したものだけに、土地の人々には伊勢信仰が弘まっており、日蓮も幼少よりこれになじんでいたと思われる。中務三郎左衛門頼基（四条金吾）に与えた返事の中に、

安房国東条郷は辺国なれども、日本国の中心の如く、其故は天照大神跡を垂れ給へり、昔は伊勢国に跡を垂させ給ひてこそありしかども、国王は八幡・賀茂等を御帰依深くありて天照大神の御帰依浅かりしかば、大神忿りおほせし時、源右大将と申せし人、御起請文を以てあまつおかの小太夫殿に仰付て頂戴し、いせの外宮を此所に忍び置せ給ひしかば、大神の御心に協はせ給ひけるかのゆえに、日本を手に握る将軍と成り給ぬ、此人東条郷を天照大神の御栖と定めさせ給なれば、此大神はいせの国におはしませず、安房国東条郷に住せ給ふ歟、例せば八幡大菩薩は昔は西府、中比は山城国男山に移り給ひ、今は相州鎌倉鶴岡に栖み給ふ、此も又かくの如し、

とあるのがよくそれを示している。法華行者日蓮の本拠は安房・相模であり、正法受持の神はこの土地に縁ある天照大神・八幡神であり、他の諸神祇はこれに追随するがゆえに自然、国家の宗廟である天照大神降臨の安房が中心となり、ひいて関東がまず現世浄土の中心地帯となるような口ぶりをもらしている。換言すれば、末法により神祇が国土を去ってもも『法華経』護持者たる日蓮の住む関東はまだ希望がもて、天照大神や八幡神の動向こそわが神祇を左右する要《かなめ》になるとの思想である。かかるきびしい神祇観に対して他方ではかなり融通をもった考えを洩らしている場合もあり、文永元年（三六四）四月、比企三郎能本の妻から月水時の読経について問われた返事の中に、日本は神国である、此国の習いとして仏菩薩の垂迹は不思議と経論に一致し、これに背くと罰があたる、経論の中に随方毗尼なる戒の法門がそれで、その心は大して不都合がなければ、少々仏教に違うてもその国の俗風に従うべきであるとの主旨で、これを知らぬ智者共が神は鬼神であるから敬うなと強弁をして多くの檀那を損ったようですといった記事があり、巧みに仏説を敬神に結びつけ、国主のなくなられたあと、生身のごとくあがめるのが神というもので、国主は国人の父母・主君・師匠にあたる。片時も背けば国安穏でなく、あがめれば三災を消し七難を払い、長寿延命・成仏がえられると天照大神・八幡神を中心とした神祇の利益をといている。神国思想によって現世浄土を裏付けつつ、これが民衆に理解され易いよう配慮した点が見受けられる。

これが一転して建治三年（一二七七）のものと推定される「現無間世御書」とよばれる書簡になると『法華経』『涅槃経』『守護経』に、此国を仏より梵天・帝釈に命じて攻めさせなさいと説かれてあって、日本は『法華経』の大怨敵になっている。よってこらしめのため、現世に元寇や天災など無間地獄の苦しみを少し試みられているのであろうか。また釈尊が日蓮の味方になって謗法国になった罪をしらせ給うのであろうか。それならよも天照大神や八幡神は日本の味方はすまい。日蓮の敵になるから。こんなとき、神に国土安穏を祈るのはいっそう悪いだろうといった意味のはげしい主張がみられる。「弥三郎殿御返事」にも、いまこの日本国は釈迦仏の御領である。天照大神・八幡神・神武天皇以下一切の神・国主並びに万民まで釈迦仏の御所領の内で、釈迦仏こそ国主・師匠・親父であるといって、神国は仏国に置きかえられてしまい、神祇崇敬は意義を失ったのである。ゆえに上述の鶴岡八幡宮炎上は神が自発的に去るためでなく、正法受持の誓いを破った八幡神に仏罰が下った結果である。社殿をいくら復興しても無駄であるときめつけ、弘安四年の「治部房御返事」の中で一切の仏神等に祈るのはかえって科《とが》となり、此国はすでに他国のものになっているとまで極言し、神祇崇拝の不用を明言した。文永の役によって彼の予言は適中し、いよいよ自覚を強めながら、依然として念仏・真言・禅等の盛行をみるにつけ、彼の政治不信は神祇不信として高められていった。日蓮自身、積極的に神祇不拝を説いてまわったわけではないが、晩年のかかる心境は以後教団の中で神祇の存在意義について異論が生ずる原因となった。

法華三十番神思想の成立

日蓮としては根本的に神祇を否定したわけでなく、ただ政治・社会的環境の変化によりここに立到ったので、ましてや本地垂迹思想が新旧宗派を問わず広範に発展しつつある時代であるだけに、教団の神祇思想がさらに理論的にも発展することはさけられない情勢であった。その具体的なあらわれが法華三十番神思想の出現である。すなわち元徳二年（一三三〇）九月十日付の日像の本尊曼荼羅に番神が勧請されており、応永二十七年（一四二〇）、妙宣寺日英の譲状には、高師御筆三十番神の記載を見、中山法華経寺二代日高の在世（正和三年〈一三一四〉迄）当時三十番神信仰のあった次第が推測されて、鎌倉末期この思想はすでに発生していたのである。日像・日高ともに日蓮の晩年の弟子であるが、日像は洛中布教の先駆で、これより漸く教団の畿内進出が本格化するのである。日像がはじめて洛中に建てた寺院は妙顕寺と称し、元弘三年（一三三三）、護良親王より後醍醐天皇のための祈禱を命ぜられ、ついで寺領を賜わった。中山法華経寺は下総にあり、富木《とき》五郎胤継が出家して日常と称し、文永十一年（一二七四）開くところである。すなわち中山門流は関東、日像門流は京畿であって東西両門流により番神思想は発足した。

そこで改めてこの思想の源流を求めると、平安時代には『今昔物語集』に慈覚大師が

『法華経』如法書写の際、やんごとなき神が皆誓いを発し番を結んでこの経を守り奉らんと約束せられた文が出ており、中世成立した『叡岳要記』には国内有勢有徳神明三十カ所をもって守護神とし、交代結番日をもうけた旨を記している。この日本の神祇が『法華経』を当番で守るとの考えはもとより『法華経』安楽行品に、諸天善神が昼夜法華行者を衛護すると説くところから発して仏教の諸天善神を日本の神に置きかえ、三十日仏名から三十日交代結番を思いついたのであろう。『保元物語』には、内大臣徳大寺実能の言葉として、

我国辺地粟散の境といへども、神国たるによて、惣じては七千余座の神、殊には三十番神朝家を守奉り給ふ、

とあり、天台の法華番神思想を導入したにほかならないが、その動機は山門によって洛中進出を阻止された日高や三たび洛中を逐われた日像の門流が旧仏教勢力との妥協をはかったところにあろう。かくて本尊曼荼羅に三十番神がとりいれられた。

そもそも日蓮は文永十年、佐渡へ流されたとき、『観心本尊鈔』を書き、これを図絵して法華大曼荼羅をつくった。中央上方に妙法蓮華経安置の宝塔をおき、左右に釈迦・多宝仏、脇士に上行等四菩薩、文殊・弥勒等の四菩薩は眷属としてその下に置き、そのほか大小諸菩薩ははるかに下の大地に並ぶといった構図であった。これがやがて伊豆玉沢妙法華寺の日蓮考案の曼荼羅のように、鬼子母神や天台・伝教両大師、四天王・天照大神・八幡

神が加わってくる。

かような曼荼羅への神祇勧請とともに、実際の神祇崇拝はどうなっていったか。寺院境内への鎮守・番神堂設置がそれで、そこには謗法神社への崇敬を排除し、正法所座の霊場、つまり三十番神勧請のところへ信者を惹きつけようとするにあった。しかしこれも本迹思想を基盤とする神祇信仰の一般化しゆく中ではむずかしく、すすんでは一般神祇崇拝を容認する門流も生じ、室町初期に活躍した日親が社参仏詣を許すところ、許さぬところ、教団の中はまちまちで、乱れた髪のごとく、結ばれた糸のごとくだと非難したように、神祇の拝不拝、さまざまの主張が併存する始末であった。それにしても一地方における日蓮法華宗の興隆、一円信者の成立がみられてくる中世末・近世初頭には日蓮が神祇不信をとなえたおもな原因である謗法盛行・善神捨国が次第に現実の上で考えられなくなり、不拝を掟とする意味も自然に消滅してゆく。この関係を藤井学氏は岡山県御津郡宇甘村大字菅の法華門徒につき具体的に説明されている。

日像門下では戦国時代に妙顕寺の日芳が出て『番神問答記』を著わした。これは明応六年(一四九七)二月六日、神道長上従二位卜部兼倶が安国論師門弟諸流御中の宛名で質疑を呈し、同年五月三日に日芳が答えた形をとっており、密教側よりの神道説の影響が次第に加わった事情を示している。神は伸であって申して通ぜざるなく、鬼は帰で物々おのおのその根に帰するの謂、自然はそのままで霊気の広大さを示すといい、真如と万法の関係を一神一切神・一切神一神と表現し、仏道・神道その理一なりと論ずるところ、すでに神本仏迹の潮流に棹さした考え方である。三十番神については必ずしも交代制で三十日を守護するわけでなく、三十の数もきまったものでない。三とは三諦（真理認識の三つの立場）即是れ妙法を、十は十界依正、つまり聖俗さまざまの当体をあらわし、番は十界三諦すべて融即し一法決定無しの義であると付会した。数字にこだわっていないようでこだわった解釈といえる。また正直の至極は『法華経』なりとし、「神垂は祈禱をもつて先とし、冥加は正直をもつて本となす」「神と敬ふ態は清浄をもつて先となす」等の主張は、後述する「神道五部書」の文をそのまま採用したものである。伊豆本立寺開祖日澄は『法華神道秘訣』四巻をあらわし、これは当家神道の一大事深秘の口伝で門外不出、一人に伝授するのみと断ってその権威づけをはかった。『塵添壒嚢抄《ちりぞいあいのうしょう》』にみえる神祇の分類を採用して法性神・有覚神・邪横神に分け、これを法報応の三仏身にたとえ、諸神の本地は仏、諸仏は『法華経』にあると説いた。この書現在みるものは永禄十三年（一五七〇）に日観がまとめたもので、後補的部分も考えられるが、すでに吉田兼倶の『神道大意』などが引用されて唯一神道の影響は争えず、天正十八年（一五九〇）の日珖が著わした『神道同一鹹味《かんみ》抄』でははじめに著者が吉田兼右につき随分と神道の学問をした旨を明言していて、法華・吉田両神道の密教化が推察される（第十七章参照）。要するに現実に信徒の神祇崇拝が教団のおもな潮流になった事態への対応策として、その神道理論も意味をもったにすぎないように思われる。なおさまざまな番神理論が中世末形成された事実については後章でふれることとしたい。

曹洞禅の神祇接近

鎌倉時代に発足した諸宗派中、神祇信仰にもっとも縁遠いかにみられた禅宗は南北朝期に入り、漸く本地垂迹思潮の影響をうけるようになった。それは道元の創めた曹洞禅であって、彼の寂後、民衆化がすすむにつれ、神祇信仰の導入がはかられてきた。周知のごとく、道元は中国直輸入の純粋禅をとなえ、厳重な出家主義を守り、権力者への接近を避け、祈禱加持を排したから、教団運営にあたっても経済的な困難さに逢着し、苦闘の道を歩まねばならなかった。また権力者との協調は排するにせよ、民衆への布教は加持祈禱をぬきにしては効果を期待しえず、ここに道元以後の教団は大きく変質するのを余儀なくされた。

道元のあとをつぎ永平寺第二世となった孤雲懐奘《えじよう》はその嗣法であり、やがて第三世とした徹通義介に対し一山の興隆をはかるよう依嘱した。けだし義介は世俗的才能にもすぐれたものがあったからである。懐奘は宋朝諸方の禅刹、とくに道元が参禅された天童山景徳寺はじめ諸大名刹の規模は記録されており、これによって永平寺一山の興隆をはかってほしい、これは道元の師栄西の素意でもある、いま当寺は規模小さく禅家諸師語録以下一切聖教も道元が住した京都深草の興聖宝林寺炎上のとき焼失した、本清規（禅寺の法度）はあるが時勢によってそれに順応してゆくよう改めるのが大用である、どうか諸方を参観して当寺の興隆をはかってもらいたいといった意味の依嘱を義介にしたのである。ここにおいて義介は京都の建仁・東福両寺、鎌倉の寿福・建長両寺を巡覧ののち、正元元年（一二五九）入宋、彼地の禅刹を探訪して帰朝するや、山門両廊を建て、祖師三尊・土地神・五駆像等をつくって安置した。また清規の改訂を行い、四節礼儀・初後更点・粥罷諷経・掛塔儀式等の礼法を定めた。

こうして文永四年、第三世に列したが、彼の積極的時勢順応や密教色導入に反対し、道元の禅風を忠実に守ろうとする義演一派と対立し、遂に彼は永平寺を去った。ここに加賀国大乗寺本願澄海阿闍梨は真言寺を改めて禅宗とし、大檀越藤原家尚とはかって義介を開山に迎え、彼の宗風はいよいよ密教と深い関係を結ぶに至った。その弟子瑩山紹瑾《けいざんしょうきん》になると加持祈禱的要素ますます加わり、現世・来世の利益を祈る回向文が彼の清規において重きをなした。読経とあわせて秘密神呪が誦せられ、護法諸天善神、陰陽道の神々、星宿、日本の大小神祇、禅刹の土地神、護伽藍神が祈願の対象となる。しかも紹瑾の門流は世俗の歓迎するところとなって加賀・能登一円におおいに繁延し、教団の主流的存在へと発展した。

曹洞の本拠である北陸地方ばかりでなく、奥羽会津に示現寺を開いた源翁心昭にあっても神祇接近は顕著なものがあった。彼の伝記によると、有名な那須原殺生石の祟りを鎮めるよう後深草天皇の勅命をうけてこれを調伏せしめ、その夜の夢に壮麗な一女性出現して彼に浄戒をえて天上に生れた旨をつげ、礼をのべた。これより彼の名声洛鄙にあまねく、北条時頼は建長年間（一二四九—五五）彼に奥州会津利根川荘を寄進した（本当は利根川荘は上州にある）。かつて厳島に詣でたとき、竜が波間に出現したので彼はこれに三帰五戒を授けた。竜は礼に黄金を差出したが彼はこれを断り、会津示現寺に塩が乏しいので塩の井戸を涌かしてくれるようたのんだ。これがいまの同寺塩井の起原と伝える。はじめ示現寺は密教道場であった。たまたま彼がここを過ぎ、山中広く喬松の林が気に入り、道場を営む場所とした。ときに一老翁があらわれてわれはこの山の護法神である、禅師が当地に住せられるよう願う、現在は破戒邪行の密教徒が満ちているのでわれこれを嫌うこと久しいものがあるといって消えた。間もなく示現寺に火事あり、天地異変起って寺僧は離散した。建長七年四月十四日の出来事で、彼は護法神の願いをいれて新しく禅刹を起し寺観そなわった。寺の境内に洞窟があって喬木が根をおろしていたが、ある日落雷して木が焼け、その根の部分に大穴があき、温泉が涌出した。同時に人に託宣が下り、禅師に沐浴してもらうため霊異を示したのだと語った。よってもと千手観音をまつり慈眼寺と称したこの寺の号を示現寺に改め、護法山の山号を五峯山とした。五峯の森が並んでいるからである（五峯の五はけだし曹洞禅の根本義である五位説から思いついたものであろう）。近く滝村に一貧女あって彼を慕い教えを乞うたのでこれに法名を与えてやったところ、礼に着用の衣をぬいで裸になって帰っていった。しかるに路上銭一孔を得、これより不思議と女は富裕になった。のち出家して山中に棲み、衆のため洗濯・裁縫をした。いまその住居は洗衣庵としてのこっている。以上数々の奇蹟に満ちた彼の伝記には備州退休寺玄翁の事蹟との混乱があるといわれ、本来彼の伝記として語られた部分は少ないかもしれぬが、鎌倉期より玄翁の在世した室町期にわたり、禅僧に関して斯種の呪術的要素を含んだ神祇との交渉譚が流布していたことは教団の民衆卑俗化が活潑にすすめられていた事情を裏書きしている。

さらに進んでは加賀聖興寺境内に八幡・白山・住吉の三神廟や賀茂社が勧進され、肥後では法泉寺に仁叟浄熙が晋山式の法語に「七社の裏神、和光同塵、月衆水に浴び、影一人に随う」と詠じており、七社の名は明らかでないが、これらの神々は名こそ異なれ、本尊の垂迹としてあらわれ、衆生を教化する。あたかも本尊を月とすればその姿は所に応じ、あちこちの水に異なって映ずるが、その本体は一つで真実の月に帰するがごときものであるとのべていて(鈴木泰山氏『禅宗の地方発展』)、ここにも和光同塵の思想が明らかに反映されている。この思想については後述するが、南北朝に出た無着妙融は康暦二年(一三八〇)、宇佐神官の求めにより金光明寺をはじめ百五十人の大比丘衆と甘露大法門を行うや諸天、天華を降らし讃歎するの奇瑞があった。これよりさき、応安二年(一三六九)には伊勢神宮に近い千光院に寓して神官の参禅帰依をうけ、仏神、その功徳を一にする旨を説いている。かかる本地垂迹説の積極的認容は王法即仏法の政治意識を強くとりいれた主張や架橋・水利開拓・鑿井など社会的土木事業を通じての人心収攬策と相応ずるもので、川施餓鬼・渡橋式などの儀礼には護法善神の冥助を高揚しつつ神祇との習合的雰囲気を通じて民衆を惹きつけようとした努力のあとがよく読み取れよう。かくて初期には微弱な存在であった曹洞教団も室町期に入ると、臨済宗に対抗する発展を遂げ、民間の仏事法要にきめ細かい進出を示した。

渡唐天神思想の成立

転じて臨済禅をみるに、栄西のあとしばらく兼密禅がつづいたのち蘭渓道隆の来朝によって宋朝禅が興り、幕府の厚い庇護の下に発展したから、曹洞宗のごとくあえて民衆的卑俗化をはかる必要なく、神祇接近に積極的な態度は窺えない。しかし室町期に入り五山全盛時代を迎え、禅僧の間に詩文が盛んになると、かつては公家の教養人から文道の祖と仰がれた天満天神が聖神として五山の文人等の間でまつられるようになった。そのもっとも古い記録は花山院長親が著わした『両聖記』である。本書については西田長男氏の詳しい解説があり(『群書解題』第一上)、おもにこれによって大体をのべる。著者長親は花山院家賢の子、後村上天皇のときより南朝に仕え内大臣に昇ったが、南北朝合併後、耕雲と号し、三光国師孤峯覚明の門に入り、花山院家にゆかりの深い北山の妙光寺、東山の如住院等に住した。博学で詩歌に長じ和漢の学に通じ、著書も多い。右の妙光寺は長親四世の祖師継が北山の別業を禅寺とし、紀州由良の臨済宗興国寺をはじめた心地覚心を招いて開山としたから、花山院家と禅宗は以前から因縁の深いものがあった。ところで山城伏見里には代々持明院統皇族が営まれた仙洞御所があり、ことに光厳・光明両天皇は禅宗に帰依せられ、御所近く蔵光菴なる寺を建てて移り住まれ、崩後勅によって禅寺とし、門徒の高僧が住することになった。長親の頃、同寺の住職となっていた幽林主翁は彼と交りがあった関係で本書の執筆を依頼したという。

その内容はむかし宋朝に仏鑑禅師無準なる高僧が径山《きんざん》に住したとき、天満天神がある夜半に日本の菅丞相と名のって参禅受衣したとの伝えがあり、一向いずれの書き物にものっていないが、一概に嘘ときめてかかるのも咎のあることだろう。明徳の頃（一三九〇―九三）幽林の同輩である月渓が夢をみた。大きな島の中に一つの壇があり、その上に『法華経』安置の宝塔がたっている。側に衮冠盛服の立派な唐人風の貴人がおり、誰かと思っていると空中に声がして天満天神だといった。その後、応永元年（一三九四）秋、同門の僧忠庵より幽林に、天神が無準に受衣した御姿を図して差上げたので、月渓がこれをみると、夢にみた天神の様子と同一であった。感歎のあまり信心いよいよ深くなって庵の土地神に勧請し、朝夕焼香供養をおこたらず、これをきいた仙洞に仕える人々が集まって和歌を詠じ法楽をし、近辺閑居の僧も志をのべて参加し、集めて一軸とした。以上が大意で、終りに、

無準いかなる人ぞ、聖神いづくにかいます、おなしとやいはん、ことなりとやいはん、

もし有無の落処をしらば、すなはち両聖の真体をしるべし、

とあるのが『両聖記』の説明になる。またはじめの菅神無準参禅説を疑えば咎があるかもしれないとの理由を、

聖神は観自在の霊応にましませば、本覚の光をやはらげてしばらく閻浮の塵に交りたまへり、普門示現の応化いづくか円通の境界にあらざらむ、不生不滅のうちに又古往今来の別有べからず、

とのべ、両者を本地垂迹の関係においてみているのが知られる。忠庵から贈られた図と月渓の夢想が一致したのは、これまでにこの信仰が弘がっていた事情を示唆しており、似たような話が瑞谿周鳳の『臥雲夢語集』(十五世紀の著作)にのせられている。天竜寺僧普寛が筑紫の同輩参佐より天神画像を送られたが、見ずにそのままにしておいたところ、翌日月渓が訪れ、夢に天神が袖に梅花を挿み肘に小袋を懸けてあらわれ、無準に参じて衣を受けたと語ったとのべた。普寛が驚いて送られた画像をひろげてみると、図様まったく夢想に一致したので二人は称嘆已まず、爾来この像をつくって拝する風が弘まった。

以上であるが、この話では画像が筑紫より送られたといい、周鳳の『臥雲日件録』文安三年(一四四六)四月十五日条にも筑紫の参佐より送られた旨を記していて、事実と思われるから、西田氏はたぶん渡唐天神信仰は大宰府天満宮あたりより起って京師におよんだのであろうと推定されている。それより少しく時代が降って著わされた『菅神入宋授衣記』に

なると話はさまざまである。

まず入宋、無準に参禅した聖一国師弁円が九州博多の崇福寺にいるとき、仁治二年（一二四一）十二月十八日、天満天神が弁円の室に入り来り、禅を問うたが、弁円の教えに従い、その夜径山に現じ、無準に参じ、親しく僧衣を伝与せられた。次の話は同じ年月日に早朝無準の丈室の庭に一枝の梅花をささげた菅公が突然出来し、

唐衣《からごろも》織らで北野の神なれば　袖にもちたる梅の一枝

と書いた和歌を梅の枝とともに呈した。よって無準は梅花紋の僧衣と証偈を与え、天神はまた偈をもって感謝の意を表した。その後、文永八年（一二七一）十月十五日、天神は承天寺第二世鉄牛円心の室に来り、径山の伝衣を和尚に渡して空中へ去っていった。この寺は博多にあり、大宰少弐藤原資頼・宋人謝国明等を檀越とし、鉄牛を開山とする。衣をうけた鉄牛は大宰府の近くに僧坊を営み、衣塔をたてて衣をまつった。この地は菅氏出身たる鉄牛の誕生地であった。文永十年また天神は和尚の夢に出現し、衣塔のできたのをよろこんだ。以後この寺を霊岩神護山光明寺と呼ぶようになった。以上二つの話は光明寺の由来書にあたるものでたぶん同寺僧の作であろう。

次に愚極礼才が永享八年（一四三六）閏五月に著わした『大政威徳天神参径山仏鑑禅師受衣記』なるものが『菅神入宋授衣記』にのせられている。大宰府に一富家があって、ある晩の夢に天神託宣し清僧を選んで一日『妙法蓮華経』をよみ子の恩恵のためにせよといった

（『碧山日録』にはこの富家の女子が病重く、あらゆる医療でも愈らず困っていたところへ、天神が託宣したとある）。その通りにすると、また天神が夢告して、選んだ清僧の人物がよくないといったので、その富家は近くの承天寺長老円爾を招じた。この人は入宋した高僧で、求めにより読誦したところ、翌朝天神が頭巾をつけ袖の間に紅梅一枝を挿んで眼前し、読誦を謝し、弟子の礼をするよう求めた。円爾は中国の無準に参禅の証拠として授けられた衣をみせた。以上の文は薩摩国福昌寺が草創せられた日、岩石の隙間より発見されたものである。福昌寺は道元七世の法孫石屋真梁が開山で、島津家の菩提寺、石屋の弟子鑑叟が伊勢に赴いたとき、愚極礼才の同門礼長蔵主《ぞうす》に会って以上の内容の話をしたものだという。

図9　渡唐天神影図（守屋孝蔵氏旧蔵）

とにかくこれにより、十五世紀中頃、九州は北から南まですでに渡唐天神説は禅家に広く流布していたと思われる。

また西田氏は『碧山日録』によって上述普寛が明兆に命じ渡唐天神を図せしめた事実を指摘され、また応永二十九年（一四二二）の頃にも甲斐の武田信重に明兆が渡唐天神図の作を献じたとして兆殿司《ちょうでんす》の天神信仰に対する寄与を強調された。『臥雲夢語集』には甲斐の武田氏が上記天神像を図して洛中五山の僧に賛を求めたところ、菅神の参禅説は荒唐無稽とする人があり、これについて惟肖得巌が瑞谿に語っていうには、無準は定中、八幡神の招請をうけて来朝し、菅公は日本で参禅したので別に疑う必要はないと、かように無準が菅公参禅のためわざわざ来日し、八幡神がその仲介をしたとの説まで生じたのである。さらに『臥雲日件録』文安六年（一四四九＝宝徳元）二月六日条に、瑞谿が訪問客との対談で梅を好文木とよぶ根拠につき、菅神が梅の詩をよんだからであるとか、白楽天が日本にきて住吉大明神と逢ったとき楽天がつくったのにもとづくとか論じており、天満天神に引きずられて白楽天渡日説まで飛出す始末になった。慶安元年（一六四八）刊行の板本『天神本地』になると、

さるほとにかんせうしやう（菅丞相）いたつらに日をおくらんよりもにつとふ（入唐）したくおほしめしける、あるよゆめのうちに御わたりありてたひとう（大唐）をこと〳〵く御らん候て、きんさんし（金山寺）のふしゆん（無準）と申御ちしきにさんし

給ひて御けさを御さつかり候て、かくのことく御すかたにて御きてう（帰朝）なり、みやこにましますときとうふくし（東福寺）のかいさん（開山）にさんをしたまへは、我に物を御とひ候はん人にては御いり候はす候、からのきんさむ寺のふしゆんと中人に御さんし候へとおほせ候間、御心つうし候や、またいかなる時にか有けん、九しうに御下りありてのちはおほしめしわするゝときまなけれとも、いつよりも都のあたり人々みな恋しく、そゝろに御なみたこほれける詩なり、こと〳〵にあはれにそきこゆる、

とあり、結局、菅公の渡唐は実現せず、夢中の出来事になってしまっている。以上渡唐天神については多様な伝説を並記したが、鎌倉時代、宋の禅僧によって伝えられた儒仏不二・儒仏老三教一致の論について、わが五山禅僧は天神信仰を利用し神儒仏一致の新しい習合論を生み出し、日本的な自主性を強調した。これは当時、仏家神道が次第に神本仏迹の形へ変りつつある傾向に相応するので、とくに南北朝より室町期にかけ、禅宗文化の花形である儒学・詩文の活潑な流入拠点となった北九州は、儒学者としても一代の碩学であった菅公（天神）信仰の中心地大宰府を擁しており、渡唐天神信仰が西より拡がったとしても不思議ではない。同時に仏教諸派中、もっとも中国的であり、儒教と密接な関係をもつに至った禅宗が天神信仰をとりいれて、むしろ神儒一致の思想風潮を高め、近世儒家神道興起の遠い素因をつくった点に注目しなければならないであろう。

一三　縁起譚と習合文芸

縁起物の流行とその源流

すでにのべたごとく、平安朝に発達した本地垂迹説は末期におよんで仏本神迹の段階に到達し、神仏同体思想は一般民衆にも日常生活意識として滲透していったが、これを促進し、社会的に定着せしめて中世思想潮流の根強い基盤たらしめたのは神官・僧侶の知識人による積極的宣伝活動であり、彼等は神仏の関係を歴史的発展の形において説き、その間に神秘的要素を豊富に織込んで霊験・霊威を誇示し、本地垂迹信仰の権威高揚と普及をはかったのである。中世における縁起物の流行はこうして興り、やがて本地物と呼ばれて庶民に親しまれるまでになった。もっともかかる現象はたんに神官・僧侶側の作為・工作とばかりは言えず、民間における思想や信仰の動向に対応したものであって、荘園の発達による農民の生活向上、商品流通経済の活溌化に伴う民衆の視野の拡大が素朴単純な信仰より複雑で視野広く、一見合理的にみえる本地垂迹的信仰を求める方向にすすみつつあったのである。

そもそも縁起とは因縁生起にもとづき、万法すべて他の縁に応じ生起するの意であって、『雑阿含経』『大日経』『法華経』『倶舎論』など多くの仏典に説かれ、仏教教学上極めて重要な基礎的理論をなすものであった。これがわが国においてはじめて寺院の由来や歴史の意味に用いられたのは天平十九年（七四七）二月十一日の法隆寺及び大安寺の伽藍縁起流記資財帳であるとせられる。平安中期には、たとえば北野天神縁起に関して多治比文子が既述『北野天満自在天神宮創建山城国葛野郡上林郷縁起』を書いており、神社の由来に縁起の語が宛てられ、本地垂迹思想との関係が知られてくる。

降って平安末には大江匡房はその著『江談抄』において「熊野三所本縁事」と題し、

問云、熊野三所本縁如何、被答云、熊野三所ハ伊勢太神宮御身云々、本宮新宮ハ太神宮也、那智ハ荒祭、又太神宮ハ救世観音御変身云々、

とのべており、本縁とはただの本地を意味するのでなくて、本地の縁起、すなわち本迹関係の説明的なものをも予想しているのである。これが既述『長寛勘文』に引用の『熊野権現御垂迹縁起』では、明らかに縁起は本迹関係成立に至るまでの経過をのべるのが最大の目的になった。ここでは周の霊王太子信（晋）がはるばる日本へ遍歴し来り、ついに熊野の神になったとあって、仏菩薩は説かれていないが、形式はまったく仏の垂迹譚と同様で

あり、いわゆる本地物の先駆をなすとみられる。こうして縁起を神社にとりいれ、本地物化したさきがけは熊野であったが、けだし熊野詣の流行に乗じた教団の宣伝活動には目ざましいものがあったのであろう。恐らくこれには機動力に富む山伏の活動が大きく寄与したと考えられる。その手段として一般的に指摘しうるのは説教や絵解き、楽器の伴奏による語り、託宣などであるが、もっとも直観的で衆庶の興味をひいたのは絵巻物による啓蒙活動であったろう。それには半ば説教口調でムードを盛上げつつ絵の解説にあたった絵解きの活動も随伴したと想像される。院政時代、熊野では『大峯縁起』をみるのが山伏のひとつの作法であったらしいが、それには熊野僧侶による解説や朗読が行われたのである。後世、草子の本地物として知られる『熊野の本地』の源流も、熊野山伏の手でつくられ絵解きされたのであろう。

信貴山および北野天神縁起絵巻

さて縁起絵巻物の先駆として寺院関係では『信貴山縁起』、神社では『北野天神縁起』『春日権現霊験記』が美術的優作としてもあげられる。信貴山のほうは直接本地垂迹は説いていないが、山岳修行の聖である命蓮《みょうれん》が延喜帝をはるか山中から加持祈禱し、剣の護法によって平愈申上げた奇蹟譚はすでに本地物的要素をにおわせるものがあり、信貴山の毘沙門天や命蓮の使った護法童子は神祇的観念に結びつきやすい仏神の類であった。乾克巳氏（「宴曲と寺社縁起」）によれば、文保三年（一三一九）成立の『玉林苑』下に収められた十の宴曲中に「背振山霊験」の曲があって、その内容は『信貴山縁起』と同巧異曲、命蓮は湛誉上人にかわり、佐賀・福岡両県境の背振山の霊験を謡ったもので、ここは古くより北九州の修験霊場として知られていた。剣の護法に相当するのが乙護法で、かつて性空上人に随仕した神童と称する。また湛誉は地蔵菩薩の化身とされている。けだし、こうした霊験譚が社頭で法楽として謡われるとき、神威の加護利益が一しお強く期待されたのである。

『北野天神縁起』はすでに天神社創立後、間もなく多治比文子や最鎮によりつくられたが、もっぱら本地譚としてみられたのは中世に入ってからであり、たとえば現在絵巻物中、最古で承久元年（一二一九）成立とみられる北野神社所蔵の一本は第一段において、

王城鎮守神々おほくましませど、北野宮の利生ことにすぐれてあけのたまがきに再拝する人、現当のねがひあゆみにしたかひてみち一念をいたして擁護をねかうともからは、真俗ののそみ思にしたかひてなる名称夷域にきこえ、霊験本朝にひゝく、たゝけはかならすこたへ、あふけばかならすのそむ、月の水にうかふにもことならず、暁のかねのしもに和するにもにたるかな、故に本地絵像にかきあらはしまいらせて、結縁の諸人の随喜のこゝろをもよをさは、一仏浄土の縁として、必天満大自在天神あはれみをたれましく〳〵て、二世の大願成就せしめ給へ、

とのべ、明らかに本地垂迹思想を吹鼓している。それ以降、多数現存する天神縁起には、

こうした主旨の文を巻頭にのせるのが普通になっている。

菟田俊彦氏（『群書解題』第一下）は、「天神信仰の盛行期にあたっている武家の興隆時代には、無益の殺生から起きる一種の贖罪信仰を満たせるには、無実の罪に坐して怨霊となった北野天神の縁起がもっともふさわしいものであることから、その絵巻がいくつも製作されて諸国の天神社に奉納され、あるいはその詞書だけでも写経のごとき信仰をもって書写された」のであろうとのべられたが、絵巻物製作にたしかにそうした一面は考えられなければならない。いったんそうして絵巻物が奉納されれば、それがまた信者に披露されて信仰の宣伝に寄与したであろう。わけても上述の承久元年作と推定される絵巻物は源豊宗氏によれば、九条道家が発願し、全巻の半ば詞書を書いたといわれる。あたかも源実朝暗殺のあとをうけ、鎌倉将軍として二歳になるわが子頼経を送った九条道家はよろこびと不安の交錯する気持をもってこの絵巻の製作・奉納を思い立ったであろうとされる。しかし絵巻の内容の中で縁起にあまり深い関係のない日蔵上人の六道廻りの段が非常に詳しく力をいれて描かれているのは何故か、いまだ解決は与えられていないが、本地垂迹思想をとく縁起絵巻の立場からすれば、地獄や兜率天のごとき現世から遠くかけはなれた異郷の展開は空間的・時間的遠隔感を信者に与えることによって本迹関係のスケールの偉大さ、ひいては神秘的ありがたさを強く印象づける結果になったであろう。『春日権現霊験記』にも二、三の人が冥府に赴く話を収めており、後述する本地物『甲賀三郎』の伝説、『熊野の本地』なども異郷訪問譚あるいは異郷よりの来訪譚などが挿入されていて、これらが縁起に本迹信仰の雰囲気を高める役割を演じているのである。地蔵信仰・六道思想はその意味からも注目されなければならない。

『春日権現霊験記』

さて『春日現記』は奥書により延慶二年（一三〇九）三月、西園寺公衡が出世を祈って発願し、詞書は前関白基忠とその三子摂政冬平・権大納言冬基・一乗院良信が協力して執筆し、図は絵所預高階隆兼が描いたものであると知られる。公衡は徳治二年（一三〇七）正月から春日社に参籠し、延慶二年三月十九日には祈願の甲斐あって左大臣に任じた。以後絵巻は社に秘蔵せられて何人も容易に拝見を許さなかった。まず巻頭、

夫れ春日大明神は満月円明の如来、久遠成道のひかりをやはらげ、法雲等覚の薩埵内証本地の影をかくす、

の句にはじまり、四祭神がおのおの常陸・下総・河内・伊勢より降臨された旨をのべ、承平七年（九三七）には託宣して菩薩号を求められた結果、神意によって「慈悲万行菩薩」と名のられた次第をのべ、さまざまの霊験譚が列挙されている。その中で上述のごとく、冥府に関するさまざまの挿話が収められているのは興味深い。

第一は興福寺の舞人である狛行光が十六歳のときより父に従い社頭において永年賀殿の

曲を奏してきた。あるとき重病をうけて閻魔庁に送られた。ここに高貴の人が来られて閻魔王に対し、行光は忠節深く志の変らぬものゆえ許すべしと言われ、そのお蔭で行光は助けられたが、高貴の人に誰ですかときくと、われは春日大明神である、汝地獄はみたくないか、と仰せられたので願うところですと答えると、さっそく彼をつれて地獄へ案内され苦しむ人々の有様をみた。彼はこうした悪報をまぬがれるにはどうしたらよいかときくと、明神は父母に孝養するのが最上の功徳であると教えられた。第二は平中納言親宗が和泉守のとき、春日神人の狼藉者を捕え、責め殺した罪で病気になり、次第に重くなったので、延暦寺の験者三位の阿闍梨をよんで加持祈禱させたところ、山王十禅師託宣してこの病人は春日大明神の勘当にて近く閻魔庁へ召されることになったと告げ、間もなく親宗は死んだ。その際ある人の夢に親宗宅の門の前を神人三人が走るのを誰かときくと、春日明神が親宗を召す使であると称した。他の人も同様の夢をみた。第三の話はわが子を興福寺の僧にした貧しい都の女が重病をうけて閻魔庁へ送られ、そこでびんづらゆうた童子姿の春日明神に救われ、蘇生したというもの、第四は修南院恵暁法師が閻魔王宮より請ぜられ、閻魔王のために『法華経』を読んだ話、第五は解脱上人の弟子璋円僧都の話である。璋円は死後魔道に堕ち、女人について以下のさまざまな話をした。春日大明神の御方便はまことにありがたく、いささかも信仰する人はいかなる罪人といえども他所の地獄へはやらず、春日野の地下に地獄をかまえられてここに堕し、毎日早朝に第三殿より地蔵菩薩の灑水器に水を入れて散杖をそえ、灑水されると、一したたりの水が罪人の口に入って苦しみはしばらく助かり、正念にもどるとき、大乗経の要文、陀羅尼などを唱えて聞かせられる。これを毎日怠りなく繰返えされるので、次第に罪から浮び出で、学生《がくしよう》となり、春日山の東の香山で大明神が般若の説経をされるのを聴聞し論義問答などしている。

いままでにあげた五つの挿話中、最後のものこそ地蔵菩薩を本地とする第三殿の祭神、天児屋根命の本誓であり、慈悲万行菩薩たるゆえんが示されているのであろう。この絵巻は全巻の結びとして、

随心浄処即浄土所なれは、我神すてに詣也、社壇あに浄土所にあらすや、しかれは浄瑠璃霊鷲山やかて瑞籬の中にあり、補陀落涼山なんそ雲海の外にもとめむ、(中略)また罪業もしをもくして因果しからしむるものは、内証法性の土、浄穢をわかねは、大明神の本地法身の記用として変現したまふ地獄のなかにをちてついに出離の縁たるへし、璋円僧都人につきて申けるまことなるにや、

とのべ、浄土・地獄すべてが春日社の近辺にあり、明神はさまざまに変身して信者を導くと説いている。かように春日信仰の特色である地蔵信仰はどうして起ったものであろうか。

すでに平安時代に盛んとなった地蔵信仰は庶民階級を中心としたもので、民間布教の先駆者空也の創めた六波羅蜜寺は観音信仰より地蔵信仰がむしろ知られ、地蔵講は庶民群集して大変な繁昌ぶりであった。貴族が極楽往生のためさまざまの善根を積みうるのに反し、

そうした力のない下層階級はむしろ堕地獄の恐怖からのがれるため、今生・後生の善導者である地蔵にすがらざるをえなかった。その意味で第一の権門藤原氏がその氏神である春日社の信仰に弥陀でなく地蔵をとりいれたことはいささか意外な感を抱かしめられよう。これについてわたくしは天神信仰の影響を考えてみたいと思う。

周知のように、天神縁起にはすでに平安中期より道賢の『冥途記』が結びつき、六道思想が纏綿していた。なかんずく醍醐帝や藤原時平一派が焦熱地獄に堕ちた話のごときは、菅公が文道の神として、のち藤原氏の篤い信仰をうけるようになってくる一方で、祟りの恐ろしさとして意識され、庶民とは異なった立場から地蔵の加護が求められてきた。また公家社会では陰陽道の流行に伴い、泰（太）山府君などの冥府冥官信仰が擡頭し、延命をこいねがう余り現世と冥府の中間に立つ地蔵への関心が強まったのである。かくて平安末期、藤原氏の氏神春日神の信仰に地蔵信仰が侵入したとみるべきであろう。

『神道集』の成立事情

以上論じた三つの縁起絵巻が貴族社会の所産であったのに対し、民間では口承・説経・唱導などを通じて本地垂迹思想鼓吹の縁起物は盛んにつくられ発展しつつあった。たまたまそれが一つの文献となって実を結んだのが『神道集』十巻であった。別名を『神道根元抄』あるいは『諸社根元抄』ともよび、著者を安居院《あぐい》とする。著作年代はそれ自体明記されていないので、内容に手がかりを求めて推定されたところでは、文和三年（一三五四）から延文三年（一三五八）頃までの間とされている。すなわち巻五「御神楽事」の条に、神武天皇元年より文和三年まで千四十七年である旨の記事、巻二「熊野権現事」の条に、神武天皇四十二年より今年延文三年まで千九百八十一年である旨の記事など、その他二、三の文が根拠となるが、しかし巻四「出羽羽黒権現事」の条には、羽黒山の開基が推古天皇のときで、それより七百余年経ている旨の記事もあり、これによると鎌倉後期、永仁元年（一二九三）以降、嘉暦三年（一三二八）の間と推定される結果となり、異説が生ずる。これはけだし原『神道集』のあるものの成立年代を示していると解される。『神道集』は元来、唱導を基盤として成長してきた口承文芸的なものであったから、多数の人々により長年月の間に改変・補遺・新作が盛んに行われたので、それが文献の形でまとめられたものも一度ではなかったはずである。むろん作者の安居院とはある寺院の特定の人物をさすのではない。この寺院は叡山山上の本坊を東塔北谷の竹林院とし、山下の里坊を安居院と称し、もと京都市上京区大宮通上立売にあった。近世にはすでに廃絶したらしいが鎌倉期は各地に付属の寺院もあり栄えていた。たまたまここに唱導の名手たる澄憲《ちょうけん》が住するに至って天下の耳目を集めることになった。澄憲は諸道の達人で知られる少納言通憲（入道信西）の子、碩学の父の血を引き、天台では探題・竪義《りゅうぎ》などの要職を経たが、弁説にもすぐれ、その子聖覚また父に劣らぬ能説多才で、ついに唱導の一派が樹立されるに至った。唱導は説経とほとんど同義に用いられるが、たんに教説を解き述べるだけでなく、美辞麗句をつらね、流調かつムードをもたせつつ、やや演技的要素を加えて説経するもので、それは演者の博識と機智工夫いかんによるであろう。唱導は澄憲以前においても、たとえば天仁三年（一一一〇）三月二十六日の日付のある大安寺の『百座法談』で早くより知られ、『今昔物語集』にもこれを裏書きする説話が少なくない。しかし『神道集』は本地垂迹思想が全巻の基盤になっている点で異なり、こうした本地物の説経は聖覚の生存した鎌倉中期にはすでに行われていたと推定される。聖覚は延暦寺で出家し、静厳について学び、のち山を下りて安居院に入り、安居院法師と称したが、法然上人の布教に従い、新仏教のため唱導教化に活躍し、以後その子孫が代々説教を専業とするに至って聖覚は安居院流の祖と仰がれ、『神道集』の著者を聖覚とする説も生じた。

いずれにせよ、安居院流の人々の手でまとめられたのは教学的にも説明が可能である。すなわち㈠引用された書物に天台の経論関係の文献が多い。㈡神祇に権実の二類を共に認めているのは法華の権実不二の思想にもとづく。㈢天台の教義をとりいれながら日吉山王の神道について語らないのは天台の教学中、恵心流より檀那流、本覚門より始覚門の思想系統をうけた安居院の作だからである。日吉山王神道の主流をなす見解は恵心流の天台教学にあり、檀那流は甚だ消極的であったのである。

ここでわれわれは『神道集』の内容の組織だてを全般的に概観すると、すべて五十篇の神祇に関する話が集めてあって、それらは㈠神道論的なものと、㈡本地垂迹を縁起的にとくものの二種に大別される。㈠は八篇にすぎず、大方は㈡に属するが、そこに収められた四十二篇の神祇を地理的に見渡すと、畿内十二篇、関東十五篇、中部五篇で、関東地方に中心があり、しかもその関東地方でも上野国に関するものが七篇に上り、同国に因縁深いものの編集と推定される。その上、同じ上野国のうち、日光・宇都宮の話は簡単にし、赤城明神を詳細に記述している点に後者の神威霊験をとく信仰集団がこの書物の編者につながりあるものと思われる。おそらくは近江を本貫とする神官小野氏の神人集団に、日光神を奉ずる派と赤城神を奉ずる派があり、これらはめいめい地方の山民（山岳遊牧民）と関係を結び、利害の対立があったのであろう（近藤喜博氏「神道集解説」四三七ページ）。さらにわたくしはこれに上州の修験道も関係があると考える。かくて日光側の神人団は東北方面、奥州会津への進出をはかったのに対し、上州側は西方への発展を策し、ことに唱導書をまとめてその権威をほこるため、まず原『神道集』とも呼ばるべきものをまとめ、ついで触手を遠く西へのばして天台と接触し、唱導の本家である安居院の手でその再編、権威づけの強化をはかったのであろう。こうして安居院作の『神道集』が生れてきたのであろうとは近藤氏の説かれるところである。

和光同塵

いま五十篇の話のうち、おもなものについて考えてみたいが、㈠神道論的なものの代表として、第一の「神道由来之事」をとりあげてみよう。ここでは天神七代・地神五代の神代を説き、日本国土の生成、伊勢神宮についてのさまざまな由来がのべられ、神道の本質論的な解釈、各種神祇の本迹的解説におよぶ、『神道集』全体を貫く基本的思想が集約されているとみてよい。まず伊勢神宮で仏教用語を忌むのは大神と第六天魔王との盟約によるので、一見仏教をうとんずるに似て、実は内には三宝を守られるのであり、また本朝諸神の父母でもある。内宮・外宮は両部の大日、高天原は兜率天であり、神殿祭祀はすべて両部曼荼羅の教義によって成立っている。大神は毘盧舎那法身の内証より出て、衆生済度のため迹を垂れられるのである。そもそも神明神道の本地は諸仏菩薩であり、諸仏菩薩の迹化は神明神道である。したがって神も仏も同じく、たとえば眼と目の異名なるがごとくである。ここで『神道集』は諸経を引用して「和光同塵は結縁の始、八相成道は以てその終りを論ず」との当時のいわば流行語になった本地垂迹思想の標語を説明している。まず出典として『法華経』寿量品の文をひき、『法華玄義』を援用してその意味を敷衍し、さらにこれを以下の主旨に平易化している。無智凡愚の輩に対し、仏菩薩の形で教化するのはあまりに罪障深く、両者の接近が無限であるから、極悪非道の者をも救うには鬼界の涙を借り、悪魔的形相をとって利益するのである。ゆえにしばらく仏菩薩は自性の光を和らげ、凡愚雑類の塵に交って教化利益の縁を結ばれ、八相成道の未来までこれをつづけて済度成仏に至らしめられるのであると。

およそこの「和光同塵」の語は起源的には遠く『老子道徳経』に発し、老子の道は虚にして無なるゆえ、人間はこの道に順応同化すべきであると教えるところに主旨があった。つまり自己の光を和らげて塵に同ぜよとの処世訓的思想であったとみられるが、やがて天台大師智顗《ちぎ》の著『摩訶止観』になると「和光同塵結縁の始」云々の文句中に用いられ、衆生教化のため仏がさまざまに応化する理を説く言葉となった。八相成道は釈迦が兜率天浄土から下って人の胎内に入り、種々の境地をへて悟りをひらき（成道）、ついに涅槃に入るまで八つの相を考えるもので、これを神祇に転用し、その教化の未来に長くつづくたとえにしたのであろう。

とにかく『神道集』はこうして社参をすすめ神明の利益を強調したが、その利益とは垂迹の利生による今生安穏と本地誓願による後生善処の二つであるとしており、利益を通じて仏より神の有難さをとく傾向が顕著である。また権実二類の神について既述のごとく新旧宗教が多くは実類を排し権類の信仰を正しいとしたのに反し、ここでは実類の神も終には権類の眷属となるものであり、一般の凡人にとって権実の判別はむつかしいから、どんな神でも敬すべきであるとしている。

次に(二)の本地垂迹を縁起的に説くものとして、『上野国児持山之本縁譚』をとりあげてみよう。これは天武天皇の時代に伊勢国渡会《ママ》郡より荒人神があらわれて上野国群馬郡白井保に垂迹し、児持山之大明神となられたその由来譚である。むかし阿野津というところに阿野権守保明なる地頭あり、富裕であったが子がないので、伊勢神宮に祈願すると、児守明神に頼めと示現され、よって同明神に七日間祈りを捧げた末、鏡のような姫宮が誕生され、これに子持御前の名を与えた。この姫君九歳のとき、母君なくなり、父君・姫君の歎き一方でなかったが、やがて父君は伊賀国鈴鹿郡地頭加若大夫和利の姫君を後妻に迎えられた。後妻にもやがて一人の姫君が生れた。ところが子持御前十六歳のとき、後妻の弟加若次郎和理が懸想して夫婦の契を結び、やがて二人は伊勢大神宮へ参詣した。そこへ伊勢国司在間中将基成が来合せて和理の妻を恋し、和理に国司の地位を渡すゆえ、妻を譲れと迫ったが、きかれなかったので国司は立腹して阿野権守保明と加若和理の叛謀を父関白へ讒言した。そのため二人は捕えられ、和理は下野国無漏八島へ流罪、保明は軽罪で本所へ返えされた。そのうち国司は軍勢をもって阿野の館へ押かけ、和理の妻を取ろうとしたから、保明の後妻は海人共をよび、もっともにおいのきつい鮓鮎《さもち》とよぶ魚を集めて焼かせ、大幕をひいてその中で念仏をとなえさせた。押寄せた国司がこれをみてわけをきくと、和理の妻が歎き死んだのでこれから葬式をするところですと答えた。止むなく国司は去り和理の妻は遁れて尾張国熱田宮についたが、社頭の宿で若君を産んだ。これより若君、乳母をつれて東山道に入り木曾路にかかったとき、二人の親切な殿原にあい、つきそわれて無事上野国府についた。ここから和理の甥にあたる前下野国目代藤原成次を頼っていった。成次おおいに喜び、配所の和理の様子をみてこようとて二人の殿原と八嶋へ行ってみると、和理は厳重に牢に入れられているので二人の殿原神通力をあらわして牢を破り和理を助け出し、無事上野国山代荘へ落ちつくことができた。和理夫妻は二人の殿原に向い、「誰人にてましますか、世の常の凡夫とは見えません、願わくはわれらに神道の法をお授け下さって眷属の一分と思召し下さい。われらはこの憂き世に住みたくはありません。われらが別れの憂き事を方便としてこの世を厭い悪世の衆生に利益を与えるようお取計い下さればありがとうございます」というと、一人の殿原は「われは熱田大明神、いま一人は信州諏訪大明神」と名のり、「汝の妻が夫を恋うるの不便さにたえず守ってやってきたのだ。願いによって二人に神道の法を授けよう」とて大仲臣経最要を与え、そのお蔭で二人は利生早くも神通の身となり、妻は群馬の白井保内武部山に児持山明神としてあらわれ、武部山を児持山と改め、本地如意輪観音となられ、和理のほうは見付山手向に本地十一面観音の明神としてあらわれた。また乳母は大鳥山北の手向に本地文殊、羊手本鎮守となり、若君は聖観音を本地に岩下の鎮守となった。阿野権守夫婦も神道の法をうけて津守大明神とて伊勢大神宮荒垣の内にまつられ、和理の父母も鈴鹿大明神として伊賀国第三宮にまつられ、熱田宮の御産所の宿も神とあがめられ、鳴海浦の鳥居明神となった。藤原成次は尻高とい

うところに山伏大明神としてまつられた。以上の話のあとに、

仏菩薩応迹示現の神道は必ず縁より起る事なれば、諸仏菩薩の我国に遊ぶは必ず人の胎を借りて衆生の身となり、身に苦悩をうけて善悪を試みて後、神と成て悪世の衆生を利益し給ふ御事なり、鮃鮎と云ふ魚を我子の代りに出して焼き助けて神となし奉りしが故に今は其サモチを子代とはいふなり、

と記している。一覧してこの話に荒唐無稽なところ多く、文芸的価値の乏しさが感ぜられる中でも、信仰の上からは見逃しがたい点がいくつか見出されよう。

まず熱田・伊勢の信仰が上野国に密接な関係あり、これについで諏訪・鈴鹿・伊賀の諸神の信仰も知られている点である。これはこれらの信仰を運んだ神人団や、これと結ぶ修験者の足跡を物語るのであろう。なかんずく伊勢大神についての子宝施与の信仰、お産を守られる熱田の信仰が話のポイントとして注目されよう。つぎにこの話の終末は阿野権守保明、その姫君子持御前をはじめ一族の人々が神と顕われるにあるが、人が神になるには神道の法を授からねばならない。和理夫妻は熱田・諏訪の両明神に神道の法をお授け下さいと頼み、明神はこれを許して大仲臣経最要を与えられた。つまり中臣祓が与えられ、そのお蔭で二人はすみやかに神の身分になったのである。したがって神道とは祓いを中心とする呪法にほかならない。しかもこの呪法をえて神になる人間はこの物語にある通り、世俗社会に起るさまざまな出来事により試練をうけ、逆境と戦い、悲哀をなめて苦悩し尽し

た末、それをのりこえてきたものたちであった。立場をかえればこの話をきく側に深い感動と同情、共感と感銘を与えてはじめて神たるべき尊さ・ありがたさが実感されてくる。かくて神明は人間の昇華したものであるところに頼もしさがあり、利益が期待される。それはまさに人本神迹とも名づくべき考えに近いであろう。そうして物語の終りの文句にあるように、こうした過程をへて神にあらわれ、悪世の衆生利益につくすのは、何事も縁より起る仏菩薩応迹示現の神道であるからで、本地仏はそうした理を教えるものとして示現する。それはどこまでも仏本神迹の理論から出ているが、もはやそれは平安朝以来伝えられてきた本高迹下の思想をこえ、本迹倶高の考えにすすんできている。

元来、仏身論においては至上霊体の法身と歴史的人物としての応身が本迹に分つと理解されてきたが、天台大師智顗によって両者の関係はさらに四種に分けられ、本源的なものと現象的なものを高下によってあらわし、本高迹下・本迹倶高・本迹倶下・本下迹高とせられた。わが本地垂迹説にあってははじめ本高迹下の仏本神迹であったが、中世に入ってより漸次神祇中心の思想へと移行しはじめ、ここに『神道集』をもって本迹倶高の立場が明らかにされた。人間があらゆる苦難をくぐりぬけて神に昇華する過程は、さながら仏の八相成道にたとえらるべき尊いもので、その結果示される利生はいずれ劣らず、否、仏神は本迹異なりといえども、心は同一であり、参詣の力によって得るところの利益は同じ(「神道由来之事」)であったのである。そのほか、「能登国石動《いするぎ》権現事」の条に、「誠に本地垂迹倶に忝き御神達なり」をはじめ、神仏ともに尊し・高しとする思想はもはやこの書の基調をなしていること疑いない。

さらに「鮮鮎と云ふ魚を我子の代りに出して焼き助けて神となし奉りしが故に今は其サモチを子代とはいふなり」とある句は、和理が流された下野国無漏八島（下都賀郡国府村）の総社が秋の御鉾祭に鰶魚《このしろ》を焼く行事のあるところから着想されたのではないかといわれる。当時、鰶魚を焼くのは御神事に限られていたのであった。それが何の呪術であるのか。筑土鈴寛氏が産育のタブーに関する信仰から出たと説明されるほかに具体的な説は出ていないが、土俗の神事が人を助けて神にする手段になったとの意味の文は地方田舎の祭りを通じて本迹倶高の習合信仰の有難さが説かれた事情を推察せしめるものである。

同じ「上野国勢多郡鎮守赤城大明神事」ではいっそう悲劇が描かれ、継子物の要素が導入される。履仲朝に栄えた高野辺大将家成の次女が赤城大明神と顕われた話である。家成が過失によって上野国勢多郡深栖郷に送られ、そこで若君一人、姫君三人をもうける。若君は成長して上京し宮仕えし、やがて左少将・中納言と昇進する。そのうち家成は北の方と死別し、信濃国更科郡の地頭更科大夫宗行の娘を後妻に迎えたが、勅勘を許され上野国司になって上京し、やがては姫君三人も都へ呼んでめいめいにしかるべき聟をとらせようとする。ここに後妻は一人の姫君を生み、この子によい聟をとって幸福にするためには先妻の姫君三人は邪魔になるとて殺そうとたくらみ、側近女房の弟の田舎武士更科次郎兼光を手なづけ殺させる。姫君三人のうち姉御前は淵名次郎家兼の妻を養母にして淵名姫とよび、淵名荘に住み、次の姫君は赤城大室《や》太郎兼保の妻を養母にして赤城御前と称し、大室の宿所に住み、末の姫君（乙姫）は群馬郡地頭有馬伊香保大夫妻、伊保を養母にして角田河より西に住んでいたが、兼光は赤城山の巻狩に託して淵名次郎・大室太郎を搦め取り首を切り、淵名姫は女房とともに大箕に入れて利根川の倍屋ヶ淵に沈めた。赤城御前は兼光の魔手をのがれて赤城山へ逃げ入り乙姫のほうは伊香保大夫が早速城を構え防戦したので無事であった。山に迷い込んだ赤城御前は赤城沼の竜神唵佐羅摩《おんさらま》女に助けられ、沼にある竜宮城に案内され、竜神のあとを継いで赤城大明神となり、大室太郎夫妻も竜宮へ参って王子宮と顕われた。

いっぽう都の家成は上野国司として下向し、娘三人の有様をきいて驚き、淵名姫の沈んだ倍屋ヶ淵へゆき、姫にむかしの姿をみせよといったところ、女房らとともに淵よりあらわれ、「日に一度母御前が忉利天《とうりてん》より下って赤城山とこの淵に通い、天の甘露を与えて飛行自在の身となり、甘露上乗の法を説かれるので前世の罪垢皆消え、赤城御前とともに神明と顕われ、悪世の衆生の先達となり、三会《さんえ》説法の暁、解脱の徳をえて菩提薩埵となるでしょう。必ず父も引導しましょう」と語った。ややあって赤城山より紫雲棚引来って倍屋ヶ淵にたなびき、数多の聖衆とともに淵名姫は雲に入ってしまったので家成は悲しんで倍屋ヶ淵に身を投げた。伊香保大夫は羊太夫を使として姫二人、家成の最後を京都の若君中納言殿へ報告した。中納言殿は大いに驚き、さっそく軍兵を従え下向し、伊香保大夫と協力して後妻更科次郎父子らを搦取り、首を切って淵名次郎・大室太郎の霊前に供え、淵名姫と父家成の身を沈めたあとを崇めて淵名明神とまつった。それより中納言は赤城御前の様子をみに赤城沼へ上ってゆかれると、黒檜山の西麓の大沼東岸に鴨一羽浮ぶをみた。その鳥の左右の翅の上に玉の御輿があって淵名姫と赤城姫の二人が一緒にのり、女房達が後につきそっていた。淵名次郎・大室太郎は輿の左右の轅に取付き、木賊の装束に透額の冠を着、腰に太刀を帯びお供に立っていた。中納言殿が声をかけると二人の姫君は輿より出て兄の左右御袂にすがり、「われらはこの山の主となり神通の徳を得、また妹の乙姫も神道の法を悟り悪世衆生善導の身となるでしょう。君もわれらと同心の神になられよ、母御前も忉利天より今お下りになられよう」と申した。間もなく母御前紫雲に乗り天下り、天上不退の御法を説き、「汝ら歎くなかれ、何事も先世の宿業に任せ、余の恨なく今は衆生利益の思いに任せよ、五十六億七千万歳の後、三会説法の暁は一会聞法の聴衆となろう」とて暇乞して昇天され、二人の姫君も沼へ入ってしまった。それより国司は鴨に対し、「願わくはこの沼に留って島となり、来世衆生に神明の威徳を顕わし給え」と頼み、よって鴨はいまの小鳥島になった。その後中納言殿、小沼の岸で父の家成と会い、ここに番匠を集めて大沼・小沼に社をたててまつられた上、伊香保の乙姫のところへゆき、姫に小舅の高光中将をめあわせ、上野国司とし、伊香保大夫を後見に立てて都へ帰られた。乙姫の住居跡には上野国惣社がまつられている。

以上の話によってみると、赤城明神を中心とする神人唱導者にも、淵名荘・赤城山・伊香保の三グループがあり、とくに淵名と赤城は密接で、伊香保の信仰はやや別のようであったらしい。すなわち別に「上野国第三宮伊香保大明神事」の話があり、赤城沼の竜神が唵佐羅摩女《おんさらま》であったのに対し、伊香保沼の竜神は吠尸羅摩女《べしらま》と称し、両者相争った末、群馬郡渋河保郷戸村に温泉涌出の話を述べている。その詳細は割愛するとして、赤城山＝淵名グループでは母御前が毎日忉利天より下って甘露上乗の法をとかれると、前世の罪障すべて消滅し、神明とあらわれ、さらに三会説法の暁、解脱して菩提薩埵になると教えており、さきの大中臣祓に対し、こちらは甘露上乗の法なる別の呪法が唱導される、たぶんは水を用いての祓いの呪法であろうか。とにかく噴火によって出現したような山中の湖水にまつわる山神信仰に、神人団や修験者が密教信仰をもちこみ、竜神・竜宮の異郷思想と六道思想が結合したのである。唵佐羅摩女・吠尸羅摩女は護法天部から着想した鬼神ではあるまいか。かつて沼や淵に立てられた生贄《いけにえ》の風習に対する兜率天浄土往生の付会も考えられるようである。水の犠牲という悲劇をふまえてこの話は人間の神明昇華の有難さを一層強く訴えるものがあったであろう。

諏訪縁起譚と甲賀三郎の伝説

さて眼を中部地方に転ずると、『神道集』中、有数の長編として目立つ「諏訪縁起事」に注視せざるをえない。有名な筋ではあるが、一応その内容を紹介しておこう。これは近江国甲賀郡に荒人神とあらわれた諏訪大明神の縁起である。安寧天皇五代の孫に甲賀権守諏胤《よりたね》なる者あり、甲賀郡の地頭として権勢ならびなく、大和国添上郡の地頭春日権守の娘を妻とし、その間に男三人をもうけた。長子は甲賀太郎諏致《よりむね》、次男は甲賀次郎諏任《ただ》、三男は甲賀三郎諏方といった。諏胤、帝の覚えめでたく、坂東三十三カ国惣追捕使になされたが、老病に臥したので、三子をよび、「わが国は神国である、神武粟散辺国とは申せ、報恩謝徳の砌にて、忠孝の心なければ必ず果報尽くるものである、わがなきあと母によく仕え兄弟心を合せ孝養せよ、三郎には東海道十五カ国惣追捕使《ついぶし》を与えるが、兄たちはこれを猜《そね》むな、太郎には東山道八カ国、次郎には北陸道七カ国の惣追捕使を与える」と遺言し、おのおのその住居をきめて身罷った。三郎は上京して帝より大和守に任ぜられたので、春日の三笠山明神へ参詣すると、春日権守は彼を迎えて宿をし、最愛の孫春日姫をして接対させた。国司は春日姫が気に入り、やがて妻とし寵愛この上なかった。ある歳、伊吹山に巻狩が催され、兄達と三郎夫妻も出かけた。巻狩も終りになった八日目、三郎が山へ上った隙に妻の姫は赤糸で髪を結んだ童子にいずくともなくさらわれた。三郎驚き、さては天狗のしわざならん、日本の山々を尋ねて叶わずば外国まで出かけて探そうと決心し、畿内五カ国の山々をはじめ、諸国巡歴へ出かけていった。

しかし一向その甲斐もなかったが、乳母子宮内判官が信濃国笹岡郡蓼科嶽を見落しているると進言したのに動かされて三郎はそこへ出かけた。行ってみると嶽の北峯より丑寅角に立つ大楠に人穴があり、怪しく思ってのぞくと姫が最後に着ていた獅子に牡丹の織物の小袖片袖と髪一房が落ちていた。さては穴の底へ姫は落ちたかと三郎は侍共に縄のついた竹かごをつくらせてこれにのり、縄を侍に引張らせて自分は竹かごとともに穴に入った。深く入ってゆくうち、壮麗な仏堂あり、その奥に小御所が建っていて春日姫の『千手経』をよむ声がきこえる。かくて夫婦再会してわけをきくに百済国真照天王が姫をさらってきたことがわかり、そのとき天王が不在を幸い、竹かごにのり二人で脱出せんとしたが、たまたま姫は祖父より閻魔庁まで大切に持参せよと賜わった面景唐鏡をとり忘れたからとて、三郎は姫を待たせてとりにいった。ここに次郎諏任、三郎を猜む心あり、縄を切って三郎を穴の底にて責め殺し、春日姫を自分の妻にしようとたくらみ、春日姫だけを引上げて甲賀館に入れ、三郎の乳母や宮内判官経方を殺して穴に投げ入れ、この由を兄太郎に告げた。太郎怒って下野国宇都宮へ下り今は大明神とあらわれた。次郎は春日姫を妻にしようとするがききいれられないので殺そうとする。そこへ宮内判官の妹聟、大和国住人山辺左兵衛督成賢がききつけて春日姫を次郎から奪い大和国春日権守の祖父の宿所へ届けた。よって権守は次郎を討ちに出ようとすると、姫は祖父の袖に取付き、次郎を討っても三郎が生きるわけでない。さらでだに女は罪業深重ときく。自分のため多くの人を失うはわが身の罪業になるからとて思い止まらせ、春日山の奥、神出山の岩屋の谷に入り、夫の祈願をした。

さて三郎は竹かごの縄が切り落され、乳母らの首がちらばっているので、さては次郎の仕わざとさとり、近くの仏堂へ入って今一度日本へ返され、春日姫に会えるよう祈念した。それより足にまかせて東へゆくとまた人穴あり、入ってみると日本のような国へ出た。ちょうど正月の頃とみえ武射の行事をしていた。ここで三日滞在して先へすすみ、また人穴をぬけて別の国へ出ると、五、六月頃の時候と見え、早苗取るところがあった。さらにここを出て新しい人穴をぬけると、新しい国が展開してくるといった調子、こうして三郎は七十三の人穴をぬけ、七十二の国をすぎると、七十有余の翁が鹿追うところにゆき会い、どこかときくと「ここは維縵国と申し自分はその主である。毎日鹿狩をするのが大事の行事になっている」とて鹿室へ案内された。翁がいうには、「これより先へあなたは進まれても仕方がない。この国より北に木葉沈んで石が浮く河があり、その向うには死出山・三途河・閻魔国があるだけだ。この国でゆっくりなさい」と。二、三日すると翁は三人の姫をよび酒宴を張った。まず一人は八百歳の女というのをみると、三十四、五歳の女房のごとく、次に五百歳の女というのは二十四、五歳の女房に、三人目乙娘、三百歳で十八、九の女房にみえた。この三人のいずれなりと妻になさいとすすめ、三郎は乙娘と契りを結んだ。翁はこの娘を維摩姫と称し、自分は好美翁とて過去三万歳、未来も三万歳で何事もよく存じている。日本へお帰りになるよう取計いも出来ると語った。やがて十三年六カ月がたち、三郎は急に春日姫が恋しく朝夕涙を流した。維摩姫これをみて同情し、日本へ送り届けてあげましょう。われも神国なれば跡追って参り、忍び妻となって衆生擁護の神にあらわれましょうとなぐさめた。そこで三郎は自分の心境を好美翁に打ちあけたから、翁は別れの餞別に維摩国の秘所を見せようと三郎を案内した。それは檜皮葺八棟造小御所、老侍共の住む鉄築地に銅扉ある立派な館、鷲鵰羽《くま》で葺いた三棟造の小御所、三十四、五の女房達が住む銅築地に銀扉のある安養浄土かと見まがうばかりの荘厳な館、二十四、五の女房達が住む銀築地に金扉あるさらに立派な館、十七、八の女房達が住む金築地瑠璃扉ある結構この上なき館などで、最後に瑠璃の築地、珊瑚扉ある館へ入ると翁は七日七夜酒宴でもてなした上、四季の門を御覧に入れようと東西南北各門をひらいて四季をあらわした、さながら浄土の風景を観賞させた。

それより引出物として翁は鹿の生肝でつくった餅一千枚を三郎に渡し、「一日一つ食してゆけば日本へ着かれるであろう。日本への道は一千日の旅程です。これより三カ月半ゆくと契河という大河あり、中に白道とて白石の懸橋がある。上瀬より毒蛇流れかかり、下瀬より蜈が上り来て罪人を割き食うのである。そのときはこれを帯にして通れ」とて菅の行縢《むかばき》を差出した。その河を渡って契原に出るが、糟虻《ぬかか》多く目口鼻より入って二歩と歩けないから、そのときはこれを顔にあてて通れと三段に切った中紙三帖を出した。現在諏訪社祓殿の祭りに菅の行縢をつけ三段切の御玉井紙を用いるのはこれに由来する。契原をすぎるとまた蛟蛇の多い亡帰原に出るのでこれを打払うためとて萩の花三把を進上した。今日《こんにち》、初萩を花といい道にたむけるのはこの縁《ゆかり》である。「それより九カ月半で契陽山へ入る。この峠道は両方の峯から鬼共が出て妨害するからこの投鎌を使い名のりをあげなさい。必ず鬼は退散しましょう。」現在御桂投鎌を打つ神事はここにもとづく。つぎの荒原庭では女房達七、八十人の妨害を排除するためとて梶葉の直垂を提供し、つぎの真藤山では児一百余人鞠遊びにて邪魔をするからとてこの幡をさしあげ「名のって通りなさい」と三葉の柏幡を渡した。かくて真馴池の岸へ出ると、その水、極楽浄土の八功徳水のごとく、蓮華開いて馥郁としている。「あと光明殿・朧月夜原をへて天を仰がれよ。明星一つ出て輝いているのをみられよう。さすれば日本近しと心得られよ。南方に大きな岩山あって真藤が生い下っているから、その藤にとりつき岩間をはい上ると一千枚の餅は一枚残る勘定になるから、半分食し、五重の岩を登ったのち残り半分を食べると日本は信濃国浅間嶽へ出られよう。」以上長々と教えられ、さまざまの財物を俵につめて、いよいよ三郎は出発した。

翁の忠告をよく守り、ついに浅間嶽へ出られ、維摩国の財物は俵に入れて蓼科嶽に納め、近江国甲賀郡に入り、父のつくられた笹岡の釈迦堂なおむかしのままに建っているところに着き、堂に上り礼盤に寄りかかって念誦していた。翌日、講衆がこの堂へ集まり来って三郎を見つけ、大蛇がいると騒いで逃げ去った。三郎ははじめてわが身蛇身となっているのに気付き、恥じて仏壇の下へ隠れた。日暮れ講衆がいなくなって僧侶ばかり十余人、

『法華経』読経ののち、昔語りの雑談をはじめた。その中の一老僧が求められるままに、この堂が甲賀権守三人の子息により父母の孝養のため建てられたとの由来をはじめ、甲賀三郎が妻を伊吹山の難杖房なる天狗にとられ、人穴に彼女を探して歩く話をし、今頃は一千日の旅を終えて浅間嶽に出た三郎は、たぶんここへ到着するはずだがと語ると、他の老僧がさては此頃童たちが騒ぐ大蛇がそれであろうかともち出すと、三郎がよもや大蛇になっているわけはないと反対する者もあり、いや維摩国の衣を着ていると蛇に見えるものだと主張する者もあり、それではどうしたら蛇身をぬけられるのかと上座の老僧がきくと、口立の僧が石菖を植えた池水に入り、東に向っては赤色赤光の日出、東方蛇身脱免、南方に向っては南無南天・南着脱身と三度、西方に向って南無無量寿衣・免済脱身、北方に向い阿耨達池・蛇身速出とそれぞれ三度唱え、水底をくぐりぬけると日本人に戻れると語った。仏壇の下でこれをきいた三郎はその通りにして堂に入ると、僧侶達が三郎を見つけてよろこび、烏帽子・腰刀・弓矢・太刀・馬鞍・狩装束等を奉ったのち、消えてしまい、件の口立僧のみ一人のこった。三郎は随喜の涙を流し、この僧達は誰人かときくと、この僧は白山権現・富士浅間大菩薩・熊野権現はじめ日吉・山王・松尾・稲荷・梅宮等王城鎮護の諸神祇であると答え、われは近江国鎮守兵主大明神で殿原には氏神であると名のって三郎をつれ三笠山へ赴いた。ここで御宝殿内より出た春日姫と三郎は再会し、互いに長い間の苦労を語り合った。

その後、二人は震旦の南平城国へ移り、早耶起梨天子に値って神道の法をうけ、三千世界を見透す身となった。しかし日本国より兵主大明神を使として二人の帰国を促したから、二人は再び日本の蓼科嶽につき、日本の諸神祇を従え、信濃国岡屋里にあらわれて諏方と名のられた。よって諏方大明神として上宮にまつり、別に姫君は下宮に、維摩国の姫君は浅間大明神としてまつった。三郎の兄も来って和解し、次郎は三郎に陳謝して北陸守護の神として若狭国田中明神にあらわれ、太郎は下野国宇都宮明神となった。父甲賀権守は赤山大明神、母は日光権現、本地は弥陀・薬師・千手・地蔵等で、諏訪上宮は普賢、下宮は千手観音である。

話変って南天竺拘留吠国の中にまたおびただしい小国あり、その一国、草皮国の長者玉餝大臣は五人の美しい娘をもち、四人まで天竺の国々の大王へとつぎ、末の娘もやがて沙羅樹国大王の后にきまっていたところ、草皮国の大王が自分の后にしようと申入れ、大臣がことわると、ついにこれを殺し、末の娘を国外追放にした。娘は同国抜提河という大河の中に抜鉾をたて、その上に好玩団と名づける団を敷いて住んだ。大王は河の中もわが国内だと立ち退きを迫ったので、娘は団座の鉾をぬき、腋に挟んで三人の美女を引きつれ船で日本へ渡り、信濃国と上野国の境なる笹山の峯に移った。これをいま荒船山とよぶ。ここに諏訪大明神は時々母のいます日光嶽へ通われるほど、荒船山の姫を上野国甘楽郡尾崎に社をたててお移しした。鉾を引きぬいて本朝へこられたので鉾抜と書き、抜鉾大明神と申上げる。諏訪下宮の御誓には、われ女性たるゆえ心憂き恥をみた、長く他人の膚を誡むゆえ、荒膚と申し禁忌とされる。上宮の御誓はわれ久しく他国に流浪し父母に不孝であった。親に後れたから、後服を深く禁忌すると告げられた。また維摩国の故事により狩猟の神となられた。長楽寺寛提僧正の夢に、御供の鹿鳥魚すべて金仏となって昇天したという。

以上長々とした筋の説明を終ってまずわれわれは、信州の諏訪と近江の甲賀との間にどんな関係が背景としてあったのかを知りたく思うが、これを裏付ける当時の実証的史料はない。筑土鈴寛氏（「諏訪本地・甲賀三郎――安居院作神道集について――」）はつとにこの解明に努力され、要するに甲賀山伏の中心である大岡寺の僧徒と信州諏訪神官は修験行者の活動を通じて密接なつながりがあり、諏訪上宮の神官芳野氏は恐らく修験派の出身で、古くからの諏訪神官家にとって代ったものであろうと推測されている。そのため同氏は聖護院山伏と諏訪神官家との争いに関し、元和八年（一六二二）五月十五日付で諏訪家から聖護院へ宛てた誓約状を掲げて一つの拠所とせられた。そのほか、大岡寺の境内に諏訪神社があり、古くは毎年信州諏訪社から使が立って参拝したとの伝えも参考にされる。この物語の中で一つのポイントは維摩国に三郎がしばらく滞在し、好美翁から色々のことを教えられ、諸方へ案内される部分である。翁は何万歳、娘も何百歳になるとあって、そこは一つの浄土ともみられ、毎年鹿狩の行事があり、鹿の生肝でつくった餅を一千枚三郎にくれるところは狩猟の神である諏訪明神の利生をとりいれたもの、翁は明神を象徴しており、三郎が日本へ出発するに際して途中、山河の地理を教えると同時にそこで予想される危険についてさまざまのタブーと、呪的財物たとえば菅の行縢、三段切の玉井紙、投鎌、梶葉の直垂、三葉の柏葉幡などを渡し（これらは実際行われている神事や慣習と結びつけたもので、それだけ聴く者をひきつける効果があったであろう）、あるいは岩にはう真藤の蔓にすがってはい登れと教えるところなど、まったく修験行者でなくては説明のつかぬものばかりで、そこに諏訪の狩猟信仰と修験道が維摩国の好美翁を媒介として結びついているのをみるであろう。また大岡寺のほうは現在も役行者像をまつり密檀に法螺貝を供える修験道的色彩の強い天台寺院であり、ほど遠からぬ同郡北杣村の飯道寺は大峯先達の寺で熊野権現勧請の飯道神社を鎮守とする。飯道寺の古縁起（拙著『山伏の歴史』二六六ページ参照）によると、むかし飯道山に大蛇が棲み山伏をとり食ったので聖宝が来ってこれを退治し、嘉元年中（一三〇三—〇五）、熊野の僧が来住してより修験道が弘まったとあり、そのまま受取れぬにせよ、熊野との因縁が古いことは明白である。また大岡寺自体『神道集』のとはやや異なった諏訪縁起を伝えており、近世の写本ながら内容は必ずしも写本の年代によってその新古は判断せられないものがある。詳細は筑土氏の研究をみられたいが、諏訪縁起は熊野山伏の徒によりまず甲賀郡で形成され、信州諏訪に運ばれて次第に『神道集』所載の形に発展したのであろうと推定されている。

いっぽう諏訪明神の信仰には蛇身信仰も纏綿しているので、三郎が人穴の諸国を遍歴し、ことに維摩国に滞在する間にすっかり蛇体になってしまったのは、実は三郎の諏訪明神への変身を意味し、僧侶の呪文で人間にもどるのは、実類の神が人間に昇華した、いわば人本神迹的思想のあらわれである。山岳を道場とする修験者にとり、蛇神を教化解脱せしめるのは山神信仰との習合を必要とする以上、欠くべからざる宗教活動であった。

ところで物語を通覧するとき人穴の七十二国通過の描写、好美翁が案内した七つの秘所や四季門の風景、一千日かかっての旅行中に出会うさまざまの難所と通過のための呪術などはいずれも記事が繰返し的で読む者をうんざりさせるが、これが本来語りものであるから、語る者の機智により繰返しの平凡化は避けられるのみならず、繰返しが重なってゆくほど、聴者には甲賀三郎の苦悩・試練あるいは偉大さが深く感銘せられて話の中にひきずり込まれる。それだけに再び日本へ戻り蛇身から人身に復帰するところまでくるとホッとしてありがたさが聴者を感激に浸らしめる。はじめに父の甲賀権守が遺言した「わが国は神国である、神武粟散辺国とは申せ、報恩謝徳の砌」との言葉が身に浸みて受取られるゆえんである。終りになって三郎夫妻がいったん震旦の南平城国へゆき、神道の法をうけて神明となり、諏訪にもどってくるのも本迹倶高の思想からであり、上宮・下宮となられてからの両者の禁忌や荒船山の神を媒介とする嫉妬譚には諏訪教団における葛藤が秘められているようで、上野国甘楽《かんら》郡にも信仰上、密接な関係者がいた事情を暗示している。

熊野権現の本縁譚

話が修験関係におよんだついでをもって「熊野権現事」にも触れておかねばならない。『神道集』所収の縁起が既述のものと異なっているのは、中国天台山の周霊王太子信が日本に渡来して権現になった由来譚のほかに、中天竺摩訶陀国善財王の后五衰殿女御が西宮(那智)に垂迹した話をのせている点である。この国の王に一千人の后あり、五衰殿はその中の最悪女であったため、王に顧みられず、よって千手観音をまつって念じたところ、利生あって人身ながら三十二相八十種好を具足し、紫磨金色の身となった。国王驚いてにわかに寵愛し御子誕生を仏に祈った結果、五衰殿は懐妊された。これを知った他の九百九十九人の后は王にうとんぜられたのを恨み、五衰殿をなきものにしようとし、計略をめぐらし、相人をよんで誕生される御子をことさら悪く占って王に申上げるよう命じた。実際は目出度い御果報の王子と占われたものを、陰謀により相人は止むなく、王子は九足八面の鬼と生れ、火を出して都を焼き、国王をも食い、一天皆海にしてしまうであろうと上奏し、他方嫉妬の后たち九百九十九人の女を鬼に扮装させて五衰殿の宮中へ乱入させ騒がせた。困った王は嫉妬の后たちに五衰殿追放の処置をまかせ、五衰殿は鬼谷山・鬼持谷へ武士共の手で連れ去られ首を刎ねられることになった。その直前王子が生れたので、五衰殿は王子に乳を含ませ、抱いているところを斬首された。取残された王子は集まってきた十二匹の虎に養育されているうち、そこからさらに山奥に住む喜見上人と申す聖、『法華経』持経者で千七百歳になる仙人であったが、十羅刹女が蜘蛛の糸で文字をつくって王子のことをしらせたので、聖人はさっそく王子をたずね出し、三年間養って七歳になられたとき、参内して王に上り、五衰殿最後の有様などを申上げた、王はこれをきいて嫉妬した后たちの邪見を憎んだ末、王子と聖人をつれ、金の車に召し、われの行く先を定めんと法蔵より五つの剣を取出し、北へ向って投げられた。その五つの剣はすべて日本に落ち、紀伊国牟婁郡に止ったものは神蔵とよび、そのほか筑紫国根嶽・陸奥国中宮山・淡路国和、伯耆国大山にそれぞれ止まり、王の一行は五カ所をめぐりながら紀州へ降臨された。熊野三所のうち証誠殿は喜見聖人、本地弥陀、西宮（那智）は五衰殿女御で本地千手観音、中宮は善財王、若一王子は善財王の御子である。熊野権現の御誓は一度わが山に参詣する者、たとい三悪道に至っても済度されるので、その時の験《しるし》は参詣時の牛王宝印である。

この話にも人間が神明とあらわれる必要な条件、すなわち悲哀に満ちた人生と悠遠の地から聖者は来臨するとの構想が織込まれているが、とくに注目されるのは五衰殿が斬られても子はなお骸の乳房から離れない、母子の悲しい情愛の場面と恐ろしい女性の嫉妬を描写したところである。乳房の悲劇は「三島大明神事」にも見え、ひいては最初にあげた「上野国児持山大明神」の縁起にある母神子神、産育の信仰につながる。山にはお産と育児を守護する女神の存在が信ぜられたので、吉野山の子守明神がたんに水分の転訛とのみで簡単に片づけられぬゆえんもそこにある。恐らくこれらの唱導が古くは女性により管理伝播されたであろうその名残りをかすかに留めるものであった。

いま一つ、強調されている女性の嫉妬について、上述熊野縁起は九百九十九人の后が五衰殿の懐妊を表面よろこんでいて、内心は火の燃るごとく、

華厳経に云う、女人地獄の使、能く仏の種子を断ち、外面は菩薩に似るとも内心は夜叉のごとしと云えるは此体の御事なり、

とのべ、既掲、諏訪縁起でも春日姫が、

女人地獄の使、能く仏種子を断つと仏説き給いて女は罪業深重と恥しめ給いて候、

とのべており、それだけに女性が神と顕われる物語は女性の聴者を惹きつけたであろう。女性のタブーを設けぬ熊野は女性の罪業を説くこともっとも詳細であり、山伏に追随した熊野比丘尼活動は『神道集』の本縁譚の随所にその痕迹をのこしたといえるであろう。それに関連して『法華経』信仰の強調、熊野権現の御誓約が牛王宝印に象徴されるとの解釈なども興味のあるところである。

『神道集』における本地垂迹思想とその動向

以上話の内容を平易に書改めて引用したため意外に『神道集』の考察は長くなったが、若干代表的に取上げた本縁譚を通じて本書の基調となる本迹思想の動向は理解されたであ

ろう。話は荒唐無稽、歴史的知識を無視した矛盾の多い文章はかえってそれが民間における無智な人々の真摯な信仰の姿を象徴するものである。地域社会において民衆が代々語りついできた神話・伝説はつねに彼らの日常における生活慣習や宗教儀礼を権威づけるのに寄与してきたが、物語僧・琵琶法師・修験聖・熊野比丘尼など遊芸の徒の往来が繁くなるにつれ、中央の歴史や文学、仏教教義が持ちこまれて民衆の神話・伝説に結びついた。すなわち中央の文献的知識と口頭伝承の習合はそこにさまざまの矛盾や体裁の不統一、荒唐無稽な話や実感迫る事実譚など実に多種多様のものを混在せしめ、文芸的には価値の低い縁起物語を生み出した。しかし無秩序・無体系にみえるこれらの物語には民衆の立場で理解された独特な本地垂迹思想（それはオーソドックスな仏教教学の立場からするものとは違ったものかもしれない）が一貫した基調をなしていた。それは上層知識階級が政治的あるいは有職的に形成した思潮とは異なり、あらゆる現世の悲哀苦悩の経験の上に得られた尊い民衆の人生観を彼らの素朴な伝統的神祇信仰に、仏教の因縁思想を通して結びつけたものであり、そこに民衆が身近に日常生活の中で感じ取った本地垂迹思想の特色があったのである。またそれが言いかえれば民衆の意識する神道でもあった。

『神道集』よりも少しく早く、十三世紀末十四世紀初頭に無住が著わした『沙石集』巻第一上にもすでに、

されば愚癡のやからを利益する方便こそ実に深き慈悲の色、こまやかなる善巧《ぜんぎよう》の形な

れば、青きことは藍より出でて藍よりも青きがごとく、尊き事は仏より出でて仏よりもたときは、ただ和光神明の慈悲利益の色なるをや、古徳の寺を建立し給ひ、必ず先勧請神をあがむるも、和光の方便をはなれて仏法たちがたきにや、天竺の釈迦、浄名居士、漢土の孔老、和国の上宮聖霊、これ皆、和光の慈悲甚深の化儀なり、只神明と同じきなり、

と説き、本迹倶高のみならず、すすんでは神本仏迹、つまり本地垂迹中、本下迹高の思想への傾斜がうかがえるのである。無住は各地の高僧について勉学をつんだ顕密禅律兼学の僧であり、神道・儒道にも造詣が深かったが、民衆の信仰にも接触して庶民教化には深い関心を示し、工夫するところがあった次第は『沙石集』の著作そのものから如実に看取しえられよう。しかし神本仏迹思想も所詮仏教教学の域を超えないものであり、無住のごとき学識ある者には本地垂迹思想の歴史的進展の帰結として、本迹倶高の考えはやがて迹高本下へすすむべき理論的必然性を含むとしても、『神道集』を通じて窺われる庶民の本地垂迹思想は必ずしも同一であるとはいえず、むしろここまでくると本来の本地垂迹的意味は次第に喪失してゆこうとする傾向を感ずるであろう。かつて神は仏法の力によって煩悩を離れ昇華して仏と同じ地位に立ったがゆえに、その利生はすぐれてありがたいものであった。それが『神道集』では人生における苦悩と戦ってそれをのりこえた人間が神となり、そこに神の尊さ・ありがたさを説くケースが多く、たとえ仏法妙典の功徳が原因になって

も、それはあくまで補助的手段にすぎない。むしろ呪術的には大中臣祓のような神道の儀礼こそ神になるための最後の手段とされる。神の尊厳や威光が神の仏法による悟りよりも人間の精神的練成陶冶の結果仰がれてくるものとすれば、それは既述のごとく人本神迹と呼ぶべき方向をとり、もはや本地垂迹なる仏教教学的思想の範囲内の問題ではなくなる。それは近世初頭、林羅山が『神道伝授』の中で、

人をいはひて神とあがむる時は、人を本地とし、神を垂迹とす、

と主張した考えに近づくものである。

しかも民衆の信仰はあえてむつかしい理論的意識なくして自然とそうした方向にすすみつつあったのである。やがて後述のごとく、理論的にも吉田神道が神本神迹説をとなえて本地垂迹説をのりこえるに至ったが、その方向ははやくも『神道集』において予見されるものがあった。なるほど『神道集』が巻頭、「神道由来之事」の中で、「法華寿量品」や『法華玄義』はじめ多数の経論を引いて和光同塵・八相成道を説いたのであったが、それにもかかわらず収められた多くの縁起譚にみえる信仰は必ずしもそのような仏教的理論にとらわれない自由なものがあって、その意味からも『神道集』の思想は厳密には全体として不統一の観を免れない、しかしそこにこそ『神道集』の生きた姿があり思想潮流の方向が示されているので、それはとりも直さず神仏支配の世界より人間中心の世界への潮流である。こうした潮流の行方を追求してゆくと、注目せざるをえないのがお伽草子である。

お伽草子の習合思潮

周知のごとくお伽草子の発生系統は単一でなく、王朝文学の残滓的要素もかなり認められるが、やはり主流をなすものは民間伝承的背景であり、これが中世の宗教家によって変形された本地物と称する縁起譚形式の物語であった。わたくしは、いままで『神道集』の物語や絵巻物に「本地物」とか「本地物的」とかの用語を使用してきたが、これらに「本地物」の題のついたものは一つもなく、一般にいわゆる「本地物」というときはお伽草子を指す。ここでは「熊野の本地」「上野国赤城山御本地」「八幡御本地」「諏訪の本地」など、何々本地の題名が多く、いかにも仏教教学的本地垂迹思想を根幹とした印象を与えるけれども、むろん『神道集』の物語がおおむね「何々明神事」「何々権現事」「何々菩薩事」などとしているのと意味に大差はない。神仏がかつて人間に生れ、さまざまの苦悩を克服昇華してまつられるようになった前生譚的なもので、苦悩と艱難辛苦のプロセスに重点がおかれているのも同様である。むろん『神道集』の物語がお伽草子へそのまま発展したと簡単にきめられぬところがあり、前者は口承文芸、後者は読物としてこれを受取る方法や社会的階層にも相違があったのである。したがって同じ神祇に関する縁起譚を両者比較してその時代の前後を具体的に論ずるのは無理であろうが、全体として時代背景からくる差異を指摘するのは意味があろう。たとえば熊野に関する物語はその伝播者も多かった理由から『神道集』以後いよいよ普及し、お伽草子では丹緑本・絵巻本・奈良絵本など体裁もさまざま、異本もあり変化に富むが、一般にその内容はさらに詳しく発展しており、それはとくに神仏の前生譚的苦悩のプロセスの部分に著しい。また物語の終りに室町末と覚しき一本では、

是をもてあそはんともからはみなことことく二世のねかひをとけん、あんにやうしやうと（安養浄土）にいたり、けんらいゑこくに入夫して一切衆生を極楽にみち引たまふへし、そも〳〵権現の御誓は無智道俗男女をきらはす、みちひかんために本覚真如の都をたち出、ふむむんとう□のちりにましはりたまひ候より此方、りもつりしやう（利物利生）の心さし、しそくもやすむ事なし、しかれはすなはちうろむろ（有漏無漏）のみちをふみわけて九品の浄刹を返し、燈火二国のさとりをひらく故に、そくしん往生うたかひなし、一たひこの山にまいりてをかむ人はまさにたうちやう（道場）にさ（坐）してよろつのほとけの御こゝろにいるなり、

また一本では、

このさうし（草子）を一とよみたてまつれは、一とくまのへまいりたるうちなり、一とよめは二とにあたり、五と十とよみたてまつれは、たひ〳〵くまのへまいるうちなり、いくたひもよみたてまつるへし、

と読者に草子をよむことの功徳を付記している。もっとも『神道集』でもまれに「三島大

明神事」の「此御縁起ヲ一度モ読人ハ三度詣ラレタルニ可レ同、況五度十度又聞ン人々哉」、「北野天神事」の「一度此ヲ読ミ一度此ヲ唱ル輩ニ置テハ毎日七度守ラント誓ヒ給ヘリ」との功徳書きがみられ、これがお伽草子ではさらに強調される傾向となったのである。

その他の本地物については省略するが、お伽草子における上述の神仏前生譚の拡大発展は必ずしも『神道集』のそれにみられる精神の強調とのみは受取れないので、むしろ浪曼性を高め物語の終末を「目出度し〳〵」にもってゆき、それだけ読者の終局的なよろこびを大きくさせるための工夫にすぎなかったとも受取られる。繰返すようだが、人生における数々の試練逆境に耐えぬき、精神的苦難を克服して神に昇華する過程が神道でもあったとする『神道集』の物語は、地方土民の苦しい生活体験に根ざすところがあったゆえに共感と感激を催させ、それゆえに神や仏はありがたいもの、尊いものであった。しかしかかる信仰のあり方はお伽草子に至っては、もはや深化し、宗教的に純化させることなく、皮相的な卑俗化の方向へ転じてしまった。下剋上によるはげしい社会的動乱、貨幣経済の進展に伴う利殖の観念の高まり、個人の実力主義礼讃の時代となって、神仏の物語は露骨な現世利益的意識にもとづく呪術的手段に利用せられ、上述の通り、物語末尾の長々した功徳書きがつけられた。いわんや口承文芸を基調とする『神道集』に対して、これは読物であり、語って聴かせるものの感激はなく、文盲の人には読んで聴かせる注記があっても、すでに口承文芸としての生々しさは失われている。物語を享楽する者は農村辺土の下層民から都市貴族、富裕な都民、ないし富裕な農民にうつり、人本神迹思想も所詮は富貴栄華の末に神になった人間にあやかり、その呪術的利益を期待しようとする現世的刹那主義に堕ちてしまったのである。

一四　神影図と習合曼荼羅

神像美術の発生

本地垂迹説はたんなる理論に止らず、祭祀や種々の宗教儀礼など実際面に発展していった結果、古来の神祇信仰にみられなかった宗教的美術品が生み出されてくるようになった。なかんずく平安朝以来、密教との関係が深くなって、豪華な密教美術が展開すると、その影響をうけていわゆる習合美術・垂迹美術ないし神道美術と名づけられる特殊な文化を創出するに至った。したがって基調はあくまで密教的なものにあるとはいえ、習合理論のすすむところ、教学的な思考の埒外に出でてそれが美術的に反映し、美術品はそれ自体に独自の発展を遂げて習合思想に影響するなど、興味ある関係をつくり出した。ここではそのうち、絵画を主としてのべてみよう。

さきに第四章で僧満願が天平宝字七年（七六三）十二月二十日、伊勢国多度神宮寺をたて小堂に神像を造立安置して多度大菩薩と称し、天平勝宝年中（七四九―七五六）には、常陸国鹿島神宮寺をたて仏像を図画しまつった旨を記したが、かように神仏習合に活躍した民間僧の神像彫刻や仏画の製作は注目に価するところで、多度大菩薩の形像がいかなるものであったか裏付ける資料はないにせよ、菩薩号を授けられる以上は僧形と推測されるのであり、遺品に手がかりを求めるとすれば、僧形八幡像が当然浮び上ってくるであろう。ただ果して僧形像は八幡神に固有のものかどうか。岡直巳氏（同氏『神像彫刻の研究』所収「僧形形神像考」）によれば、橘寺にある有名な日羅と称する声聞形の立像、奈良県斑鳩町の融念寺にある地蔵菩薩立像、同法隆寺金堂の地蔵菩薩立像はいずれも平安初期より中期にかけての作品であるが、すべて大和の大神《おおみわ》神社の神宮寺（大御輪寺）にまつられた三輪明神の僧形神像と推定される。第十六章でふれるように、のちには西大寺と関係があり、真言密教の系統をひくところとなった。そのほか当麻寺の妙幢菩薩、弘仁寺の明星菩薩とよばれる作品も三輪の神像と想像される。大和の大神神社は、申すまでもなく

図10　薬師寺鎮守僧形八幡神木像（薬師寺蔵）

本殿を設けず三輪山自体が御神体とされる原始信仰形態をのこす古社として知られるが、明治の神仏分離以前には神宮寺が栄え、多数の神像がまつられていたらしい。これら分散した現在遺品はすべて僧形立像であるために、地蔵菩薩その他の名称を与えられて本来の信仰は忘れられてしまった。いま僧形神像とよばれるのは東寺僧形八幡・薬師寺鎮守僧形八幡（図10）のごとく坐像に限られているが、箱根神社の万巻（満願）上人や神応寺の行教上人と称する像も僧形神像にほかならない。かくてわが国初期の神祇の造形的表現は一般に仏像に近い僧形神像であったといえるであろう。

図11　松尾神社男神木像（松尾神社蔵）

いっぽう京都西郊の松尾神社神像（図11）も平安前期の作品で、二体の男神像は幞頭冠を戴き、縫腋の袍をつけ、拱手する坐像、一体の女神像は頭髪を左右に振りわけて垂下し、衣を左《さ》衽《じん》に合せ拱手する女官姿の坐像である。当社の神宮寺は平安初期に建てられたと思われるが、『長秋記』長承元年（一一三二）六月条に、神像は智証大師の作との伝をのせ、三善清行撰の『円珍伝』には承和十三年（八四六）智証大師が松尾社に参詣したとあって、作風から考えても大師の在世した貞観のはじめ頃（八五九）の造立と判断される。したがってこれもまたわが神祇の造形的表現の初期形式として発足したものであるが、後世、作品の数からいえば、この官人風俗形の方が多数を占めたのである。

八幡神影図の発展

かくて彫刻による神像の製作が平安初期よりあとづけられるのに対し、図像のほうは平安中期に至って漸く記録に徴せられる。すなわち神護寺所蔵の『承平実録帳』や『神護寺諸堂記』『神護寺略記』によると、すでに承平年間（九三一―九三七）、同寺金堂内艮角《うしとらのすみ》に、八幡大菩薩像一幅が掛けられていた。弘法大師が渡唐の際、船中に影向されたお姿を写し奉ったものであるとの伝えがあった。神護寺ははじめ和気清麻呂が弓削道鏡の一件で宇佐八幡に使するとき、神に誓った立願を果さんがため、延暦年中（七八二―八〇五）創立したところで、神願寺といった。天長元年（八二四）、和気真綱らの請によって高雄山寺を神護寺ととりかえ、改めて神護国祚真言寺と称した。空海は唐より帰朝後高雄山寺に住し、国家のため真言の修法を営む道場としていたので、自然、神護寺は真言宗の寺院となったのである。和気清麻呂の宇佐参籠を通じて八幡神と和気氏の氏寺ともみられる神護寺の間に関係が出来、さらに空海入寺による寺の真言密教化によって、弘法大師と八幡神が結びつけられるようになったのであろう。現在神護寺には八幡神影図（図12）と八幡神によって描かれたと伝える弘法大師影図が双幅でのこっており、「互の御影」と称しているのも、両者の関係が後世さらに伝説的に発展した結果で、この双幅は中世も初期の作と推定される。

この八幡神影図の大体を説明すると、老比丘形をし、茶色の衲衣に遠山文の袈裟をつけ、赤蓮花の上に坐し頭上に日輪を配し、左手水晶の念珠、右手六輪の錫杖を持し、いかめしい顔はやや左方を向く姿勢である。ところで承平頃神護寺金堂にまつられていた八幡神影図は平安末、寺運衰退時代に仁和寺の僧寛覚がこれを鳥羽法皇に献じ、それより鳥羽離宮内にある勝光明院の宝蔵へ保管せられるようになった。いっぽう石清水八幡宮は延喜年間（九〇一―九二三）敦実親王によって造立されたと称する僧俗二種六体の神像を保延六年（一一四〇）正月の火事で焼いてしまい、治承（一一七七―八〇）の兵乱では奈良の手向山八幡が神体を失い、かたがたこれらの社から神護寺の八幡神影を神体に申しうけたいとの話が出され、あたかもこの頃神護寺復興に奔走中の文覚上人

図12　僧形八幡神影図（神護寺蔵）

がこれに反対し、にわかにこの神影像は脚光をあびるに至った。やがて嘉元四年（一三〇六）になって後宇多天皇の配慮により勝光明院宝蔵から再び神護寺に戻ったが、正和四年（一三一五）頃に成立した『神護寺略記』によると、その頃同寺金堂内には戻った神影図と別に新しい模本がともに一つの厨子の中にまつられていたのである。この模本とは文治年中（一一八五―八九）浄覚上人が鎮守平岡八幡宮の御影像（弘法大師筆、第二の写本と称する）の模写を発願し、託麻為辰に描かせたものであった。右の承平以来の古本と模写の新本とはほぼ同様な図様であったろうが、おもなる相違点は、古本には神影の右上方に色紙形があり、そこに記された文は、石清水八幡宮に現在所蔵する室町期の模本にあるものから推して、

八幡大菩薩、昔為出仮御禹之聖皇、施恩波於荒服四海之外、今為入空冥利之大士、扇徳風於靡草万民之間、故勝尾寺縁起大菩薩自頌曰、

得道来不動法性　自八正道乗権迹　皆得解脱苦衆生　故号八幡大菩薩

であったろうと赤松俊秀氏は推定された。このうち「御禹之聖皇」とあるのは応神天皇の聖徳、「冥利之大士」は大菩薩に昇れたことを意味するが、『勝尾寺縁起』にある大菩薩の自頌なるものを引用したのはなぜだろうか。摂津国勝尾寺は光仁天皇皇子開成皇子の開基になると伝え、現在のこる縁起類は鎌倉時代、寛元元年（一二四三）につくられた『古流記』がもっとも古く、その中に開成皇子が写経のため天に金水を一七日間祈請したところ、七日目の暁夢に衣冠厳麗の人があらわれ、写経を助けんがため金丸を賜わった。皇子が「あ

なたは誰か」ときくと偈をもって右の自頌を示し、そののち一日をへてまた示現し、白鷺池の水をも賜わった旨がのべられている。この水を賜わったのは信州諏訪南宮の神であり、さらに金峯山の蔵王権現の影向《ようごう》も『古流記』にみえ、中世勝尾寺境内には八幡・諏訪・金峯の三所権現がまつられていた。金峯は言うまでもなく、諏訪が修験道と密接な関係にあった次第は前章でのべた通り、勝尾寺も近くの箕面とともに平安後期すでに修験霊場として有名であったから、両社が鎮守となるのに不思議はないが、八幡神の勧請はこれと由来を異にし、恐らく両社より鎮守となったのは古いのではなかろうか。すなわち『三代実録』に明らかなごとく、清和天皇は譲位ののち、大和・摂津の名山仏壠十三カ寺を巡歴され、その中に摂津国としてはただ一カ所勝尾寺が入っていたのである。天皇は在位中、真言僧真雅の護持をうけられたが、真雅は弟子に修験道中興の祖といわれる聖宝を出しているほどで、山林修行の行者であり、真雅の寂後、天皇遜位後は同じく山中行脚の密教僧宗叡に護持された。天皇の即位に関して石清水勧請が行われたのは既述のごとく、爾来、天皇と八幡信仰の間には深い因縁を生じ、他方天皇在位中、御病平愈のため勝尾寺第六世行巡が召された事情もあって譲位後同寺へ御幸になったことから、天皇と勝尾寺のつながりを強からしめ、ここに同寺へ石清水八幡神が勧請され、僧侶の宝前諷誦文として自頌がつくられたのであろう。もし赤松氏の推測通り承平頃神護寺金堂に安置されていた八幡影像の色紙形にこの文句があったとすれば、『古流記』の八幡神についての記事も平安中期までさかのぼるわけである。その頃の勝尾寺は恐らく真言系に属し、同じく山岳抖擻の寺院として神護寺とも密教僧の交流があったのであろう。

いずれにせよ彫刻像より図像になると神像の表現は平面的になるけれども、いっそう精細を加え、自頌の銘文を伴うのみならず、頭上に日輪を頂き蓮花上に座し、持物も彫像とちがって失われる恐れなく、全体としても説明的要素を含ませうるので、この要素こそは習合美術に極めて重要な意味を与えるのである。かくて神護寺の神影図は八幡神像のもっとも権威ある表現形式となり、逆に手向山八幡宮再建の際、この影図をもとにして快慶は現存の東大寺八幡神像を神体としてつくったのであった。なお栂尾高山寺には僧形八幡影像製作のため明恵上人が認《したた》めた像容に関する注意書きがあり、弘安五年（一二八二）三月に出来た平岡八幡宮の影像が、古くより高山寺に伝わった下絵紙形によったものであることも『明恵上人行状記別巻』にみえていて、鎌倉期には真言関係寺院の間に八幡神影の儀軌的な形式が知られていたと推測される。

以上のいわゆる神護寺系八幡信仰は同じく洛西の真言宗名刹仁和寺にも入っているが、ここにはいささか風変りの八幡神影図をのこしている。一つは寺伝八幡神影向図（図13）と称する作で、ある殿舎の一角、外陣から内陣、あるいは庇の間から外陣を両者の間の仕切りの壁にあけられた入口の板戸を開いて眺めた構図になっている。開かれた板戸の内側に左方へややうつむき気味で横顔をみせ、去ってゆく大柄の僧形と右側板戸に近く把笏蹲《そん》踞《きよ》してこの僧形を見送る文武二官の像を描く。たんなる殿上の人物点描でなく、全体に一種の神秘感をただよわした絵である。景山氏はこれを宇佐八幡宮で和気清麻呂が託宣をうけるところであると解せられており、確かにこの図には説明的な要素が大きな比重を占めている。これほどまでに物語的・動的情景を捉えた礼拝対象の製作は本地垂迹の関係が縁起物語の形で盛んにとかれるようになった鎌倉時代の傾向をよく反映しており、作品自体、様式からみて鎌倉末と推定される。仁和寺のいま一幅は中央に如意をもつ僧形八幡坐像、左右に女神二体の坐像を配する三尊形式で稚拙な感じの作。脇侍は神功皇后・仲津姫と思われ、応安元年（一三六八）十月十五日の修理銘があって鎌倉期の作と知られるが、たんなる仏画の三尊形式と異なり、神影図が一体以上あらわれるのは物語的・説明的要素のいっそうの発展を意味し、いわゆる神道曼荼羅の形式へとつながるものである。

図 13　僧形八幡神影向図（仁和寺蔵）

八幡曼荼羅の成立

この曼荼羅形式への発展を思わせる例として有名なのは、鎌倉末期の作と覚しき徳川美術館所蔵の一幅と石清水八角院の一幅（図14）があげられよう。前者は円光を背にした僧形八幡坐像の前左寄りに黒袍束帯把笏の坐像人物が描かれ、八幡大神に仕える武内大臣と思われるが、後者は武内大臣のほかにこれと向い合うごとく黄櫨染の袍に束帯の坐像と十二単衣の官女風貴婦人坐像を並べ、この二体は背後に屏風を立てている。けだし八幡若宮と比咩大神と解するのが妥当であり、僧形八幡神の背景上方には石清水境内とみられる緑樹紅葉の風景を点描させ、さらに空高く瑞雲を配して神域の気分を出しているところ、八幡曼荼羅とよばれるにふさわしい構図をみるであろう。

申すまでもなく曼荼羅はインドにおいて仏陀が正覚を得られた自証の境地、つまり一切の煩悩や業障を断たれた境地を原義とし、それを観想としたもの、さらにそれを図絵したものをも指し、したがって神聖な仏の道場または壇を意味する。そこでは仏自証の境地から無数の仏菩薩が顕現して密教的世界観を示すのであるが、梁代（五〇二―五五七）に編まれた『牟梨曼荼羅経』においてはじめて形像的に説かれ、それにもとづいてつくられた曼荼羅の前で香華・飲食等の供養を行い印を結び、真言の呪法を修するとき、世間の願望を成就せしめ、あるいは成仏しうると考えられた。こうして曼荼羅を本尊とする密教特有の宗教儀礼は平安密教の発展とともにおおいに流行し、やがては習合信仰の儀礼にもこれをまねて数体の神仏像を配した仏画を考案してまつる風を生じたので、われわれはかかる類の絵画を概括的に神道・垂迹あるいは習合曼荼羅と呼ぶのである。元来教義・世界観ないし儀軌をあらわすものであった密教の曼荼羅は、浄土教など顕教の思想を図式的に説いた変相

図 14　八幡曼荼羅（八角院蔵）

図15　八幡若宮神影図（加藤正治氏蔵）

図や習合信仰の説明的絵画にまでその名称が拡張使用せられることとなって、おおいにその意味は変転を遂げた。鎌倉時代、石清水八幡宮検校法印田中宗清がその子行清に与えた譲状目録に「仏菩薩目録」があり、その目録中に一幅の習合曼荼羅があった。景山氏の紹介されたところによると、これは聖観音礼拝本尊として奉掲されたもので、この前で真言二百返、名号三百返が唱えられ、大菩薩のためとくに『心経』十巻が読まれた。曼荼羅の図様は八幡大菩薩を本尊とし、三宝・不動・塔・尊星王・泰山府君・虚空蔵・愛染王・聖天・高良・若宮・薬師・聖観音・炎魔天・惣神などが一幅に描かれていたのである。石清水の本殿・末社・神宮寺など諸殿舎にまつられた神仏を網羅したような図で、石清水八幡信仰の総観的図式の意味をもっていたに相違なく、まさに八幡曼荼羅とよぶにふさわしい作品であったろう。

なお八幡信仰に著しい若宮信仰を反映するものとして俗形の系統をひく若宮神影図（図15）が中世に入ってあらわれる。加藤正治氏所蔵の若宮影像は天子の衣である黄櫨染の袍をつけた貴公子風の把笏束帯坐像で屏風を背に、上方色紙形には「和光同塵結縁之初、八相成道以為其終」の句が掲げられる。京都東福寺山内栗棘《りつきよく》庵の八幡若宮影像は幔幕を張りめぐらした下にみづらに結い、小さな花形の飾りをつけて顔の両側に毛をたらしたあどけない束帯姿ですわっている構図。かかる若宮のみの図は神の霊威の若がえり・再生を象徴する意味でまつられた場合を想像しなければならないと景山氏は論ぜられた。と同時に若宮が主神より些々たる祈願の利益は極めてすみやかにあらわれるところからまつられたり、大菩薩の影像を並べて奉掲礼拝される曼荼羅的使用も想像されてよいであろう。

高野・清滝の神影図

八幡神影についてはひとまずこの辺で措く。山岳の神祇として吉野水分神の彫像・影像は第九章でのべたから省略し、高野山の丹生・狩場両明神像に注意しよう。現在金剛峯寺に所蔵せられる二幅（図16）は鎌倉末の作と推定され、狩場明神は狩人姿で弓矢を執り、黒白二犬を従え、面貌は鋭い眼光、筋ばった肉付をみせ威厳が感ぜられる。頭上月輪中には蓮花にのる金剛界大日の種子を出す。丹生明神は襖を背に十二単衣の女官姿で上畳に坐し、上方中央の月輪中、蓮花にのる種子は胎蔵界大日である。平安中期、安和元年（九六八）の頃に成ったとみられる『金剛峯寺建立修行縁起』や、これよりやや早い頃偽作されたと思われる『弘法大師二十五ヶ条遺告』を総合すると、弘仁七年（八一六）大師は禅定の霊崛を求めて行脚中、大和国宇智郡で二匹の犬をつれた狩人に遭い、名を問うと「われは南山の犬飼、領知するところの山は万町ばかり、その中に霊瑞の平原がある。ここに住むなら助けてあげよう」とて姿を消した。それより紀河のほとりに至ったところ一人の山人があらわれ、大師を案内して狩人の教えた場所につき、みずからこの山の山王と名のり「この地をあなたに差上げよう」といった。よって日を改め登山する途中、天野宮の近くに泊ったところ、巫祝に丹生明神が託宣して大師の来山をよろこび、土地を提供する旨をつげた。丹生明神は今日山麓にある丹生都比売神社の主神であり、狩場明神はその御子高野明神にほかならない。金剛峯寺にも十二世紀には高野・丹生両明神の鎮守が置かれ、高野山が金胎両部の大日垂迹の霊地であるとされる（『高野山順礼記』）。空海は金剛峯寺草創にあたり高野山一帯が古代からの祭祠である天野社の境域であるため、神官である天野祝（丹生祝氏）の抗議をうけ、その際丹生氏はこの土地支配を裏付ける書類として『丹生祝氏文』

図 16　狩場・丹生明神影図（金剛峯寺蔵）

『丹生大明神吉門《よごと》』の二つを提出した。そこで空海は朝廷や紀伊国造に運動して天野社領の譲渡ならびに同社の鎮守化に成功した。そこには神祇実類観による本地垂迹思想をもち出して中央要人を説得したこともあったであろう。かくて空海寂後、平安中期に至り、高野山が金剛峯寺を中心とする真言密教教団の所有であることを後々まで確認させるために大師御遺告《ごゆいごう》の類が偽作せられ、その中で『丹生祝氏文』や『丹生大明神吉門』の一部が引用され、あるいは作りかえられた。狩場明神のつれている黒白二犬が右の丹生氏の文献に品太《ほんだ》天皇の御代淡路国三原郡の白犬一頭、紀伊国大小黒犬二頭献上の記事があるところから思いつかれたのは一例である（西田長男氏「丹生祝氏文と弘法大師遺告」）。

真言系の神影図としていま一つの特異なのは、畠山記念館所蔵の醍醐寺清滝《せいりゅう》権現図（図17）である。この神は日本固有の神祇でなく、空海が入唐求法にあたり青竜寺鎮守竜王を勧請し、高雄神護寺境内にまつり、ついで寛治三年（一〇八九）四月、醍醐寺三宝院勝覚の夢想により上醍醐に迎えられ、ついで承徳元年（一〇九七）四月、下醍醐に勧請されて長く醍醐寺一山の鎮守となった。山水風景を描いた襖をさっと開きあらわれた清滝権現は勝覚の夢想（『醍醐雑事記』）の通り、吉祥天女のごとき感じの女神ながら、やや眉をつり上げたいかめしい相貌で、金冠を頂き、浮線綾の白袿に桐竹文の緋袴をつけた服装で、向って左手に如意宝珠を持ち、右手は軽く柱にかけている。閾《しきい》の手前、右方には一人の竜女が立って権現から賜わった一冊の書物を捧げている情景で、童女があまりにも小さくあらわさ

れているため、権現が巨大な畏怖感を伴う姿として映ずる。まことに説明的なこの図は、上方に書かれた、

元久元年四月十八日奉レ見レ夢清滝御体也、以二此童女一賜二此草子一、外題云、賀宇夜具《かうやく》野新類之布美《のしるしふみ》云々、此御体持物等不レ違二口伝一、此後殊信敬之思切也、

の讃から理解できるので、権現が童女に香薬の秘伝書を渡されたところである。これらはすべて口伝によって図絵されたのであるが、権現が手にされている如意宝珠は、この神の

図 17　清滝権現影向図（畠山記念館蔵）

機能を示すものであったろう。このほか外来神をわが神祇と同様にみて習合的な影図としたものに次章のべる延暦寺の摩多羅神・赤山《せきざん》明神、三井寺新羅《しんら》明神などがある。しかし清滝権現の場合においては夢中感得像と称する定形を破った構図で、それだけ独特な日本的発想が強くあらわれる。

春日社の神影図と習合曼荼羅

春日社の神影図にもそれがあって、その第一の例は藤田美術館所蔵するもの（図18）、関白鷹司冬平が自邸の庭で春日明神より書物を授かったとの夢想を絵所預《あずかり》高階隆兼に書かせた。すなわち俗体で黒袍の束帯を着し、両眉の牛車にのって鷹司家北面の庭に影向《ようごう》せられたとの夢想を描いたので、牛車が止って轅《ながえ》が榻《しじ》にかけられ、車中より明神が把笏束帯姿で前へ降りようと身をのり出される情景であるが、明神の胸から上には遣り霞がかかって、見えぬようにしてあるところに神祇影向の雰囲気を遺憾なく描き出している。車の下あたりには秋草が美しく咲き、王朝的気品を添えるものがある。遣り霞の上方には五所の祭神の本地仏が円相中に入れられて並んでおり、本地垂迹画の特色をみせている。向って右より釈迦・薬師・地蔵・十一面・文殊で、一宮より五宮までのそれぞれの本地に該当する。正和元年（一三一二）九月の年号があって『春日権現霊験記』とほぼ同じ鎌倉後期の作である。冬平が授かったとみた書物とは、たぶん彼が平素から祈念していた歌道の上達で、その秘伝書を意味したかもしれない。

第二の例は鹿曼荼羅といわれ、また鹿島立御影ともよばれる作品、春日神社および徳川美術館にあって、ともに白鹿の背に束帯の貴人が乗り、上方には円鏡をかけた藤の木を、

図 18　春日明神影向図（藤田美術館蔵）

下方には狩衣姿の随身二人が控えている構図である。中世に編まれた『春日社記』や『建久御巡礼記』によると鹿島を神護景雲元年（七六七）六月二十一日御出立、中臣時風・同秀行を供に鹿に乗り、柿の枝を鞭として伊賀国名張郡夏身郷一瀬河につき御沐浴、鞭を立てて御影向のしるしとされた。その鞭樹となって成長した。それより同国薦生中山に数カ月御滞在、お供二人に焼栗を賜い、汝ら子孫は断ゆることなく仕えるならば栗が殖えるだろうと仰せあり、栗が生えて成長したので二人は中臣殖栗連と称するに至った。同年十二月七日、大和国城上郡安部山に降り、ついで同二年正月九日三笠山に垂迹された。こうした伝承が鹿曼荼羅にあらわされているのである。徳川美術館のは室町期のもの、春日神社の一本（図19）は永徳三年（一三八三）八月十三日にはじめて九月三十日に完成した二条英印の作である旨の銘がある。鹿島明神の服装は桐竹鳳凰文・黄櫨染の袍束帯で笏を持し、剣を佩き、やや前かがみ、上方の円鏡中には五座の本地仏を金泥で描き、円鏡のさらに上方、三笠山が展開して山の端に月がかかっている。円鏡を支える木に咲く藤の花もこれに応じて美しい。まさに『春日権現霊験記』に、

　秋津州の中、山野多けれども月光も三笠山にしかず、花の匂も春日野に勝たるはなし、

とあるところをそのまま図にした感じである。

　それに反して春日明神の騎乗しない鹿とその上に神木を描いただけのものがある。陽明文庫や宮地直邦氏蔵の作品（図20）で、前者の神木は榊、円鏡なく、遣り霞の間に三笠山

図 19　春日明神騎乗神影図（武内孝二氏蔵）

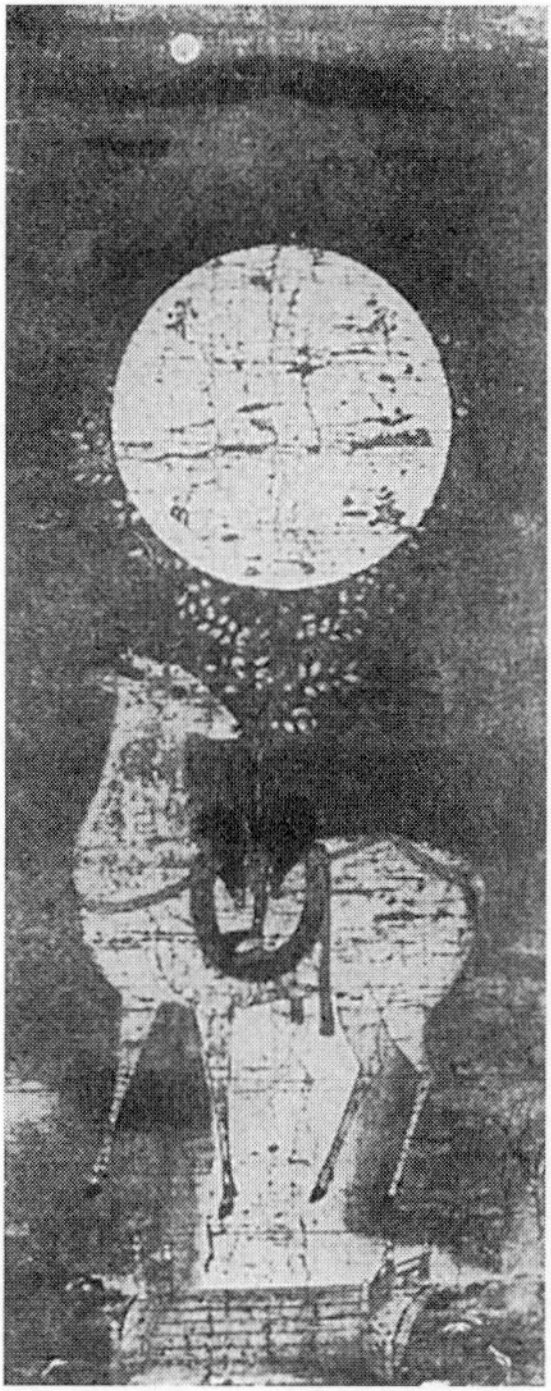

図 20　春日鹿曼荼羅（宮地直邦氏蔵）

や梅花樹木が隠見する神域を描出し、後者は榊の神木上に四宮の本地仏十一面観音をいれた円鏡が置かれ、その上方に優雅な三笠山の山容をみる。前者は左上方の色紙形に、鹿島明神（第一宮武甕槌命）が法相三千の学侶のため神護景雲戊申歳に春日里に和光垂迹し、本地は盧舎那仏である旨を記した讃が読まれる。両者とも鎌倉末の作で遷座の際の儀式に用いられる古い神籬《ひもろぎ》の形式をとりいれたので、讃文にあるように、鹿の背上に立てられた神木に神が憑依して渡御することを意味する。したがって思考の順序としては騎乗の神の姿が描かれたものより古いわけだが、曼荼羅として製作されたのが必ずしもこの順序によるとはきめられない。

鹿曼荼羅で異色あるのは恵光院の作品（図21）で、膝を屈して左斜めにすわる鹿の上に蓮花座が乗り、その上に鹿島明神の本地不空羂索観音が坐する図、恵光院は現在、近江国坂本にある天台の寺院で、箱書から、もと大和の唐招提寺舎利殿の什物であったと知れる。公家の間で鹿は平安末にはこれに遭うのが吉祥とされ、中世では本地垂迹思想の影響をうけ神聖視する風が一段と盛んになり、明神感応の象徴とされた。春日明神の形像や曼荼羅もこれと併行し、すでに院政期には公家のイメージとして育ちつつあったと思われるが、天永元年（一一一〇）六月十五日、藤原為隆が興福寺へ参詣のとき、中金堂南壇上に春日大明神を奉拝した旨その日記『永昌記』に述懐しており、春日神像の所見としてもっとも早いかもしれない。ただし彫像か影像かはっきりしないものの、仏堂にまつられていたとすれば、影像図であった可能性がつよい。降って承安五年（一一七五）には『春日古社記』によって本地の形像が明らかになっているので、すでに絵図はつくられていたのであろう。『春日権現霊験記』には摂政藤原基通が「世の中にひろまりたる垂迹の御体の曼荼羅もこの御夢におがませ給たりけると申つたへたり」と基通夢想感得説をのせている。また基通の叔父九条兼実は寿永三年（一一八四）五月、春日社頭の図一幅を斎戒沐浴して奈良僧正のもとよりとりよせ礼拝し『心経』転読を行い、建久二年（一一九一）九月二十七日には春日社宝前で不空羂索・薬師・地蔵・十一面二体の五本地仏を描いた一幅を供養している。景山氏は

図21　春日曼荼羅（恵光院蔵）

『法成寺諸堂扉注文』を引用し、道長のたてた法成寺の扉には春日社頭・三笠山の風景を描き、上方に明神の御正体として釈迦・薬師・地蔵・観音・文殊、五尊を掲げたものがあるとのべているが、まず神影図・曼荼羅図とも院政期に入って流行しだしたとみてよいのではあるまいか。しかも遺品の数から推察して春日社の習合図は神影図より社頭の風景をとりいれたいわゆる宮曼荼羅が多くつくられ利用せられたようである。

宮曼荼羅として比較的古い作は根津美術館の蔵品で、治承（一一七七―八〇）以前の社頭図と呼ばれ重衡の焼討以前の状態をしのばせる貴重な資料とされる。簡素な春日造が瑞垣の中に四棟並び、瑞垣の外側正面に鳥居が一基立ち、その下方に四脚門を開く。その前には若宮の社壇や末社三十八所神社などが散在し、樹木や神鹿を点綴させる。上方には本地仏四体の種子をいれた四つの円相が並ぶ。要するに全体として簡古な趣が看取される。これが中世に入ると柳原義光氏所蔵品（口絵）に典型的にみられる華麗極まる図様になる。中央斜に社殿の一画があり、その左右上下すべてに青色の霞が幾重にも棚引き幽玄感を出している。下方一の鳥居を入り流れを渡ると左に東西の塔がそびえ、桜花・梅花の咲きかおる霞の下をぬけてこの鳥居に達し着到殿をすぎ、末社の一群を左にみて本殿の楼門前に着く。本殿は胡粉地に朱をもって描かれ、新緑の樹々と相映じて美しいが、上方三笠山よりあらわれた金泥色の巨大な月はこの美しい社頭の風光を夜景の下に照し出し、まさに寂光浄土さながらの浪曼的雰囲気を盛上げている。本地仏も種子もまったくないこの室町期の作は、純然たる神道的趣向になるようにみえながら、巨大な真如の月の描写によって習合曼荼羅の基調は遺憾なく発現されている（拙著『浄土教芸術と弥陀信仰』二三三ページ）。しかし習合曼荼羅の本領として本地仏が描かれるのはむしろ当然であり、そうした作例の代表としては能満院の鎌倉期になる一本（図22）をあげよう。柳原本における遣り霞にかこまれた社頭の風景は下方へおし下げられ、上方半分の画面には浄土変相図つまり華麗な楼閣を背後にした浄土の五菩薩を出し、精巧な截金《きりがね》文で仏身を荘厳している。これら本地五菩薩の下の宝池には歌舞菩薩が管絃に興じ、その左下に小さく第三殿（天児屋根命、本地地蔵菩

図22　春日宮曼荼羅（能満院蔵）

図23　春日地蔵尊曼荼羅（三井高陽氏蔵）

薩）から立上る雲に乗って往生者を引導しつつ浄土に向う、いわゆる「帰り来迎」の地蔵菩薩を描出する。けだし『春日権現霊験記』に解脱上人貞慶の弟子璋円が春日野の地獄から地蔵に救われて往生する話があって、それに取材したものであろう。春日の地蔵信仰についてはすでにのべたのでいまは割愛するが、ここに春日地蔵尊曼荼羅と称するもの（図23）がある。二、三の作品が知られているうち、篠原純治氏の所蔵品をとりあげてみると、中央大きく雲に乗り来迎し来る地蔵菩薩を出し、下方には閻魔王と司命・司録の二人を添えるものである。前章でのべたように春日明神は閻魔王として懲らしめに春日野の地下の地獄に堕した人間を地蔵と化してまた救済されるとの三位一体の信仰がここに図画されているのである。春日信仰、六道能化の地蔵信仰、それに冥府の十王信仰が習合した独特な習合曼荼羅である。なお奈良県王寺町久度神社の春日曼荼羅は普通の宮曼荼羅に属し、ただ本地仏を下半分にまとめて描いた点がちがっているだけだが、この曼荼羅の箱書に「春日講本尊箱、和州広瀬郡久度郷堀内、文明八稔丙申八月日」と記され、春日講という地域社会の信仰結社で本尊に使用されていた事情がわかって興味深い。この時代にはたんに公家貴族のみの礼拝物ではなかったのである。

熊野および吉野・金峯など修験関係の曼荼羅

春日社に比し祭神組織や祭祀地域の広さにおいてはるかに規模の大きい熊野の曼荼羅はそれだけに複雑かつ多様なものがあった。もっとも普通な形式は本地仏か垂迹神像を中心に配列したもので、代表例として温泉神社所蔵、室町初期の作（図24）をあげよう。上半は雛段式に、三段を区切り、上段は唐装女形の結宮、唐装男形の早玉宮、同じく家都御子神、唐装女形の若宮の順に左から右に並び、めいめい上に円相に入った本地仏を掲げる。中段は左より児宮・禅師宮・聖宮・子守宮の四体を垂迹形は小さく、本地仏は大きく配し、下段は神蔵愛染明王・勧請十五所・阿須賀大威徳、その壇下に飛行夜叉・満山護法・米持

図24　熊野曼荼羅（温泉神社蔵）

金剛童子等と眷属を出す。けだし新宮中心の曼荼羅であるため金峯山関係のものは示されず、那智の飛滝権現も小さく描くに止まる。一番下に楼門を設け、これを入って橋を渡った所に切目・岩上・発心門の諸王子を点散せしめ、参詣沿道をあらわす。総体に熊野曼荼羅としては簡単な構図に属する。いっぽう高山寺所蔵本は宮地本（図25）のごとく正面に胎蔵界曼荼羅の中台八葉院を模した八葉の赤蓮花を描き、蓮花の下部に四所宮をその下に参詣道中の王子を九体あらわし、図の上方には重畳する山岳を配してその間に蔵王権現・役行者・神倉・阿須賀・那智の諸社を点在させる。温泉神社同様、神倉・阿須賀の二社は新宮の末社ゆえこの図も新宮系の作、ただ上方に山岳を描いて金峯・大峯修験道場の気分をいささかかもし出している。この中台八葉院の構図も金峯を金剛界、熊野を胎蔵界曼荼羅と観ずる両部思想からきているのはもちろんで、たとえ小さくとも熊野諸神とともに金剛界の代表者である蔵王権現を描出する必要があったのである。前図同様、鎌倉期の作である聖護院所蔵の一本は最上欄に両部曼荼羅を置き、次の欄に蔵王権現や七星を伴った那智の滝（飛滝権現）・神倉・阿須賀はじめ眷属諸神諸天、次の欄に熊野三所と八所の諸神、

図25　熊野曼荼羅（宮地直一氏旧蔵）

最下欄に参詣途次の諸王子と智証大師を配するもので、幾何学的な両部曼荼羅と熊野三所および八所をまつる社殿の並列がこの作品を特異な感じのものにしている。社殿に安置の諸神や最下欄の王子はほとんど俗形にあらわされ、社殿より上の欄の眷属諸神諸天は本地形となっている。両部思想を強調し、かつ那智の信仰をも比較的大きく表現し、智証大師をも含めたところに、新宮系とはいえ、寺門派修験道の意義が強く看取される作例である。このほか聖護院にはやはり同時代頃のもので大峯の山々や那智の滝をいっそう大きく取扱った一本がある。

つぎに那智を中心とした習合図には風変りなのがあって、一つは熊野に珍しい単独の祭神をあらわした檀王法林寺所蔵熊野神影向図（図26）である。図上の讃文よりして鎌倉末の製作と覚しく、証誠殿の本地阿弥陀如来が上半身を雲上に出現するところで、これは奥州名取郡の熱心な一老女の信者が七十歳で四十八度目の熊野詣をなし、那智浜宮へ来たとき紫雲の中に弥陀の尊像が出現し、結縁の望みを達したとの物語に由来する。上方、色紙形の讃文に、元徳元年（一三二九）秋、老女の沙弥尼思心のため円覚寺の住持南山士雲が筆をとったとあり、したがって図はそれまでに描かれたのである。涌上る銀色の雲の上に截金文に輝く弥陀が半身をみせ、円光背は五彩の虹のごとく幻想的で、その上方に山が起伏する。また図の下方にも樹木の生える山を描き、右側小さく浜宮と鳥居、それにこの弥陀を拝する老女、および従者四人を配する。同じ図は法林寺のほか伊勢神宮と熊野本宮に奉納された旨、裱背《ひょうはい》の墨書にあり、のちこれをもとに描かれた図が高野山高室院や神奈川県藤野町の正念寺にあり、広く流布したようであるが、何の説明もなく単純に弥陀信仰の本尊として拝するだけでも魅力のある絵であり、優雅な日本の自然とささやかな祠《ほこら》を伴っている点に、習合的雰囲気をもって庶民に親近感を与える要素が秘められていたのである。修験臭や密教臭をはなれたこの影向図は、熊野信仰の庶民的一面を語るものとして貴重である。

つぎには有名な根津美術館の那智滝の図（図27）があげられねばならない。もとより滝

図 26　熊野神影向図（檀王法林寺蔵）

を飛滝権現の神体として礼拝するために描かれたので、滝が落下する断崖上の鬱蒼たる山容をまず上部に展開せしめ、その幽邃な山林を出た渓流が絶壁にかかるや一路直下して瀑布となり、下方に至って崖に大きく砕けること二段、滝壺の岩間をぬって流下する。その渓流の両側にはさながら瀑布の線と併行するごとく端直な杉が二、三本立ち、その一本は瀑布の中心線を僅かに右によったところに描かれる。滝壺の側に小さな拝殿があり、近くの卒塔婆は弘安四年（一二八一）亀山上皇御幸の際の建立と伝えるから、それに近い頃の作であろう。写実的な画風も認められながら、瀑布の端正な流水の線、絶壁岩角の侵しがたい威厳に満ちた線、幽玄な樹木のたたずまい、これらはすべて図の宗教的崇高さを盛上げる

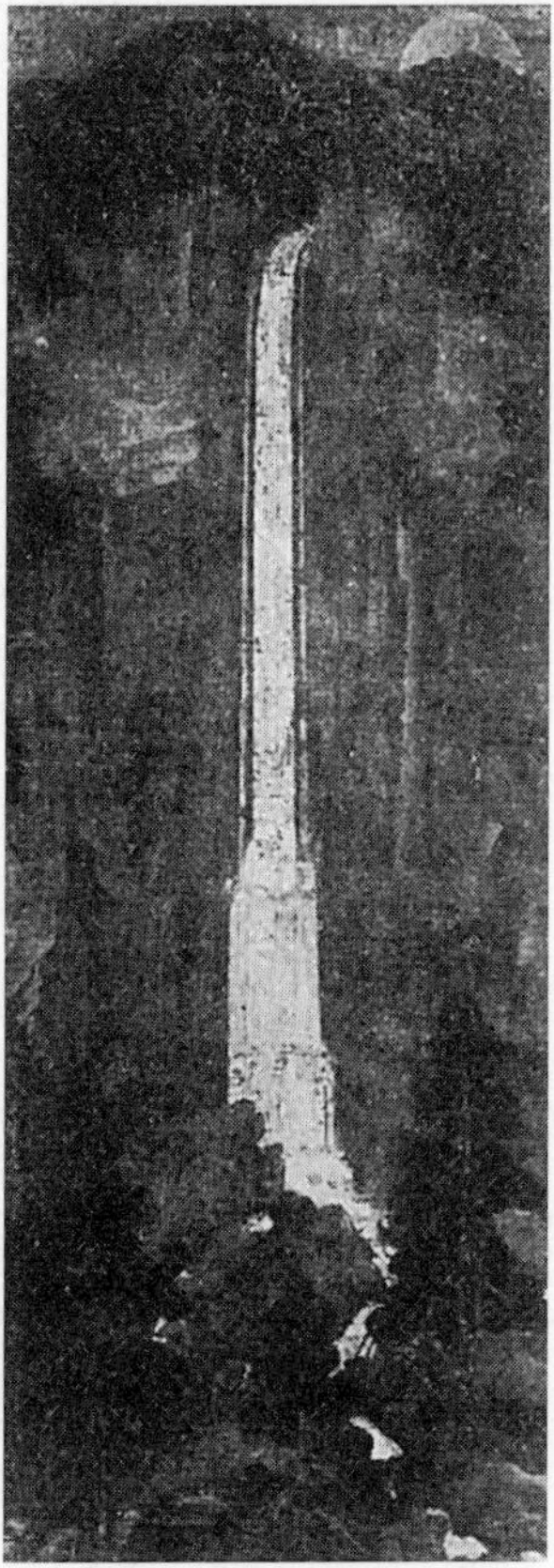

図 27　那智滝図（根津美術館蔵）

のに十二分の効果を発揮しているし、加えて上方深く緑樹に蔽われた山の端に顔を出した金色の日輪（とも真如の月輪ともみえるこの円光）は習合画・垂迹画としての性格を決定づけている。実際じっと見入れば見入るほど、不思議とその神秘の世界に吸い込まれゆく稀代の傑作というをはばからない。

転じてこれとまったく趣の異なる闘鶏神社の熊野曼荼羅（口絵）をみよう。社参曼荼羅とも呼ばれるように、上記の本地や垂迹形を並べた神仏中心の構図でなく、風景画ないし風俗画的要素を多くとりいれた作である。縦一五二センチ、横一六五センチの大幅であって、製作期は裏書の慶長元年（一五九六）二月十三日の銘から桃山期の作と判明する。室町時代には熊野・伊勢など著名な霊場ではことに修験行者の広範な活動性を利用して霊験利益を宣伝し、民衆の参詣をすすめ、道中の案内、宿泊の斡旋をする御師を各地に派し、社頭の模様を披露した曼荼羅図をそのために携行させた。この図はそうした事情から生れたので、図の左上方には那智神社の五社殿・礼殿・八神殿・御供所がみえ、五社殿のうち左から二番目を少し大きくしてあるのが結宮で、扉口の翠簾《すいれん》に扇形の御正体鏡が懸けられ、その正面の門に神使の烏二羽がとまっている。白砂の庭上に束帯で威儀を正して笏を立てる後鳥羽上皇はじめ供養僧、供奉の公家、山伏・巫女らが並び、右端に御乗車を止め、いよいよ御経供養が行われようとする場面を示す。上方右には那智の瀑布がかかり、滝壺では荒行の文覚上人が不動明王に救われるところを描き、下方右には補陀落寺が建ち、下端の海にのぞんで日本第一の額をあげた大鳥居が望まれ、その前の海岸に補陀落渡海の舟が浮んでいる。これは同寺の住僧が重病になると補陀落渡海と称し、舟に乗せて海上に放つ慣習を紹介したもので、描かれた舟は真中に瑞垣と屋根でつくった室に渡海の僧をいれ、四方に鳥居をたて帆があげられている。すべて遠近法を無視し、平盤的な描写で雲や霞の区切りをもって熊野三山各地の霊場を組合せ表現したので、至るところ山伏や参詣者を点描させて民衆の理解を容易にし親しみをもたせるよう工夫し、もって絵解の効果をはかったのである。図の上端左右に日月を掲げて宗教画の雰囲気を出しているものの、庶民的世俗性が支配的となっているのは蔽うべくもない。

　熊野曼荼羅を見来ったわれわれは当然それに隣する吉野・金峯を中心とした曼荼羅にも目をむけねばならない。いずれも室町期の作ながら大和郡山市金剛山寺と奈良市西大寺の二幅を作例としてみるに、いずれも中央に磐石を踏み片足をあげなじみの姿勢をした蔵王権現を置き、前者は右側に上から役行者・金精大明神・牛頭天王・大南持（大己貴）、左側に上から雨師大明神・三十八所神・子守明神・早馳明神、中央下方に天満天神・子守宮・矢護若宮をすべて垂迹形で描く。後者は上方に金峯山の山と八大童子を出し、右側は上より金精大明神・役小角・子守明神・佐抛明神、左側、牛頭天王・八王子・勝手明神・天満天神で、すべて垂迹形、蔵王権現の下に若宮二体と銅燈籠を配する。遺品として古いものは吉野如意輪寺にある蔵王権現安置の厨子内扉および奥板に描かれたもので、延元元年（一三三六）正月十六日の年紀がある。七社の祭神と役小角ならびに四季の金峯山を四枚の扉に分って描いたところへ二体ずつ分けて配置してあり、奥板には大峯の山に八大童子を出している。近世には吉野・熊野両曼荼羅を一対にした木版刷ができて普及した。熊野より吉野へぬけるのを順の入峯、その反対のコースを逆の入峯とよんだので、この一対の木版画は順峯・逆峯の本尊として礼拝されたのである。吉野・金峯の信仰で祖師的存在と仰がれる役小角についても、当然習合的絵画はつくられたのであって、数点の遺作が知られる。日光輪王寺のは鎌倉時代で作もっとも古く、檜の横長い板に山岳を背景に岩にかける役行者を中央に位置せしめ、両脇に八大童子と前鬼・後鬼を配する。白髪、長いあごひげの老体で袈裟をつけ独鈷と錫杖（あるいは巻物・杖・珠数など）をとり、頭巾を被り毛皮を背負い二本歯の下駄をはく役行者の姿は中世より固定した感があるが、彫像・図像ともに鎌倉時代をさかのぼらない。輪王寺のは元徳三年（一三三一）卯月七日に東寺流の密教僧が施入した旨の銘文がある。室町期に成る醍醐寺や聖護院の作品は犬や虎・獅子が加わり、中国風仙人の感がつよい。

山王曼荼羅

製作数の上で上記諸曼荼羅を圧倒しているのは日吉山王曼荼羅であろう。百八体もの厖大な祭神組織をつくり出した日吉社は、複雑な教義の展開とともに、多彩な習合曼荼羅をのこしたのである。本地仏または垂迹神を中心とした形式が大半を占めるが、描かれたものは上・中・下各七社の祭神二十一柱を出でず、多くの場合上七社の大宮(大比叡)・二宮(小比叡)・聖真子・八王子・客人・十禅師・三宮の七柱をもって代表される。文献上の初見としては、九条兼実の日記『玉葉』の元暦元年(一一八四)十二月二日の条に、尊忠僧都が日吉御正体図絵一幅を持参し、求めによって兼実がこれに銘文を揮毫した記事があげられ、平安末に山王曼荼羅は発生したものと認められている。鎌倉期の作品は数多く、本地仏中心としてもと観音寺蔵本(図28)をあげよう。大きな社殿の中に大宮を中心として七社の本地仏を周囲に配し、胎蔵界曼荼羅の構図をとっている。下方、外陣両脇に不動・毘沙門を立て、縁側に勾欄をめぐらし、中央には勾欄のついた階段がもうけてある。最上方には上・中・下七社祭神の種子を入れた三円相が並ぶ。整備した形式と堅実な筆法は山王曼荼羅としてのオーソドックスな感じを与える。東京国立博物館のも似ているが、下方階段に二匹の神猿を出していて、日吉社の特色をいっそう強く印象づけている。珍しいのは根津美術館にある厨子内部の板絵曼荼羅である。この厨子は奥行が浅く、中に礼拝対象になるものは入れず、まったく内部の板に描かれた曼荼羅を拝するためのものであった。奥板の中央には上七社の本地仏、その上下に中・下の四社の本地仏を描き、左右の扉に六社の本地仏を出している。忿怒の三神は火焔、他はすべて三曲屏風を背にして礼盤上の蓮華座に坐する形である。任意のところに立てて礼拝できる便利な曼荼羅図として工夫されたのであろう。

垂迹形中心の例としては浄厳院所蔵品（図29）が有名で、捲簾・戸帳をみせた社殿内に、上段は七社の祭神を大きく、下段に中・下七社の祭神六柱をやや小さくあらわす。外陣高欄近く一対の狛犬と天台の天台・伝教・慈恵三大師を出す。神像衣紋には截金をもって彩色し、絢爛たる感じの作である。こうして諸神諸尊を並べながらも背景は社殿にせず、大

図28　山王曼荼羅（観音寺旧蔵）

きく社頭の風光自然に代えたものが百済寺や霊雲寺の所蔵品（口絵）である。前者は本地仏として上七社と中七社のうちの早尾一社の計八体を点在させ、それら本地仏の脇に小さく垂迹形を十三神配置し、後者は上・中・下二十一社にわたり本地仏のみを小さく点在さ

図29　山王曼荼羅（浄厳院蔵）

せたものである。上方に八王子山が仰がれ、前者は緑樹紅葉の織成す林間に丹塗の三橋をみせ、後者は松桜に三橋を配した風景で、いずれも神仏像が自然によく融け込み、山王曼茶羅独特の浄土的環境を展開している。同様社頭の自然を背景にしながら上七社と中社の三神計十体を社殿の中に安置された円鏡中の本地仏としてあらわした類の少ない作例が大和文華館の蔵品（図30）にみられる。社殿は大きく散在的に配置され二カ所に楼門もみえ

図30　山王宮曼荼羅（大和文華館蔵）

図 31　山王宮曼荼羅（細見亮市氏蔵）

る。社殿は大小あるものの、ほぼ画一的で、正面階段に神猿を、社殿の掾に一対の狛犬を置き社前に棕櫚樹が立っている。山王曼荼羅で遺品の少ない純然たる宮曼荼羅形式のものとしては細見本（図31）が知られる。山王社の神域全体を俯瞰した構図で正面に八王子山を大きく出し、左に比叡山、右に比良・伊吹の雪山をみせ、琵琶湖岸が下端にひろがっている。その間多数の社殿・三橋・山王鳥居・大宮川など克明に描き出し緑樹の茂る間に桜花をみせ、本図を拝する者に参詣意欲を起させる効果は十分である。上部を仕切って山王二十一社の本地仏・垂迹形ならびに種子が示され、説明的に行き届いた配慮がうかがわれる。文安四年（一四四七）四月に描かれ天正二年（一五七四）十月十九日修理された旨の銘文がある。これに似て異色の山王秘密曼荼羅なるものがある。これは室町時代頃から日吉社の祠官と山門の公人（剃髪のまま妻帯し叡山山麓の坂本に住み俗世間的事務や警備の役に任ずる人々）たちにより日吉社百八社の全祭神を巡礼し、山門秘密の行法を修して国土安穏・五穀豊饒を祈る際の礼拝対象にしたもので、いっそう多数の社殿が点綴し、社頭景観は詳細に示されている。裏書墨書銘によると乱世で日吉行幸がないため、弘治二年（一五五六）図絵して当時の状況を天覧に供したとある。

一般に山王曼荼羅は景山氏によれば、山王本地供と称する修法の本尊となり、また天台の修法儀式に際しまず山王諸神に供饌してから始めるための本尊として使用せられる関係上、天台寺院に数多く遺存していると考えられる。いまも坂本には山王礼拝講の行事がのこっており、曼荼羅は毎年頭家をきめて順次持ちまわりで護持し、そのためこれを「めぐり本尊」とも呼び、講を「めぐり講」とも称するのである。

宮曼荼羅の諸相

宮曼荼羅とよばれる社頭境内中心の習合図にはなお若干注目すべきものがある。その一つは八幡曼荼羅である。有名な栗棘庵のは遠近法を無視し俯瞰的かつシンメトリカルな幾何学的構図をもつ。上方屋根に鳩のとまった社殿は青い簾が下って、三つの階段の上端両側におのおの一対の狛犬が置かれる。下方廻廊を両側に出した楼門まで中央に石畳が敷かれ、中央に黒塗の案と礼盤、その上方犬垣近く白木の神饌案三脚が用意されて、これから神前読経でもはじまりそうな雰囲気である。石畳の両側に摂末社六社がならび、それぞれ社殿にも狛犬がみえ、軒先に鏡が懸かっているのに気付く。まったく神仏像を見せないためにかえって清浄かつ静寂な聖域の気分を出しえた手法は、けだし非凡な画技の然らしむるところであろう。これと似て本地仏を出した構図をとったのは井上家の所蔵品（図32）で同じく鎌倉期と判断される。正面神殿には円相に入った弥陀・観音・勢至の三尊を並べ、めいめい前に一対の狛犬と階段をつけ、中央下端まで白い石畳とし、両側に二社ずつ計四社の社殿を配し、中に円相の本地仏を安置する。これらは武内社の阿弥陀如来、今若宮の十一面、姫若宮の勢至、若宮の観音と判断されている。石畳には栗棘庵の案や礼盤に代って神人や武士などの参詣者がみられ、左右相称的平凡さを破っている。この作は本地仏を大きく入れた代りに社殿その他の施設物を思い切って簡素にし、静寂さを出す効果を考えたのである。上方色紙形の文はいままで見てきた八幡神像図の讃文に近く、むかし霊鷲山で『妙法蓮華経』を説いて衆生を済度し大明神に示現した旨のことが書かれている。興味あるのは裏書の銘文で、この図は役者（頭役）であった久我《こが》家よりの寄進になり、毎月十一日に催す八幡講の御本尊である。同時に御講田として久我荘吉方名の内の田地一町をも

図 32　八幡宮曼荼羅（井上三郎氏旧蔵）

その護持の費用に寄進された。今回傷んだので修理した旨の記事があり、文明十一年四月の銘記と善照の名がみえる。この銘文よりして石清水に「めぐり講」式の八幡講があり、この曼荼羅はその講の本尊であったことがわかる。

社頭全域を俯瞰的に収めた宮曼荼羅もあって、大倉集古館のと根津美術館のがともに鎌倉期の作。前者についていえば上方斜に本宮を中心とする一画をもうけ、下方にも男山山麓の極楽寺と頓宮の一画を配する。本宮廻廊の外側には多数の摂末社・経蔵・鐘楼が並び、その有様は同じ頃つくられた歓喜光寺本『一遍絵伝』にのせられた本宮の図とよく一致している。極楽寺のほか八幡の忌明塔とよばれる大五輪石塔や護国寺宝塔院など諸坊も認められ、鳥居・放生川や橋まで克明に描写されている。後者はかなり剥落のはなはだしい幅で、構図には大差がない。いずれにしてもこの種の図は貞和感得の古図とよばれ、貞和年間（一三四五―四九）にはじまるとされるけれども、すでに鎌倉時代にはつくられていたのである。

中央の大社でなくて宮曼荼羅をのこしているものに生駒神社がある。奈良県生駒山の山麓にあり、往馬坐伊古麻都比古神社と『延喜式』に書かれた社で、近世には生駒谷に十一の神宮寺があり、現在の宝幢寺・安明寺はその一部であった。生駒神社所蔵本（図33）は中央に七座の社殿が並び、そのうち右の二社殿は小さく左方に向くもの、正面のものが少し離れて建っている。正面する小さい社殿の腰板に童子と牛が、その背後の塀の白壁に馬と人物が描かれているのは面白い。社殿より一段低く両側に塀を伴った楼門、その前石段を下りると拝殿、さらに下って末社御旅所、そして鳥のとまる鳥居がたち、その外にも末社らしきものが望まれる。これらの建物の間には遣り霞を随所に挿入して距離感を調節し、至るところ桜花を点綴して美観を添える。上方に眼を移せば社殿の上に七神の円相中本地仏を並べ、そのうちの右二個を少し下げて配置する。これらは伊古麻都比古神の薬師、伊古麻都比売神の毘沙門天、気長帯《おきながたらし》比売《ひめ》命の十一面観音、帯中比古尊の釈迦、誉田《ほむた》別尊の阿弥陀、葛城高額《くわ》比売命の文殊、息長宿禰王尊の地蔵である。さらにその上をみると白鷺のとぶ生駒山が聳えて、その向う雲の棚引く彼方には海岸に松の茂る風光が展開し、左側

図 33　生駒曼茶羅（生駒神社蔵）

に小さく住吉社が鎮座し、そこから白雲が立上ってこれに黒袍束帯把笏の神人と随身二人が乗っており、同じ白雲の一行が生駒山上に飛来の雲上にも眺められる。けだし住吉明神がはるか難波の海浜より生駒山に影向する光景であって、住吉・生駒両社の深い関係を示唆している。鳥居にとまる鳥は『大和国平群郡生馬八幡宮縁起』によれば、応神天皇の神使、白鷺は住吉明神の神使と思われる。はじめ伊古麻都比古・比売二座の祭神で本来火燧《きり》木神を神格化した信仰に出たのが、中世八幡神信仰が侵入して勢力を得、本来の二神は社殿も小さく造られ圧倒されてしまったらしい。筆者は当社の文書に、康正二年（一四五六）二月二十七日、生馬下荘三十講方の沙汰をうけ、吐《はん》田筑前公が描いた旨記されている。この絵師は興福寺大乗院所属の絵所吐田座にいた人で、法眼重有の子長有にほかならない。またこの曼荼羅は生馬下荘の三十講でまつられていたのである。いま一本、奈良国立博物館本はこれより作は古いものとみられ、やや簡素な図柄で大体は変りないが、修理銘によると、天文二年（一五三三）社殿造替により、これも神宮寺である応願寺西之坊の二十七歳になる宥実が修補したもの、その後応願寺より安明寺に移され宝永二年（一七〇五）中根次貞が修理寄進したとある。

社参曼荼羅の諸相

東大寺には手向山八幡宮図と称する室町期の作品があり、昭和二十六年惜しくも焼失したが、実は内容からみて東大寺曼荼羅と称するほうがふさわしいようである。中央に大仏殿、それを廻廊で囲む一画をもうけ、その東西両側に七重塔を立て、前に南大門、背後に講堂・戒壇院・僧坊・鐘楼を配し、いましも大仏開眼のため聖武天皇行幸の光景で、門前には二、三の牛車や牛、大仏殿の前や中門外に公家官人が控え、大仏殿中庭燈籠の前には壇がしつらえられ、四方に幡を吊った柱が立ち、僧侶が供養を営んでいるところである。はるか上方、二月堂・三月堂・手向山八幡社は小さく、三笠山も遠くに望見される。京都北野社に蔵する室町期の北野宮曼荼羅は中央上方に衣冠束帯把笏姿の菅公が座する本殿をすえ、多宝塔以下各種の殿舎をめぐらし、下方鳥居に至るまで紅白の梅や桜・松を植えて境内の美観を盛上げ、その間参詣者や献馬を牽く人物などを点描させ、最上端には円相中の不動・金輪・薬師・愛染・慈恵大師を並べているが、名所図絵的性格の濃いものである。兵庫県成相寺所蔵の高野山曼荼羅と称する一幅も同様の傾向の図で中央の根本大塔と本堂をはじめとし、おもな仏堂・伽藍その他の建物を網羅し、参詣の道俗を多数描出して絵解き図にふさわしい構図である。

室町末より江戸初期にかけ、観光的要素を加えた社寺参詣の流行に伴い、絵解き図式・名所図絵式曼荼羅はいよいよ大作を生み出し、八坂法観寺が所有する同寺の曼荼羅(図34)、近江多賀社の曼荼羅(図35)、さては伊勢神宮曼荼羅(口絵)、静岡県浅間神社の富士曼荼羅(図36)へと発展する。

図 34　八坂法観寺曼荼羅（法観寺蔵）

法観寺は永享十二年（一四四〇）足利義教が再建したものが現存するが、塔を中心に右背後に太子堂、左に鎮守、前に楼門あり、この一画を挟んで両側に図の上方から流れる小さな川がみられる。上方東山には霊山、右に清水寺の塔が望まれる。霊山の下手に雲居寺・雙林寺、ずっと左下へ八坂神社・四条大橋、清水寺の下手は鳥部寺・六波羅、そして下端は五条大橋になっている。すなわち下端は賀茂川に面し、遣り霞をへだてて建仁寺が眺められる。清水寺・霊山あたりには桜花多く、路上には武士・町人・僧侶などさまざまな身分職業の人物がゆきかい、春風駘

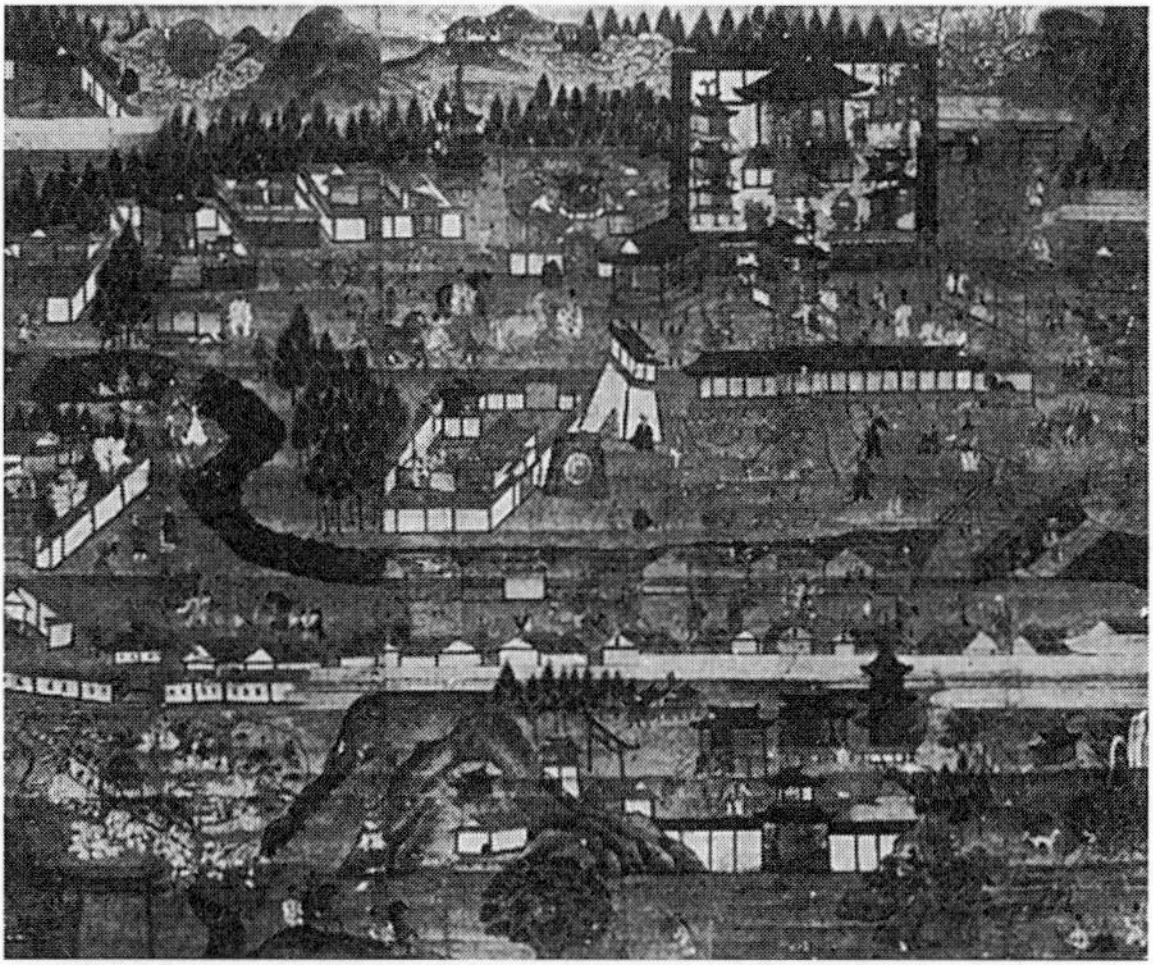

図35　多賀曼荼羅（多賀神社蔵）

蕩の京洛の気分が汪溢し、さながら京名所図絵の一こまをみる感じである。同類のものとしては中島高名氏所蔵清水参詣曼荼羅・大和実氏所蔵祇園社大政所参宮曼荼羅があり、後者は祇園祭礼の神輿渡御とお旅所に影向する本地仏や門前の町屋の有様が面白い。

　多賀社の曼荼羅は中央に御手洗川をはさんで上部右より本社の一画を出し、川に面した広場では武射に興ずる人々があり、川に垢離をかく信者も点在する。川の手前、これと併行して門前町の民屋が並び、人のゆききも賑かである。下方は胡宮《このみや》社の祭礼と覚しく、左方には神輿渡御の光景が描かれる。上端に日月をあげているので漸く習合曼荼羅的性格を認めうる桃山期の作である。当社はすでに天平神護二年（七六七）、神封六戸の寄進があったと伝え、『日本国現報善悪霊異記』には社の辺の堂に住む大安寺僧恵勝が修行中、神が猿となってあらわれ、託宣して『法華経』読経を請うた話があり、すでに奈良朝より仏教との習合が著しかった社としてきこえている。伊弉諾・

図36　富士曼荼羅（浅間神社蔵）

伊弉冉両神をまつり、古来伊勢神宮の親神様として信仰を博し、「伊勢にゃ七度《ななたび》、熊野へ三度《たび》、お多賀さまへは月まいり」「伊勢へ参ればお多賀へ参れ、伊勢はお多賀の子じゃないか」の俚謡は人口に膾炙するところで、これは中山道に沿い伊勢参宮の路次にもあたっていたこと、伊勢の御師とともに、当社でも御師の活動が盛んで畿内を中心に信者の参詣を宣伝した結果であろう。いまある社務所の書院と庭は旧坊であった不動院のもので、中世同院の坊官が御師として諸方に「お多賀さん」の札を配って参詣者を集め、参詣講中の人々にこの曼荼羅を見せて多賀信仰の絵解きをやったといわれている。

伊勢神宮曼荼羅も同様、伊勢講・参宮講など中世後半より活潑化した農村での伊勢信仰による結衆によって御師が宣伝のため利用したものである。伊勢神宮徴古館の一本は右側に外宮、左側に内宮をおき、外宮の上方には高倉山中、天岩戸の巫女舞をみせ、上端銀色の月を出す。内宮の上方には朝熊山金剛証寺、さらに左隅に富士を遠望し、金色の日を掲げる。両宮には束帯の参詣者が居並び、外には布衣、庶民の姿も認められる。内宮下方には五十鈴川にかかる宇治橋に多数の参詣者が川を見下し、川中禊に身を清める人々を描いている。外宮の下方は山田の町で何やら物売る店、店先に立止る人など賑かな風情である。遠近法を度外視し、まったく平盤な手法で、まさに絵解きに用意された観光的曼荼羅と名づくべきものである。二幅一対になった三井文庫所蔵品も同工異曲だが、このほうは土佐光信の筆に成り、万延二年（一八六一、文久元）三永講中のためにつくられた旨の箱書がある。

三永講は三井家京都呉服店の職人仲間の参宮団体であった。成相寺や和泉施福寺の参詣曼荼羅、それに熱田参宮曼荼羅（徳川黎明会所蔵）も絵解き式のものとしていっそう細かい描写がみられる中世末の優品である。

さらに構図上異色ある富士曼荼羅（図36）は富士大宮の浅間神社を本拠とする信仰の上に成立したものだが、富士の信仰は貞観六年（八六四）の大噴火で文献にあらわれ、『三代実録』に浅間神社の祭祀が記録されている。富士山頂に奥宮があり、静岡市賤機山には新宮をまつる。修験者の活動により中世以降信仰は普及し、近世には一般の登山が盛んとなって富士講の結成が広範に行われた。浅間神社には室町末の作とみられる本曼荼羅、最古のものが二本所蔵されている。その一本では正面上端、富士の霊峰を掲げ、中ほどにかけ瑞雲を諸方に飛ばし、中央やや下よりに富士川が流れ、右方下端は三保の松原がつづく駿河湾に臨む。浅間神社本殿は中ほど左側によって建ち、左右の狛犬や階段が見え、その下の拝殿に神鏡らしきものが懸かっている。右方神池には数名の垢離かく人々、岸にはすでに禊を終えたらしき行者も見受けられる。富士川には客を乗せた渡舟、乗馬する人、漁猟する人を点描せしめ、左下には清見寺と覚しく多宝塔がそびえる。この図には日月を掲げないが、いま一本は似た構図ながら富士の両脇に日月を出し、頂上近く本地の弥陀・薬師と菩薩形の三体をあらわし、浄土になぞらえ、麓の大宮口よりはジグザグ状に一列をなし松明をかざして登ってゆく白衣の行者の群が描かれる。下界はおびただしい遣り霞を出し、その間仏堂・殿舎を隠見させるが、本社は下方左に位置し、前の神池には垢離かく二、三の人物を描く。左下三重塔の立つ清見寺の前、海岸には舟を漕寄せる人がみえ、海上にも帆掛舟がゆききする。狩野元信の筆になり登山をおもな図様にした大幅の作である。近世の富士信仰は富士講の発展に支えられたので、初期に長谷川角行が新しい教義をはじめ、関東で布教し、講を組織して以来のことで、中期には町人食行身禄《じきぎょうみろく》・村上光清らがさらに独自の教義を展開し、両者おのおの派をたて、末期には民間の自主的組織として栄え、天保期（一八三〇—四三）には江戸八百八講といわれるほど拡がった。教義は修験道による本地垂迹説より発想し、祭神の木花咲耶姫命を仙元大菩薩と称し、庚申信仰をもとりいれた。身禄派では呪術排撃、尊王の教義を入れておおいに信者を集めたので、幕府は寛保二年（一七四二）以降禁止の触れをたびたび公布している。そうしたところからつくられた曼荼羅として竹内尚次氏のものは、剣ヶ峯の上方に胎蔵界曼荼羅の中台八葉院、蓮華座に九体の本地仏を出し、山の中腹左右雲上に月日と迦陵頻伽を配し、麓は模様風に瑞雲、富士川、海岸そして社寺を描写している。山頂の三峯におのおの祠が立ち、中心の峯に仏が坐し、大宮・御殿場・吉田の三口より松明をかかげた登山者の列が登ってゆく。

白山曼荼羅と立山の信仰

最後に山岳信仰の曼荼羅として白山社のものを注意したい。白山は平安朝より修験霊場として聞え、泰澄の開くところ、白山妙理権現大菩薩（本地十一面観音）を中央の禅定峯で、別山大行事（本地聖観音）を南の峯で大己貴《おおなむち》（本地阿弥陀如来）を北の峯で感得したと伝え、麓には権現七社である白山本宮・中宮・佐羅・別宮・岩本・金剣・三ノ宮がまつられた。本宮である白山比咩神社には菊理姫神・伊弉諾神・伊弉冉神の三神をまつり、平安末より天台の影響をうけて上・中・下社の二十一社に発展した。醍醐寺所蔵室町末の一本は上方に白山三峯を出しそれぞれの峯の上と下に蓮華座に乗った円相を置き、それより下方にかけては白山七社と摂末社の祭神垂迹形を十体描き、その下に眷属を小さく二体、最下方滝を背景にした泰澄上人など像を二、三描く。白山比咩神社所蔵本も同期の作、上端三つの円相中に三社本地の種子を入れ、捲簾幔幕の下に垂迹形の三神、中央本宮と左の三宮は唐装団扇を把る女形、右の金剣宮は随身風男形、おのおの三曲屏風を背にする。下方高欄のきわに狛犬一対、正面に階段を設ける。品位の高い作で大阿闍梨堯運が開眼した旨の墨書銘を有する。

白山の東、立山にも曼荼羅がつくられ、富山市来迎寺の一本は四幅より成る近世初期の作、珍しく水墨画風の筆法で浄土山・立山峯・大汝岳・別山本宮・剣岳は力勁くけわしく描かれ、下端は常願寺川の流れもはげしく波打っている。その間に展開された絵は江戸期に行われた『立山縁起』の内容を描いたものである。右下は立山を開いた佐伯有若（または有頼）の犬山の布施の館を示し、そのすぐうしろは芦峅《あしくら》中宮寺本堂の媼三尊（弥陀・大日・釈迦）がある。これは『立山縁起』に「抑天照大神宮此の世界を開闢し給ふ時、立山御媼三尊ハ右の御手に五穀を納、左の御手には麻の種を執持し、則越中立山芦峅に天降りたまへ、五穀・麻の種を法界に弘め、一切衆生の衣食をあたへ生成し、仏法の本源をたもち、終には寂滅の本土に帰る、則衆生生死の惣政所、故に仏法第一の霊場也」といっているものである。本堂の脇には奪衣婆の鬼がのぞく。下方中央は芦峅村の坊舎、芦峅寺の閻魔堂、下方右端では佐伯有若が立山神の熊を射る光景、熊はやがて阿弥陀如来に現じ、有若は発心し、文殊菩薩の教化をうけ、持戒して慈興上人と称し媼堂・講堂・御前立の権現両宮・閻魔堂・帝釈堂・大門・仁王門・鐘楼等のほか、多数の末社をたて中宮寺といった。左方上半剣岳山麓一体は有名な地獄谷で鬼の獄卒の種々相を現出し、また地獄に亡者をのせてゆく火車、地蔵菩薩がある。それと対照的に右方浄土山の中腹には雲上来迎する二十五菩薩がみえる。室堂から立山峯の大権現堂まで一ノ腰社以下五ノ腰社へとつづき、登山行者の姿が望見される。けだし立山特有の山岳信仰にもとづく弥陀・六道・十王・地蔵諸信仰の絵解きであって、修験行者の御師的活動に大きな役割を果したものであった。

神影図・習合曼荼羅については、以上ほんの代表的なものをとりあげたので、美術史的にはすべてを網羅してはいないが、それらは専門書にゆずり、文献のみでは把握できない美術的表現を通じての本地垂迹思想の展開とその種々相を理解しようとした。かかる思想史的目的からすれば、たとえば曼荼羅をたんに本地仏・垂迹形・両者併存ないし宮曼荼羅といった形式に分類するだけでなく、多様な角度からの検討を必要とするであろう。仏本神迹から神本仏迹への動向、あるいは人本神迹的な思想への傾斜がこれらの作品にどうあらわれてくるか、微細な点については今後の課題としたいが、本地仏もその他一切の仏教的事象をみせない曼荼羅や名所図絵式・絵解き式曼荼羅は、その意味からいっそう深く掘下げて研究さるべきであろう。

一五　天台の神道

わが国における本覚門思想の興隆

本地垂迹思想が中世に入り急速に民間にまで徹底していった結果は次第にその内容に変化を生じた。すでに繰返しのべてきた仏本神迹から神本仏迹への転換がそれであって、神仏同体の強調はそのいずれを信ずるも宗教的意味は変らず、現世利益も同じとされて来、手近かに親しみある神祇こそいっそう頼もしく仰がれるに至った。いわんや専修念仏における一部信徒の積極的神祇不拝傾向は、かえって神道を逆に鼓吹させる機縁ともなった。公武対立や元寇によって公家の神国思想高揚が活溌化し、仏家をして神道の再認識を予儀なくせしめたのである。

しかし僧侶はたんに受動的に本地垂迹説を見直したのでなく、実は彼ら自身そうなるべき要因を醸成してきたのであって、神祇不拝まで惹起した専修念仏成立の地盤すら同じところに根ざしていたのである。そうしてその根本的要因は本覚門思想の興隆にある。第一章のはじめにものべたように、もとインドに発した仏身に関する思想は釈迦を理想的と現実的、法身と応身の関係においてみる化身思想・権実思想を生み、これが『法華経』において久遠実成二仏対立の思想となった。すなわち『法華経』開顕以前に説教した釈尊と『法華経』寿量品においてみずから久遠仏と自覚した釈尊を本迹に分ち、古仏は迹、新仏は本と判じたが、中国にあっては両者に差別は与えられなかった。しかるにわが国に伝わると新仏の教えである本門は事の真如、古仏の教えである迹門は理の真如を説くとし、事は具体的、理は抽象的と区別し、本門は本覚の法門、迹門は修徳の法門、本門は果より因に向い、迹門は因より果に向う法門である。前者は金剛界思想に、後者は胎蔵界思想に一致し、前者は人を中心に、後者は法を中心とすると差別するようになった。

はじめ空海は顕密両教の教判論において顕教は歴史的人格者である釈迦応身仏の所説、密教は無始無終、自然覚の大日法身所説とし、これより真言密教の本覚思想は発展した。いっぽう天台でも最澄は南都の徳一と論争して即身成仏を問題にし、第四代の天台座主安然《あんねん》は『即身成仏義私記』を著わし、応和三年（九六三）には宮中で第十八代座主良源らが南都法相の僧侶と論争して草木成仏の問題まで主張するにおよび、本覚思想はいよいよ発展の様相を呈してきた。すなわち衆生は本来仏性を具し、人間の姿そのままに山川草木もありのままの形をもって仏であり、修業練成によってそうなるのではないと解釈する。そうした考えは事相偏重、加持祈禱万能の傾向を助長し、宗教の堕落を招くため、戒律復興・念仏奨励などをとなえる革新仏教や旧仏教改革運動が鎌倉初頭に起った。しかし法然にはじまる専修念仏のごときは、やはり新しい意味における本覚思想を前提とすることによって成立した易行の宗教にほかならなかった。やがて法然の門下から破戒造悪容認の教説があらわれたのも、たんに天台本覚門の影響という漠然とした理由より、天台本覚門に根ざした法然の出発点に糸をひくものがあったろう。のち法然の教説は多念義・一念義に分れ、多数の流派となるが、関東における一念義流派の発展は本覚門思想の流布にほかならなかった。降って日蓮の説いた久遠実成の釈迦と『法華経』・衆生の一致、衆生の即身成仏義も天台の本覚思想を発展させたものであった。

かくて本覚思想潮流は必然本地垂迹思想にも影響を与えぬはずはなく、神への再認識はついに仏家神道の発生をうながし、天台教学のものは山王一実神道へ、真言教学を主としたものは両部神道へと二大潮流を形成していったのである。よってまずその前提となった天台教学より簡単にのべてみよう。

天台教学における本覚門思想の発展

いうまでもなく天台教学は天台円宗の教学（天台学）と密教学を柱とするが、最澄にあっては顕教中心の天台学に重点があった。円仁・安然・円珍はこれをさらに発展させるとともに、密教学の分野に目ざましい進出をはかり、『法華』『華厳』の二経に対し、『大日経』をより重視する顕劣密勝の立場さえ生じた。しかし良源のときになって再び伝教教学の復興を目ざして顕教優位の体制を整え、その門下にすぐれた学者を出したが、恵心院源信・檀那院覚運はその双璧であった。本覚思想はこれによっていっそうの進展を遂げるいっぽう、両者の教学研究は口伝として相承せられ、ただ一人の弟子に口決《くけつ》伝授することにより権威をもった結果、多数の流派が分れ、すべて八流を出した。

恵心流の嫡流である椙生流の祖となった皇覚は相伝の口決法門をまとめて三十四条の口伝を編んだが、その中の第八条に草木成仏の問題をとり上げ、草木はそのまま仏なるがゆえに成仏せずと説くを深義とすといい、すべてはあるがままに仏として一切を肯定したのである。ここに神本仏迹思想のよって来る根源があり、人本神迹とも見うる本覚思想の徹底化がある。かかる考えは口伝とはいい条、いくつかの遺存する文献によって確認されるが、檀那流にあってはその嫡流たる恵光房流を開いた澄豪が「五箇大事」と称する口伝をたて、その中で無作《さ》三身を説き、無作とは天然性徳のままなる仏陀を意味し、法報応何れの仏身においてもそれは本覚成道の相を示し、本迹の関係において考えられる「四句成道」すなわち本高迹下・迹高本下・本迹倶高・本迹倶下のいずれも無尽無限の成仏の形式に包摂され、これを神仏の関係において窮局にまで論理をおしすすめると仏本神迹から神本仏迹さらに仏本神本、つまりともに本地となってまったく差別がなくなる。これ法華の融会思想の帰結するところであった。「四句成道」と同様「証道八相」についてもいいうるので、八つに区分される仏陀の全生涯は教道の生活として評価されてきたが、無作三身の考えを適用するとき、一切の生活を本覚成道の相と肯定する。

玄旨帰命壇の成立

恵光房流の口伝においていま一つ注目されるのは、玄旨帰命壇の口決である。すでに現在伝統が絶えているため明らかでない点もあるが、景山春樹氏(「摩多羅神信仰とその遺宝」)は叡山実蔵坊真如蔵や無動寺谷明徳院の文献により、ほぼその全貌を説明されており、その大体を紹介してみよう。

この修法は摩多羅神を本尊とし、玄旨帰命壇とよぶ灌頂道場の秘法である。一体この神は新羅明神・赤山明神とともに天台僧が大陸より護法神としてもたらしたもので、密教における夜叉神的性格をも負わされていた。よっていまついでをもって、これら三神をあわせ説明し本地垂迹思想の特異な一面を明らかにしておきたい。

まず赤山明神(図37)は中国山東省の赤山法華院の護法神で、承和五年(八三八)頃、入唐した円仁が法華院に参詣して同所の山神に求法成就を祈り、無事帰朝の暁は日本に勧請してまつりたいと約束した。しかし、円仁生前、それは実現せず、遺告によって仁和四年(八八八)漸く弟子安恵らが叡山西坂本に奉祀し、赤山禅院と称し今日に至った。いまここに

図37　赤山明神影図（赤山禅院蔵）

まつられる江戸期の木像は三山冠を頂き髭を生やし赤地の唐装坐像であるが、大津市長寿院所蔵の影像は室町期のもので、冠や髭は同様に描かれ、朱の袍に白の袴、右手弓、左手剣をとり背に矢を負い、毛皮を敷いた椅子に右向きにかけ、左下に童子が控えている。ちょっと随身のような格好である。江戸期の作とみられる大津市浄上院のはやはり朱の袍をつけ、右手矢、左手弓をとり、やや左向きに朱の鳥居形障座に坐る姿をしており、安政四年（一八五七）僧願海の梵字銘がある。鎌倉時代の『山王利生記』に、「赤衣の俗、白羽の矢を負うて出現せり、是は震旦国赤山と言う山の明神なり、本地は泰山府君にて御す」と説くのにほぼ合うが、泰山府君は中国で古くより恒山・華山・嵩山・衡山とともに五嶽として知られた泰山の神で、この山に冥府があり、その司祭神とされたので、わが国に伝わって平安時代は陰陽道の神と仰がれ、公家は延命の神として崇敬した。すでに中国で密教と習合し、胎蔵界曼荼羅の外金剛部に属する十王部の司録神として取扱われたが、わが国では地蔵信仰とともに中世には民間にも親しまれ、本地地蔵菩薩ともいわれた。

新羅明神のほうは円珍が入唐求法の帰途、船中にて託宣をうけ、それによって園城寺を開いたとき、北院に新羅善神堂をたてて勧請し、日吉山王権現や寺地の長等《ながら》山の地主神である三尾・早尾両明神とともに寺門一宗の護法神と定めたのにはじまる。新羅善神堂には幞頭《ぼくとう》冠、長いあごひげの異様な形相をした平安期の彫像（図38）がまつられ、異国的冥官の感じである。清和天皇御幼少の御丈に準じてつくったとの寺伝は、天皇のための護持本尊としてもまつられたことを意味するのであろうか。図像としては円満院にすぐれた室町期の作（図39）があり、幞頭唐装で経巻と錫杖を持ち、やや口を開いた新羅明神に地主神の火の御子神と童子形の宿王・般若両菩薩を配し、明神の頭上高く本地である文殊菩薩を円相に入れて掲げている。その口を開く様は一説に生死無常・昇沈輪廻を悲しみ給う御姿とも称する。京都の聖護院にはいっそう古い鎌倉期の影像があり、肥満したしかめ面の翁に描かれている。また園城寺には中央に弥勒

図38　新羅明神木像（園城寺蔵）

図39　新羅明神影図（園城寺蔵）

菩薩、その上に尊星を置き、左右や下には山王・三尾・新羅・十八社の諸明神・護法善神と黄不動・智証大師を並べた、いわゆる三井寺曼荼羅を所蔵し、ここでも新羅明神は老翁として表現されている。すべて円珍が感得した、首に千秋霜を戴き、面に五徳波を揚げ、左手に錫杖を執り右手に黄巻を持するとの伝説が明神の基本的タイプになっている。中国では赤山法華院に多くの新羅の求法者が寄宿していたので、ここを新羅院とよび、赤山明神は新羅明神とも名づけられたとの説があり、赤山・新羅両明神は本質的には中国の土俗的護法神として同一のものであり、陰陽道では冥官となって渡来し、結局本迹説を通じそれらが一つに結びつけられたのも不思議ではなかったのである。

しからば摩多羅神はどのような神であったろうか。既掲、光宗の『渓嵐拾葉集』に円仁が唐より帰朝の船中で感得した障碍神で、この神をまつらねば往生できぬと信ぜられ、念仏を修する常行三昧堂にまつられるようになった旨をのべ、さらに叡山の行儀に言及し、山門古老の伝承として、夏の終り、常行堂で大念仏あり、仏前で如法引声《いんじょう》の念仏をし、後門には子をとり無前無後に経をよむ行事を天狗怖と称する。年始に堂僧が文殊楼に上って扇を五間に開いて楼上より投下す行事を五眼印と称するのは、怖魔秘印で摩多羅神除障最極の秘印であるとのべている。円仁の船中感得はやはり前二神と同工異曲の伝説で、中国渡来の護法神にほかならず、後世は摩阿迦羅天(大黒天)とも誤られた。

真言宗でも空海将来の神ととなえ、東寺にはいつしかまつられていた。後白河天皇皇子で仁和寺に入られた守覚法親王の『拾要集』に、弘法大師入定後、西御堂で檜尾僧都に夜叉神を授けられた。その中に摩多羅神があって大師の言われるのに、「これは吉凶を告げる神である。その形三面六臂で、三面のうち中面は金色、左面白色、右面赤色を呈し、おのおの聖天・吒吉尼天・弁才天をあらわす」と。南北朝期、東寺僧杲宝《ごうほう》の編にかかる『東宝記』に、古来の風俗として小児を夜叉神の申し子にするのはこの神が小児をとり食うのを免れんがためであるとのべ、反面幼児の守護神でもあった。平安朝以来婦女・小童にこの名があるのはそこからきている。京都太秦《うずまさ》広隆寺で毎年十月十二日に行われる牛祭に出る摩多羅神は冠に杓子大の笄二本をさし、白い仮面、白装束で牛にのり、四天王を従え、もとは上宮王院前にて懺悔の祭文を読んだのが、いつしか皮肉滑稽の文をもって観衆をよろこばせるに至った。『広隆寺由来記』には同寺常行三昧堂内に念仏守護神としてその後戸に神像を安置していた。

さて玄旨帰命壇の秘法は道場の正面に摩多羅神の影像を懸け、他の壁には山王七社神影像・天台祖師像・六因縁図・十界図ないしは金胎両部大曼荼羅や天照大神影を懸け、それぞれの前に真菰を敷き白黒の餅を供える。道場の入口には笏・茗荷・小笹が案上に置かれ、入壇の資（弟子）はこれらを把って師の前にすすみ、暗黒の中、燈火のみが明滅する神秘な雰囲気のうちに灌頂を受けるのである。この秘儀は東塔北谷において近世までその伝統を維持したが、茗荷・小笹は北谷に多数生育しているものであった。ここに懸けられる摩多羅神影については、景山氏が江戸初期の優作として紹介された中邑祐久氏所蔵本（図40）を代表せしめてのべてみたい。中央の摩多羅神は唐冠狩衣で床台に坐し鼓を打って口ずさむ体、それにつれて下方左右の頂礼多・爾子多両童子は烏帽子を被った頭をかしげ、茗荷と笹を肩にして踊っている。上方にはわずかに雲の流れがあって、北斗七星を掲げる。けだし摩多羅神は星神であり、いま叡山東塔北谷にある八部院堂には北斗七星を円鏡にあらわした妙見菩薩がまつられていて、もとこの堂が玄旨帰命壇に関係があったらしいと景山氏は推測されている。冥府信仰における泰山府君は陰陽道と習合して福禄寿星と名づけ星神となり、北斗七星信仰の中で摩多羅神とも習合した。密教においては所詮、赤山・新羅両明神とも同様、護法的・悪魔的性格の強い神であったが、玄旨帰命壇の秘法が近世には立川流のごとく邪教的傾向をおび、元禄のはじめ（一六八八）ついに禁止され衰滅するに至った。本覚思想は仏教の日本的展開をおしすすめる上で大きな寄与をなした反面、かかる宗教的堕落の方向をもはらんでいたのである。

恵心・檀那両流をうけ、新たに宝地房流を生んだ宝地房証真は東塔東谷に住し、源平の

図 40　摩多羅神影図（中邑祐久氏蔵）

合戦も知らずに勉学にいそしんだほどの碩学であった。口伝主義をも受けたが大体は文献主義に立ち、その主著『三大部私記』三十巻において厳密な文献批判的態度を一貫して示した。彼は無作天然の本覚仏を認めず、本覚思想を批判し、叡山の頽廃的傾向に対し抵抗したが、思想潮流の大勢はいかんともしえなかった。すでにこの頃輩出した天台座主の中に神祇重視の思想が高まりつつあったのである。

神本仏迹思想の擡頭

建久元年（一一九〇）、寺門派出身者として最後に天台座主についた公顕は、一間に日本国中大小諸神の御名を書いて勧請し、浄衣を着してつねに『心経』三十巻・神呪などを誦し、法楽に備え、ひとえに和光の御方便を仰いで往生せんと願っていた。『沙石集』は公顕の語った話の中で、

我国は神国として大権迹を垂れ給、又我等みなかの孫裔や気を同じくする因縁浅からず、此外の本尊をたづねば還て感応へだたりぬべし、仍て機感相応の和光の方便を仰いで出離生死の要道を祈申さんにはしかじ、

とのべ、われら日本人の先祖である神祇に極楽往生の道を祈るのが他のあらゆる本尊に祈るよりまさっており、これ以上のよい方法はないと極言し、和光同塵は慈悲の極と礼讃したのである。これほどはっきりした神本仏迹思想は彼が神祇伯安芸権守白川顕康王の子で

あったところからも来ていようが、山門・寺門の対立激化していた当時、園城寺長吏として神明の擁護はもっとも頼もしく、みずからこれを絶対化して考えるような傾向があったのではあるまいか。後白河法皇の厚い御信任により折角就任した天台座主も山門派の猛烈な妨害運動の前にわずか四カ月で辞任しなければならなかったのである。もっとも公顕の神本仏迹的傾向はさらに広範な時代の流れにも根ざしていたので、公武対立の激動期にあっては公家側のイデオロギーとしての神国思想や神祇の悪魔的・調伏的機能への渇仰は本迹思想に新たな展開を迫っていたのである。公顕のあと、顕真をへて六十二代座主になった慈円は、建保元年（一二一三）九月につくった、

まことには神ぞ仏の道しるべ、跡をたるとは何故かいふ

の歌によって、彼の神本仏迹的思想を吐露した。彼はその歌集『拾玉集』において、天竺・震旦・日本三国の言葉それぞれに異なるといえども、日本の仮名こそ他国の言葉を包摂しえて深甚の意義ありと和歌を通じても神本仏迹を説いている。しかしこれは慈円独りの和歌論でなく、無住も『沙石集』の中で、

天竺・漢土・和国その詞異なれども、其心通して其益すでに同き故に仏教弘りて其の義門を得て利益虚《むなし》からず、詞に定れるのりなし、只心を得て心をのべば必ず感応有べし、大聖我国に顕れて既に和歌を詠じ給う、（中略）神明又その歌を感じて人の望を叶しめ給、かた〴〵和歌の徳物持の義、陀羅尼一に心得べし、

と教えているのに通ずるところで、和歌は陀羅尼にほかならず、滅罪抜苦の利益があると窮局密教的呪術思想に帰着せしめている。

山王一実神道の形成

こうした風潮の中で、直接天台の教義を神道的に発展させたものは上記の顕真であり、彼の編といわれる『山家要略記』から窺いえよう。まず天台山について、天は空（智）、台は仮（事）、山は理とし、天の上の一は一実中道九識真如の妙理、下の大の字は大智大円境智の空智で、合せて天は理智冥合の一念をあらわすと説く。台は仏の法報応三身相即、三諦三千なる天台円教の原理をさし、山も三諦円融・三千一念と同じ原理の表現である。同じ解釈を日吉山王権現にも適用しうるのは当然で、最澄が入唐の際、海上で童子とあらわれた山王より横竪三点の教義を教えられたという。これは『元亨釈書』に具体的に説かれているごとく、山の字竪三画は空仮中の三諦、横一画は即一、王字も横の三画は三諦、竪の一画は即一で、両字とも三諦即一（宇宙真実三様の認識は皆一つに帰着する）を意味するのである。

貞応二年（一二二三）十一月、『耀天記』なる神道書があらわれるにおよんで天台の神道はかなり具体的に形を整えてきた。この書前半は祭神・行事等についてその大体を禰宜親成の説を主としてのべており、後半が大部分祭神の本地垂迹的解説にあてられている。その大要をのべると、はじめ釈迦如来はインド教化ののち、迦葉・光浄・月光三菩薩に仰付けて震旦国の衆生済度を思い立たれた。よって迦葉は老子に、月光は顔回、光浄は孔子に生れ、この三聖人は震旦の人々の間に広くまつられ、礼楽五戒のそなわる国となった。かくて釈尊は化導の方便に三聖を遣わされたが、いずれも死後は神となられた。これを『耀天記』は「隠本垂迹シテハ和光同塵ノ神明トハ現ジ給ヒケルナリ」といった。しかし震旦の人々はその本地を知らなかった。わが国に釈尊が日吉大宮権現として垂迹されたのは、大乗院座主慶命が祈請によって託宣されたからである。神とは示に申（さる）であって日吉の猿を意味し、示は示現で釈迦如来が神に現ずるとは日吉山王に垂迹さるることにほかならない。山王実の神たるは神猿が社頭にいるからである（『耀天記』が山王実ノ神とか本実ノ神と記しているのは、のちに山王一実神道と呼ばれる「実」の意味がここに淵源するともみられよう）。

それではなぜ猿の形になっているかというに、猿は五行思想では金神にあたる。月の神といわれるのも伝送の申であって精気を備えているゆえである。金は堅固にして常住不滅の仏身に同じく、その仏身を隠して神と垂迹するには金神にかたどった猿の姿に変じ、善悪吉凶を示すのである。隠本垂迹である。霊鷲山・罽賓《けいひん》国仏図寺・魯菩陪《ほた》山の五百の猿みな悟りをえて天上に生れるなど、畜類中でも猿はもっともすぐれたものである。人間にもっとも近づき、高雄の猿は弘法大師にいもを掘って供養したと申伝えている。猿はまた木に棲むゆえ、神事に立てる榊の字が出来たので、猿が山王の実の神たる証拠である。およそ大宮権現は三輪より天台を守らんと大津に来り、恒世なる老翁の漁夫の舟に乗って唐崎へつき、当地に常陸国より来ていた鴨県主牛丸によって宝殿をつくられ落ちつかれた。このとき神は宇志(牛)丸に祝部の姓を賜い、子々孫々仕えるよう申された。大宮二宮は陰陽の父母として聖真子・八王子・三宮・十禅師・客人を五行の子として生れた。かくて社頭は不毀の霊山常住の界域となり、慈尊出世の三会の暁まで利生は疑いない。以上、『耀天記』を通覧してみると、著者は神官らしく、しかも神官の筆頭親成の可能性が強い。ここにのべられた神道論は、要するに三諦円融の天台教義に山王や天台山その他の事象を付会説明し、猿と神祇の関係を陰陽道的に意義づけ、神官らが先祖と仰ぐ鴨県主宇志丸の事蹟を強調する点にあった。

上記『渓嵐拾葉集』もまた天台神道に関する重要な文献である。百十巻に上るこの厖大な著作は、主として天台の口伝教学を集めたものであるが、その中に山王一実神道の諸説がおおむね収録されている。とくにはじめの六巻はその中心となるものである。

まず山王の字義は『耀天記』と同様な説明を行い、次にわが国を日本国と号するのは大日如来の本国だからで、大日は羅刹婆と化し、さらに伊勢大神宮に変じて垂迹した。外宮は八葉を形どり、胎蔵界曼荼羅、内宮は独鈷を形どり、金剛界曼荼羅をあらわす。三種の神器は神璽が大日の応身、宝剣が報身、内侍所が法身であるとするが、伊勢神宮については『沙石集』にも詳しい説明がある。さて山王に七重の習ありとして以下のごとく七相をあげている。第一は垂迹の山王、第二は本地の山王である。日本の神明はすべて山王応迹の前方便であり、「三権の諸神を会して一実山王に帰す」といっているのは山王一実神道の名称のよって来る源流を思わせる。第三は観心の山王で円頓止観を山王の御体とするのである。天台の根本教義を山王としてあらわすのである。第四は無作の山王で無始無終、天然性徳のままなる仏を神祇にとりかえた考えである。第五は三密の山王で『妙法蓮華経』の首題、五字を山王の御体とするもの、如来の三身である。第六は元初不知の山王で陰陽不測の神、万法の帰するところを神とする。第七は影の形に随うごとき山王で天にあっては七星、地にあっては七社明神と称する。東方七仏薬師閻浮に影を移せば七星といい、本命星と名づけ、影の形に随うごとく行者を守護する。北斗七星の信仰を通じて密教・陰陽道が結ばれ、山王七社の教義の基調となっているのである。つぎに山王の神託に樹下の和光同塵二度とあるのは一度は西天菩提樹の下、他の一度は日吉樹下への出世をさし、前者は本地、後者は垂迹の和光である。しかし一説には神明は大日で、釈迦は応迹の仏である。山王の出世は日吉の樹下であり、ここは大日の本国である。したがって西天菩提樹下の出世は化身の応迹としてである（ここに神本仏迹の考えがはっきり出ている）。神猿については天台大師、法華三昧を修せられた砌、夢中に神僧となって現じた獼猴（みこ）のことで、釈尊の化身である。『天竺飛来峯縁起』によれば霊鷲山の艮の角が欠けて飛び来り、唐の天台山となり、天台山の艮の角が欠けて飛び来ったのが比叡山で、いずれも白猿に乗ってきたものである。以上のほか密教・陰陽道を習合した修験道の教義がかなり収められ、紀州天川・安芸厳島・近江竹生島など各地修験霊場の習合的縁起が説かれているが、いま紙幅の関係上割愛する。

その後、天台の神道論は室町期に入って複雑さを加え、戦国期より安土桃山期にかけては『日吉本記』『厳神抄』『日吉山王利生記』『日吉神道秘密記』など多数の文献が出たが、このうち最後のものはその記述の体裁や目的がやや他書と異なる特色をもっているので一瞥を加えておきたい。

本書は「日吉社秘密神道記」「日吉社極秘密記」など二、三の別名があり、いずれも秘密の語を含み、天台の秘伝同様、神秘的権威を最高の目標としたものである。著者は日吉社禰宜祝部（生源寺）行丸で既述鴨県主宇志丸三十七代の子孫と称し、山王諸社神官の統率者として戦国乱世に荒廃した社頭復興のため、一生を捧げた。すなわち永禄六年（一五六三）八月二十一日、綸旨と将軍御教書を賜わって社殿修理造替のため諸国に勧進し復興につとめたが、元亀二年（一五七一）九月十二日突如織田信長は叡山を攻め、山上はもとより山下日吉社をもことごとく焼討ちにかけ、折角の復興も徒労に帰し、行丸は身をもって伊香《いか》立《だち》郷にのがれた。それより非常な苦難と戦いつつ、ついに諸国遍歴に旅立ち、天正三年（一五七五）漸く坂本に帰るをえて、必死の日吉社再建にとりかかった。以後天正二十年六月、彼の卒するまでの間に百八社はほぼ復興成り、その多くが今日文化財として遺存している。かような事情の下で天正五年三月中旬、行丸は避難先の伊香立郷において社頭再興のための記録としてこの書を綴ったのである。焼討ちにより記録一切を喪失しては再興の計画も立たないので、恐らく彼は残存の資料を集め、また自分の記憶によって、一応焼失前の全社頭を記録にしたのであろう。そして奉加した人々のためにも、日吉社の多数祭神の由緒を明確にせねばならなかった。かくて本書は他の天台神道書と異なり習合の実体がいっそう具体的に詳しく把握される史料として貴重である。叙述ばかりでなく、各社境内の中での位置関係、社殿の規模、鳥居・霊石・樹木など絵図も挿入されて、復興の典拠にしようとした熱意のほどがうかがわれる。またこの機会をもって日吉山王神道の権威を高め、世人の認識を新たにしようとした意志も看取されよう。

天海による山王一実神道の高揚

日吉山王神道の全貌は以上いくつかの文献紹介をもって明らかになったと思うが、山王一実神道の称呼は天海の手ではじめて公的になったのである。しかもその機縁は徳川家康の元和二年（一六一六）四月十七日の死によって到来した。彼は崇伝・天海らに遺言して、死後久能山に葬り、神に祝い、日光山にも堂を建て、増上寺にて葬礼すべきことなどを命じたが、やがて久能山に社が建ち、廟が出来ると、家康の神号や遷宮の儀について崇伝・天海の間に意見が対立した。崇伝は明神号を奉り、吉田の唯一宗源神道による祭祀を主張したのに対し、天海は権現号により山王一実神道の方式をもって行うべきを主張してゆずらなかった。結局天海はその政治力と幕府の勢力を背景に崇伝の主張を抑え、翌三年四月十七日には勅使参向して東照大権現の諡号勅許が実現し、日光山と上野寛永寺の経営は天海の山王一実神道を天下に認識せしめる拠点となった。

天海は自説主張の根拠として家康生存中、彼に山王一実神道を授け、死後はこの道をもって葬りまつるよう彼から遺言されたことをあげたが、神道伝授を記録に徴すれば、恐らく『駿府記』に慶長十九年（一六一四）、天海が数回家康に天台血脈伝授を行なった記事がそれに当ると思われる。つまり天台諸教義秘伝の一つとして神道の伝授があったものと解されるが、この伝授はあたかも有名な京都方広寺梵鐘銘文の事件が起ったときであり、天海が家康とその対策について密議を凝らすにあたり、これを擬装するための方便とも解せられる。いわんや遺言のごとき、本来非公開的性質のものゆえ、これを実証するのは至難である。天海はこの間の事情を巧みに利用し、これまで崇伝はもとより、公家衆のあまり知らなかった山王一実神道を宣揚し、天台勢力の中心を関東に移すことに成功したのである。

彼の所説は後代の撰述ながら、『一実神道秘決』『一実神道相承口決』にほぼまとめられており、それによると、そもそも山王大権現がこの道を伝教大師に授け、大師より桓武天皇へ、それより歴代御継承ののち、後水尾天皇より天海に伝えられたと相承血脈を示し、百光明供深秘法はじめ各種の秘法は天海が元和三年、日光東照宮奥院宝塔下に修した一実神道勧請鎮座の秘法によって代表されており、このとき甘雨たちまち降り瑞相あらわれ、光明照耀し、秀忠・勅使以下列座のものを感激せしめた旨を強調している。また釈尊は垂迹、山王は本地として神本仏迹説を説き、摩多羅神を閻魔法王としてその信仰をすすめている点、中世的伝統に立つが、天海が寛永年間（一六二四—四三）に撰した『東照大権現縁起』では、所詮山王権現は天地人本命元神とし、一切諸神は山王の分身と解し、吉田神道の影響がみられ、事実上中世的本地垂迹思想からの脱却を試みているのである（久保田収氏「日光山における神仏関係」）。

一六　真言の神道

三輪神道の成立と叡尊の活動

真言宗の神道は普通には両部神道とよぶ。金剛・胎蔵両界の曼荼羅の教説をもとに形成された理論であるためその名が出たので、広い意味では真言・天台両密教から発展した神道はすべてこれに包括されるが、天台は前章のように山王一実神道の名で代表されており、かつそれには法華の本迹二門の説が重い比重を占めているので、やはり両部神道といえば真言系を中心とした神道をさすとみるのが妥当である。さような意味から両部神道の理論を把握しうる文献として早いものを求めるとすると、『三輪大明神縁起』が推されねばならぬ。それは奥書に文保二年(一三一八)十一月四日夜、夢想を被ったのにもとづき、同年十二月二日、三輪明神に参り三日より四日間参籠し、同社神宮寺である大御輪寺の縁起ならびに神宮寺の口伝・古記など肝要の事を尋求めて抄し終ったと著者が記しているからである。まとまった文献としてはこの文保二年に成るものが現在最古と判断せられるが、この奥書は抄出したのが文保二年といっていて、抄出する原本にあたるものは別にあり、その著者は恐らく西大寺長老叡尊と思われ、しかも彼は正応三年（一二九〇）八月二十四日入寂しているから、抄出を通じて知られる本縁起の述作はさらにさかのぼるわけであると西田長男氏（同氏「三輪神道成立の一齣」）は推論された。またこの縁起の中に三輪曼荼羅図なるものを援用し、これに叡尊の弟子である浄音房性忍が注書している記事もあり、本書抄出は叡尊か性忍に深い関係のある人物に相違ないとされた。以下この見解にもとづき、西田氏の所説を紹介しつつ三輪神道の大体をのべてみたい。

まず右の文保二年云々の文につづき、覚源なるものが応永二十六年（一四一九）八月十二日に弘正寺開山和尚の御本書をもって写し終った旨の奥書があるのを西田氏はとりあげ、この弘正寺は伊勢国度会郡宇治郷楠部村にあった寺で、叡尊が大神宮神宮寺の意味で創立し、西大寺末の律院として代々彼の法系の人が住んだのであるとされた。『興正菩薩行実年譜』によれば、叡尊が弘安三年（一二八〇）八十歳のとき、弟子らと重ねて伊勢神宮に詣り神勅を奉じ創建したので、金胎両部の大日を置き内外両宮の本地院としたとある。彼は元寇の国難により、文永十年（一二七三）二月と弘安三年三月の二度勅を奉じて伊勢に参詣祈願している。覚源はその弘正寺の住僧であるから、叡尊を尊んで開山和尚といったのである。この弘正寺は十四、五世紀の間、神道や古典研究の僧がいて各種の文献がここで書写されており、浄善坊慶盛や恵観はそうした人々を代表するものである。その弘正寺開山である叡尊がどうして三輪の縁起をつくったか、彼と大神神社との関係は由来久しいものがあった。『興正菩薩行実年譜』によれば、四十二歳の壮年の頃、一老翁が叡尊の住する西大寺に来り、菩薩戒を求め、終って薬法を授けていうには、「この法ははなはだ神妙にしてよく沈痾を治す、今後この法により自他の病苦を救うべし」と。彼は翁に誰かときくと、「われは少彦名命石落神なり」と名のって消えた。叡尊は不思議の思いをして薬を教えられた通り調合して病者に与えると平癒せざることなき有様であった。ついに施薬院をたて広く病に苦しむ者に施した。またその東門の辺に社をたて彼の神をまつった。この神は小さいので父の高皇産霊尊の掌の上にのせられているうち指の間から洩れて石の上に落ちたので石落神といい、三輪の別宮に鎮座して薬草を弁別し、蒼生の病を治し、いまに豊心丹の妙方を伝えている。このときより叡尊は西大寺に呪薬の法会をはじめ、秘法を勤修し加持して当時までつづけてきたのである。叡尊の庶民救済が当然医療を含むところから、三輪の大物主神の分身である少彦名命の信仰をとりいれるに至ったことは諒解されよう。

かくて弘安八年（一二八五）八十五歳にして叡尊が大神社に参詣したとき神官が語っていうには、さきに肉身の釈迦が当社にくるであろうから迎接せよとの神託あり、いまになってみるとこれはあなたがこられる意味であるとわかったとよろこび、同社の神宮寺を叡尊に献じた。よってそれまで三輪寺とよんだのを額を改めて大御輪寺《おおごりんじ》と称し、十一月一日より数日間大界を結び大曼荼羅供を修し、本堂供養や四百余人に菩薩戒授与、法華・最勝両会開催を行なっておおいに寺運を興した。大御輪寺は、つとに奈良朝に草創されたので、第十四章のはじめにものべたごとく、そこにまつられていた僧形神像はいま大和国聖林寺の有名な十一面観音像や法隆寺の地蔵菩薩像はじめ諸方の寺に明治の神仏分離の際移されて四散したが、これらの像が優作である点からしても大御輪寺が文化的に高い存在であったと察せられる。それが叡尊の支配下に入り、その弟子忍性が住持となって以来代々その法系のものが法燈をついだ。かくて『三輪大明神縁起』は叡尊が三輪寺を中興して大御輪寺と改めた弘安八年以後、正応三年示寂するまでの五カ年の間の述作であろうと西田氏は判断された。ただしのちになって忍性ら弟子の手で加筆が行われたことはあったかもしれない。かようにみてくると三輪神道の成立はこの縁起からして鎌倉中期すでにみられたであろう。

いっぽう大神神社にはいま一つ平等寺なる神宮寺があった。その発祥は奈良朝にあるとみられるが、鎌倉時代前期に慶円がここを修行道場として活躍し、中興の祖と仰がれ、貞応二年（一二二三）八十四歳で入寂した。叡尊は慶円が世を去ったあと、その弟子禅忍房乗心の代になってよく同寺を訪れ、あるときは『解脱上人勧発菩提心集』の自筆本を同法比丘幸円から借用したこともあり、当時の記録には同寺を三輪別所と称している。別所とは高野山のそれかと思うが、幸円はすでに『三輪流神祇灌頂私記』なる神道書を文永三年（一二

(六八) 八月十一日に書写していることが同書奥書から知られ、しかも幸円は慶円より血脈相承し五代目にあたる旨も奥書に追記されており、『三輪流神祇灌頂』は鎌倉中期をさらにさかのぼるとも推定されてくる。とにかく幸円は慶円の法系に属する何人かから三輪神道を伝受されたのであり、その源流は慶円に帰せざるをえない。幸円はまた叡尊の弟子でもあり、上記解脱上人の自筆本など貴重書借用から考えても叡尊と平等寺の関係は深く、慶円流三輪神道の影響が叡尊におよんだであろうと想像される。したがって『三輪大明神縁起』に「古記」「古説」「古老口伝」あるいは「異説」「曼荼羅之図」などさまざまの引用があるのは、慶円流神道に関係があるのであろうと西田氏は考えられている。さて縁起内容のうち注目されるのは最初の「天照大神本迹二位事」の条で、多分叡尊が某年某月日、七カ日間の神宮参籠をして天照大神の御名義を知りたく祈念中、空中に声あって第一義は天金輪王光明遍照大日尊と教えられた。つまり「天」は第一義の天で、応身の如来、「照」は光明遍照で報身の如来、尊は大日尊で法身の如来を意味する。ゆえにこの御名は三身即一の大日の御名のりで本地をいったもの。次に垂迹は天上では天照といい、地上に御降臨あって二カ所に分れ、一つは大和国三輪山の大神《みわ》大明神、一つは伊勢国神道山の皇太神となる。かくて三輪と伊勢の両神は同体と主張する。「伊勢大神宮与三輪前後事」の条では三輪明神の降臨のほうが早く、したがって三輪が本で伊勢は迹とし、三輪山は蓮華蔵世界で本地の功能は三無漏《むろ》(解脱)であるとし、嶺は八葉に分れ谷は三鈷を象り、そこは寂光浄土にほかならぬと説く。そのほか三輪山をとりまく山川の地形を解脱して曼荼羅的付会を行なっている。大御輪寺については垂仁天皇のときの創立とし、三輪神話式の話を掲げ武一原大納言なる貴人の女に三輪明神が通うて皇子を生ませ、大納言の住居は伽藍として大御輪寺といったとしている。のちこの皇子は寺の一室に籠って出ず、聖徳太子当寺参詣の折、その室を明けてみられると十一面観音の形に変じていたとある。これはもとこの寺の境内に若宮がまつられ、いつしかその御神体は寺の本堂内に十一面観音とともにまつられるようになった事情を示唆したのであろう。やがて慶円中興の平等寺は勢力を増大して大御輪寺を圧し、大神神社の支配権は平等寺に移り、ために大御輪寺は若宮の別当寺ということになった(久保田収氏「大神神社における神仏関係」)。久保田氏によれば、慶円ははじめ大和安倍の別所に住し、転じて宇陀郡竜門寺の辺の草庵にうつり、ついで三輪の地に来ったが、三輪別所は真言灌頂の流布を目的とした慶円一派の根拠地となっていたので、これが平等寺となり、近世には醍醐三宝院の当山派に属する真言修験の寺院に転じた(拙著『山伏の歴史』二六四―二六五ページ)。

神国思想高揚と『八幡愚童訓』の神道論

伊勢と関係の深い三輪神道を概観したわれわれはすすんで伊勢神道のバイブルである『神道五部書』に眼をうつさねばならない。ただこの書の名称は後世きまったものであり、内容も当時まだ広くは知られていなかったので、それに先立ちこの神道発生の時代的基盤を顧みることが大切である。その点について萩原龍夫氏（同氏『中世祭祀組織の研究』）の所説を参考にすると次のように考えられるであろう。古代以来、伊勢神宮の神職団を支えた経済的基盤である御厨《みくりや》・御園は祠官社会の分割相続によって各自の所領を細分化せしめたのみならず、所領内の在地勢力増大から神職らは所領依存の生活に不安を感じはじめ、ここに彼らは御師化の道を辿り、一般民衆の私幣をすすめて伊勢詣の信者獲得運動に乗出し、これが熊野詣を先駆とする半ば観光的要素を加えた社寺参詣流行の潮流に影響されて効果をあらわし、御師による収入は増加した。それにつれて伊勢神道発生の基盤は醸成されたのであるが、神威高揚・神国思想鼓吹をもっとも端的にうかがわしめるものは『八幡愚童訓』である。

　この書は刊本としてみられるものに正続群書類従に収められた二種があり、恐らくもと一つの書物で、続の刊本が前篇、正の刊本が後篇と考えらるべきもので、西田長男氏の推定されるように、石清水八幡宮社僧あたりの手に成ったのではないかと思われる。また「九十四代朝帝（延）異姓更ニマジハラス」とあるに徴すれば、延慶元年（一三〇八）より文保二年（一三一八）までの約十年間に一応成立したものと判断されているが、さらに内容を検討すると、その後にも潤色増補の部分があって本地物へ発展しており、本書の流動的な内容はそれだけ中世の本地垂迹思潮の動向に密着したものとして興味深い。まず続群書類従の前篇とみられるほうは八幡神自体に関し、垂迹・名号・遷座・御体・本地・王位・氏人・慈悲の八項目にわたっての叙述がある。最初の序にわが国土は自然相応の大日本国であるから坂東八国は胎蔵界の八葉、九州は金剛界の九会と両部に見立て、人々は諾冉二尊の後胤として本地法身如来の余流とする。八幡大菩薩の託宣に仏在世のときは法を説いて衆生を済度し、滅後その言葉は教え、その身は舎利、心は神道となるとあるが、かように仏が神と変じて時機を救われることを愚童に教え、それによって彼らに信心を起さしめようとするのであると本書の主旨を明らかにしている。「垂迹事」の条では主として応神天皇垂迹の伝説がのべられる。百十歳で涅槃に入り、誉田の御陵に納めたが、六郷山に入っては人聞菩薩として八十余年御修行になり、宇佐郡では蓮台寺の山麓、菱潟の池の辺に鍛冶翁となっておられた。大神比義が祈念すると、翁は三歳ばかりの小児に変じ、竹の葉に立ってわれは誉田天王、護国霊験威力神通大自在王菩薩と名のった。鍛冶翁になっておられたのは衆生の悪は鉱石のごとく真金をあらわさないから焼冶鍛冶して器の用をなすたとえにより、悪業の垢塵を払い、大同鏡智の明徳をあらわさんがためであり、鍛冶は加持に通じ、それによって信心ある人は立ちどころに和光に照らされ擁護を被るべき前相を示す（なお上記人聞菩薩とは中野氏によれば、応神信仰によって八幡信仰が統一される以前、宇佐水沼氏が奉じた原始八幡信仰の神である比咩神を中心として第五章所説の巫僧法蓮一派——それは宇佐氏出身——が比咩神神宮寺たる中津尾寺を神護景雲元年にたて、平安初期八幡神に大菩薩が奉られた頃、比咩神にも奉った称号であろうという。人聞菩薩信仰は従って地方的色彩が強く、具体的には法蓮系僧侶の教団を指すことになる)。「名号御事」の条はおもに八幡の八の解釈と信者の利益譚を含む。八幡神はもと西拘屋の八幡国にあり、母堂が八人の王子を産み給うたとき、八足の幡に化して見え給うた。八は八正道に由来し、八正道は法、幡は喩、菩薩は人であって種三尊の妙体を意味する。すなわち南無八幡大菩薩ととなえれば三世の仏身一代の教法、済生の本誓すべて具足し、無量無辺の功徳がある。「御体御事」の条では御許山・筑前大分宮・大隅正八幡宮いずれも神体は石としてあらわれたが、和気清麻呂参籠の折は満月のごとく、のち御長一丈ばかりの僧形に変じ、ついに三つの紫雲に分れて三所御殿に入り給うたとのべ、三所とは空仮中の三諦すなわち法報応の三身とする。「本地御事」の条では三所の祭神中、中は本地が釈迦と弥陀の両説あり、愛宕山月輪寺の真統上人は釈迦、行教和尚や空也上人は弥陀を感得せられ、所詮両者は同体、釈迦は宇佐宮の託宣によるもので法華迹門の始、正覚の如来であるのに対し、弥陀は石清水の示現によるもので法華本門の無量寿仏であると理屈をつけ、さらに釈迦・弥陀両者の本地は大日如来と付会し、二重三重の本迹関係をつくり上げた。「受戒御事」は御許山の御出家の峯や正覚寺など八幡大菩薩が出家し正覚成り給うた事蹟や訶陀国の杉の種を植えて成長したという九本の大杉、これに袈裟を掛けられた跡、御沓・御利刀・御硯の石になったものなど詳しく御許山の霊蹟の解説をし、また石清水神宮寺大乗院を再興した西大寺叡尊の戒による真言修法を礼讃している。御許山に現存する三つの巨石は『宇佐託宣集』に大菩薩が神明となるとき、三柱石を発したとあって、神霊の発現と称し、中世石体権現とあがめられた。古くは縄文式時代より巨石崇拝があったらしいが、いつしか八幡の石は中に穴があって水が溜っており、いかなる旱魃にも干上らなかったのに、文永の役に乾き、役が終るとまた水が満ちたとある。さらにこれらの石を正像末の三つの鉢とし、正像の鉢は石となって水もないが末法の鉢には水が溜ったとみえる。一丈余の大磐石、中ごろ二つに破れてその中に阿弥陀三尊があらわれた。これはただ事ではない、大菩薩の御本地が示現したのだとて石体権現の御前に安置したと『愚童訓』はのべている。石と同時に杉の大木と水の信仰もあった次第がうかがわれる。御許山の正覚寺は『託宣集』によると延喜十九年（九一九）行秀聖人が朝廷に奏聞し豊前国司惟房が勅使として伽藍をたてられたもので、この聖人は直人《ただ》に非ず、加賀国白山権現霊神の天童が馬城峯（御許山）に飛来のとき眼前にその形像をうつし奉ったという。けだし行秀は白山の行者で白山権現の信仰を持ちこんだのであろう。「仏法事」の条には諸宗僧侶の八幡信仰とこれに対する大菩薩の擁護利益が列挙されている。天台・真言・禅・法相・華厳などにわたる中でも、東大寺住僧能恵得業の蘇生譚はすでに当時成立していた絵巻物『能恵得業絵詞』からとったものと思われ、六道・冥府の信仰の八幡信仰との結びつきを示す一史料とみられよう。

要するに石・水などの原始的自然崇拝に密教・浄土教・六道冥府の信仰を混融付会せし

めた点に八幡の神道成立の基盤があったのである。しかしこの神道成立の意義は当時の歴史的情勢によるところ大きく、それは下巻に相当する群書類従本の内容から推察できよう。そこでは「降伏事」の項目をもうけ、大方が蒙古襲来による大菩薩の神威叙述にあてられている。まず神功皇后三韓出陣を詳述したあと、皇后着用の甲冑は摂津西宮社に、弓箭は南都大安寺に、御裳は宇佐弥勒寺に納められているとし、三万八千十人の荒神の兵具を埋めた場所を武庫山と名づけて亡卒の菩提を弔い、霊鷲寺をたて弥陀三尊を安置し、『妙法蓮華経』三部を書写して供養しているとのべている。

さて文永十一年、蒙古襲来するや石清水八幡宮宝前での祈願法要あり、北九州におけるわが将兵の奮戦を叙し、結局蒙古の敗退は筥崎宮から出現した白張装束人三十人ほどがいっせいに矢を放ち海岸の家々が燃え出し、海面にうつったのを敵は海面が燃え出したと誤認して逃出したためだとし、筥崎八幡の神威をうたっているのである。この個所は『箱崎八幡宮縁起』や同宮祠官定秀が正応二年(一二八九)八月に記した『八幡蒙古記』によっていると思われ、同宮が石清水別当田中家の支配下にあった関係でこれらの史料が石清水側の社僧の手に入った事情はうなずけよう。弘安の役では叡尊が舞殿で尊勝法を修し、あるいは『大般若経』『最勝王経』の転読、百座仁王講がひっきりなしに行われた。やがて大風をうけて賊船敗退の様子をのべたあと、叡尊の祈禱の際「殿中ハツタト一声鳴」る不思議があったのはちょうど大風が吹いたのと同時であって、これは八幡大菩薩が吹かせた結果であったとその霊験の威力を誇示した。最後に相応和尚・弘法大師の法験の話を出し、真言の大威徳呪加持や不空三蔵秘法が不動明王の法よりすぐれており、すべて正覚を成し善縁を結ばんための方便であり、そこに大菩薩の本誓があると結んでいる。下巻の内容の一部は上巻と重複したところがあり、多少まわりくどい叙述や網羅的文章が目立ち、これらは上巻同様、説教・唱導の文として用意されたものとも受取られよう。かくて群書類従本のはじめに、

夫れ秋津島は五畿七道悉く行く雲行く雨も社壇なり、一人万民皆天神地神の御子孫なり、

といい、叡尊が八幡宮での異国降伏祈禱にあたり、

異国は此土に比し、蒙古は是れ犬の子孫、日本は則ち神の末葉なり、貴賤相別れ、天地懸隔なり、神と犬と何ぞ対揚に及ばん、

と祈った神国思想は続群書類従本の、わが国土は大日の本国、人は諾・冉二尊の裔として本地法身如来の余流であるとする思想と結びつけ、さらに大日如来は八幡大菩薩の本地である弥陀に垂迹するとの理屈を合せると、八幡神がわが国難を救う独特の論理が成立し、密教的な種々の呪術儀礼が大菩薩の霊験を示す手段としてもっとも頼まるべきものとなる。そして八幡宮御祈禱の巻数を拒否した家が家族みな悪病に死んだとの話は、所詮神国思想が現実に在家戸毎の八幡信仰宣伝の思想にまでつながっていることを暗に物語るのであろ

う。

神道五部書の神道論

以上『八幡愚童訓』を通じて神国思想鼓吹による神徳宣伝の例をみ、伊勢神道興起の思想的基盤の一斑は示しえたかと思う。よってさらに「神道五部書」を主としこの神道の中核となる内容の検討に入ってゆこう。まず『造伊勢二所太神宮宝基本記』は、はじめに垂仁天皇二十六年十一月、新嘗祭の夜、天照大神が倭姫命《やまとひめ》に憑って発せられた託宣をのせている。それによると、人は天下の神物で静謐を掌るべしと『礼記』の文を引き、心は人に宿るものゆえ、つねにこれを平静に保ち、これを傷付けぬようにすべきであるとする。したがって「心は神明の主たり、心神を傷ることなかれ、神垂は祈禱を以て先と為し、冥加は正直を以て本と為す」とあるのは、神の恵みは祈禱をすることによって与えられ、神々の加護をうけるには正直が何より根本だとの意である。その本誓によって大道つまり人の道を守っておれば天下和順・日月精明、風雨時をたがえず、国豊かに民は安泰である（この大道は『老子』より、天下和順以下の句は『無量義経』より採ったのであろう）。ゆえに神人混沌の初を守り、海内泰平・民間殷富が実現する（神人混沌の初はいうまでもなく『老子』の思想で上古の理想的時代を指し、これをわが神代の理想化された時代の表現に転用したのである）。神をまつるには清浄をもって先とし、真信をもって宗《もと》としなければならない。神代には人の心は聖にして常、直にして正であった。しかし地神の末、天下四方の人夫はその心黒《きたな》く堕落して神《たましい》は散去《うかれ》てしまった。かくて人々は生死長夜の闇に沈み、根国にさまように至った。そこで西天真人は苦心して誨《おし》えさとし、修善を教えてより大神は本居に帰り給うた。今後神官等は狂言の類を信ぜず、天地に従い陰陽を正し、神木を掌り自正を存すれば長生術・不老薬となるだろう。

ここまでが託宣で、あと両宮鎮座の由来を『日本書紀』『延暦儀式帳』などから記事を拾い説明する。最後に両宮の神殿はじめ付属の施設につき陰陽五行思想・儒教思想を用い理論づけを試みている。とくに著者にとって大切であったのは心御柱、一名忌柱とか天御柱というものでこれを一気の起り・天地の形・陰陽の原《もと》・万物の体といろいろに形容し、皇帝《すべらぎ》の命・国家の固ともたとえた。ここには宋学の理気説の影響が認められる。内宮の形は日天の図形、五行中火性であり、外宮は月天の図形、五行中水性にあたるとし、五行相克により、水性の外宮が火性の内宮にまさることを指摘している。千木は智義で義は仁にして天のごとく、智は霊で神のごときもの、千木の先端が内宮は水平に、外宮は垂直にそいであり、後者は天に向って口を開く形で、天神の象、これに対し前者は地神の象である。また堅魚木は星を象り天下を守る。以下、鳥居・瑞垣・榊・鏡・木綿・幣帛・大麻などにおのおの同様の理屈がつけられている。

『伊勢二所皇御大神御鎮座伝記』は、はじめに天照大神の神勅、天孫降臨を叙し、以後神武天皇より崇神天皇までの祭祀を略述して垂仁天皇二十五年、倭姫命による神託に至っている。外宮の豊受大神については「一記曰」として、諾・冉二尊が大八洲海神・河神・風神を生んだのち一万余歳を経ても水徳があらわれず、天下飢餓に苦しんだとき、二神相はかって八坂瓊曲玉を九宮に捧げると止由気《とゆけ》皇太神が化生し、千変万化、一水の徳を受け続命の術を生じたゆえに御饌都神ともいうとした。雄略天皇二十一年、倭姫命への託宣にもとづき丹波国与佐の比治の魚井《まな》の原より伊勢へ遷座されたとあるが、比治の真井は古風土記にも羽衣伝説で有名な奈具社があり、豊宇賀能売命がまつられているところである。神鏡については猿田彦神の託宣として天地開闢後もなお混沌の状態にあったとき国常立尊が地輪の精金・白銅を撰び集め、地・大水・大火・大風の大神が変通和合せしめて三面の真経津宝鏡を鋳た。ここにおいて神明の道明らかに、天文地理も存するに至ったとする。天照大神相殿にまつる剣は土精金竜の造るところ、豊受宮相殿にまつる玉は日天・月天の光精、天照大神相殿の弓箭は輪王のつくるところ、陰陽の義あり、豊受宮相殿の笏は天の四徳、地の五行、自然の徳であると説く。『天照坐伊勢二所皇太神宮御鎮座次第記』『豊受皇太神御鎮座本記』も内容は大して変らず、後者について興味ある記事を拾うと、天地未だ分れず混沌のとき、万物の霊は虚空神・大元神・国常立神さては倶生神ともいった。その虚なる中に霊あって体なく、広大慈悲を発し自在神力においてさまざまの形に変じ方便利益するところのものを名づけて大日孁貴《ひるめむち》またの名を天照大神といった。止由気皇太神は月天衆で、天地いまだ分れざるとき顕わるる尊形で金剛神と称し万物の総体である。大悲の本誓に任せ人ごとに思うに随って宝を雨《ふ》らせること竜王宝珠のごとく、万品を利すること水徳のごとく、ゆえに御気都神ともいうと論じている。いずれも伊勢神道理論の中核をなすが、右の宝を雨らせる皇太神の尊像は伊勢朝熊山金剛証寺（図41）はじめ大和桜井の長谷寺などにまつられる雨宝童子（中世の作）として知られる。空海作に仮託された『雨宝童子啓白』によると、赤童子ともいい、天にあっては日月星辰となり、日本には大日靈貴・月夜見・瓊々杵の三神、天竺には法身毘盧舎那・報身阿弥陀・化身釈迦の三仏、中国

図41　雨宝童子木像（金剛証寺蔵）

では伏羲・神農・黄帝の三聖となるとし、この像を安置帰依すれば福を招き災を除くとある。したがって天照大神の下生の像として女性にあらわし金剛宝棒と宝珠をとるのが普通である。以上のあとに宝宮棟梁天表御形文として「御形文図《ごぎょうもんず》」の説明を行い、内宮の形は日天尊位を、外宮は月天尊位を象り、心御柱は天四徳地五行に応じた経四寸長さ五尺の柱で五色の絁をもって巻き、八重榊をもってかざられている。これ諾・冉二尊、陰陽変通の基であり、三十六禽・十二神王・八大竜王常住して守護するとある。「御形文図」には空海に仮託の『両宮形文深釈』なる書に詳しく解説されているが、曼荼羅の図式をもって伊勢神宮の祭祀・建物その他の付属物の意義づけをするものである。『倭姫命世記』は以上四書と異なり、倭姫命の訓言あるいは歿後の託宣として両宮の由緒をとくに詳述しているが、雄略天皇二十三年二月の託宣の中で、むかし皇太神が、

心神は天地の本基、身体は五行の化生なり、かるがゆえに元を元として元初に入り、本を本として本心に任す、神垂は祈禱を以て先と為し、(中略)また仏法の息を屛《かく》し神祇を再拝し奉り、

云々と告げられた旨を強調しているところに、仏教をこえ、絶対無の神の時代、有為から無為への時代を志向する伊勢神道の根本理念を端的に看取しえられるとともにそこに神本仏迹説の奥儀が尽されていると考えてよいであろう。

要するに神道五部書はいずれも短篇で内容に重複多く、表現をかえての繰返しもあちこ

ちに気付かれる。引用された文献や背景となる古典的知識がさほど豊かでないのに、難解な文が随所に展開されて神秘性を高めようとした努力のあとがみえる。したがって祭主・宮司などの上層よりも下層神官の手による述作と推測されるが、あるいは短期間に急いでまとめようとした結果かもしれない。いずれにせよ、度会行忠を中心とする外宮祠官グループの神道理論樹立の活動がこうした偽書となって表面化したので、そこには御師として参詣人の案内など、実際的立場から必要に迫られた理論的権威づけの意図が強く働いている。

さらに五部書に加えて八部書ともいわれる『古老口実伝』『二所大神宮神名秘書』『神皇実録』の三書は前二者が度会行忠により鎌倉時代つくられ、後者もそれと前後した頃の作と判断される。『古老口実伝』は祠官に必要な典籍として、一宮尊号事・三姓氏人本源事・殿舎本縁事・中臣祓本縁事・御塩湯本縁事・笏事・明衣事・木綿事・玉串事・水火非常難出来事などをあげており、これらは書名でなく、それぞれの項目に関する書物を意味するものらしい。したがって「神道五部書」もどれかの項目に関係ある書と考えられていたようである。その他の理論書としては『飛鳥記』『大宗秘府』『大和葛城宝山記』『心御柱秘記』『神皇実録』が掲げられ、これらを一見すれば二世利益・正覚正知をうるとしており、『如在礼儀用心書』なるものを決めてこれに『十七条憲法』『徳失鏡』『貞観政要』『帝範』『臣軌』『老子経』『古文孝経』『曲礼』『月令』を指定した。仏教に関しては『梵網経』を最極としてその閲覧をすすめるなど、度会神道の学問体系の範囲を告げている。なお大小神祇の使者として狐・烏・鶏・蛇・鏑をあげ、これらは五官王夜叉神であって吉凶を教えるものだとし、陰陽道的卜占をとりいれているのである。要するに文中、「故人云」「古老伝云」あるいは「忠行一禰宜遺命云々」「氏忠遺戒之由」「行経神主口入也」など先例を思わせる註記が盛んに挿入せられ、つまり鎌倉期か、それまでに成立したさまざまな慣例が集められたものであったのである。

『二所大神宮神名秘書』は行忠が関白藤原兼平の命により弘安八年（一二八五）十二月三日撰して亀山上皇に献じたものである。天地初発に筆を起し、神とは五臟の神をさし、肝臟魂・肺蔵魄・心臟神・腎臟精・脾臟志より成る。五臟傷れば五神去り、五臟清めば天降神明して大道に帰すと、その効用をとき、道教の養神説を付会した。

通海の神道論と中臣祓

いままではもっぱら外宮祠官の著作について論じたから、この辺で内宮関係者の史料に移ってみよう。それは通海の『大神宮参詣記』である。彼は内宮祭主従二位大中臣隆通の子で兄弟の隆世・隆蔭はともに祭主を継いだ。はじめ宗円といい、伊勢国度会郡大橋御薗の蓮華寺に入って寺務である権律師尊海に入室し、やがて同寺を継いだ。この寺は大神宮法楽寺ともいわれ、祠官の創建になる諸寺の一つとみられるが、尊海は醍醐寺の僧であった関係で通海も醍醐寺に入って奥義を学び、塔頭金剛輪院をも開いている。

この書は弘安九年八月十四日、豊受大神宮造替遷宮の上棟祭拝観のため参詣した一人の老人が、両宮において僧侶とある在家の参詣者との御宮についての問答を聞書した形式になっていて、『大鏡』に先例のある叙述体裁をとっている。まず上巻について注意されるのは風宮の記事である。建久六年（一一九五）四月、東大寺大仏復興祈念のため俊乗房重源が風宮に参り法施のとき、夢中貴女あらわれて紅一果の宝珠を授けられ、風宮なりと名のられた。さめて眼のあたり宝珠を見、頂戴して帰り、大願を果されたという。重源ははじめ文治二年（一一八六）四月十六日、僧侶を伴って参詣、『大般若経』書写供養と転読を行い、外宮ではこれを神官氏寺の常明寺で、内宮では一禰宜成長のたてた天覚寺で催し、祠官一同の厚いもてなしをうけた。ついで建久四年にも同様参詣して法楽を営み、建久六年は三度目であった。供養した『大般若経』は第一回のときは八幡別所に、第二回目は常明寺に、第三回目は天覚寺や安芸国に埋納したといわれる。

さて弘安四年六月異国降伏祈願のため公卿勅使を発遣せられ御祈があり、祭主・祠官どもも院宣を被り祈請されるいっぽう、通海法印にも院宣を下され、法印は法楽舎にて祈願をはじめた。閏七月一日、巽の方に風にわかに起って海上に鳴動し、ために異賊たちまち漂没した。これはまったく風宮の霊威によるものであるとのべている。つぎに小朝熊《こあさま》社の神鏡盗難についての記事であるが、盗難にかかったのは小朝熊御前《みまえ》神社のもので神宮の摂社である。神体は石で社殿の前の谷川の中にあり、石上には二面の鏡が置いてあった。けだし大山罪（祇）命の子、朝熊水神をまつる。この鏡が三回にわたり盗まれたのである。委細は内宮祠官の撰述になると推定される『小朝熊社神鏡沙汰文』に見える通りであるが、通海の参詣記では正治元年（一一九九）四月三十日一面紛失し、寛喜二年（一二三〇）八月、京都の稲荷山より発見され、天福二年（一二三四）正月には二面紛失して同五月に戻され、文永六年（一二六九）十一月一面紛失して同七年正月帰座と三回の盗難を記している。はじめの両度は犯人が僧侶、一度は熊野詣の行者であった。

萩原龍夫氏はこの事件を次のように論ぜられている。当時直接神宮の本殿へ向う信者は上層階級に限られ、庶民の参詣者は周辺の摂末社を拝するに止まる。また摂末社の神官はその点で庶民の御師となり、民間信仰に接触しやすく、熊野先達・行者など民間伝道者として当時活動したグループと交渉をもつことになるのではないかと。鏡を盗む者もこうした摂末社に代表される伊勢の信仰を手近かのところに招致したい気持からではなかったかとわたくしは推察する。文永十年三月、叡尊参詣の折は種子がみえたという。

中臣祓についても興味ある記事を載せている。末法の世にはいかに祈願しても神明は納受されないだろうとの俗人の問に僧侶が答えてつぎのように話す。中臣祓はむかしよりいまに厳重に行われ、人の罪咎は立ちどころに滅する。いかに末代でも中臣祓の功徳をもってすれば罪咎は根の国の底つ国へ流しやってしまう。したがって中臣氏でない陰陽師までがこれを用いると、中臣祓の効用絶大であると誇示している。この中臣祓ははやく平安朝には陰陽道に入り、『延喜式』にも大祓詞が宣べられる際、東（西）文忌寸部が横刀を主上に献じてとなえる呪があわせのせられて周知のところである。すなわち、

謹しんで請う、皇天上帝三極大君日月星辰八方諸神司命司禄、左に東王父右に西王母五方五帝四時四気捧ぐるに銀人を以てし、禍災を除かんと請う、捧ぐるに金刀を以てし、帝祚を延べんと請う、呪に曰く、東は扶桑に至り西は虞淵に至り南は炎光に至り北は弱水に至る、千城百国精治万歳万歳、（原漢文）

は道教・陰陽道の信仰によって構成された呪文であるが、陰陽師が中臣祓ないし大祓に参加するにおよんで持込んだのである。その後、陰陽師が中臣祓をよみ、あるいは仏教の巻数から思いついて祓の祭文をよむ回数を巻数様につくり、百座祓・一千度祓を行うようになった次第は、『経信卿記』『山槐記』『吾妻鏡』『顕広王記』など各種の記録により明らかにされている。

こうして陰陽道化された中臣祓はさらに十一世紀より十二世紀にかけ密教に導入された。『阿娑縛抄《あさば》』にみえる河臨法はもと神祇信仰でも行なった祓であり、これが平安朝には主として陰陽師の手にうつり、さらに転じて密教におよんだのであるが、元来、身心の罪穢を払う目的がここでは呪咀・反逆・病気・産婦のために修せられ、河川に浮んだ舟に人形をのせ篝《かがり》を燃し、夜闇に乗じ『六字経』の神呪とともに密教僧または陰陽師が中臣祓をよ

み、人形を河に投ずる行法である。その際の呪は、

南斗七斗三台玉女左青竜右白虎前朱雀後玄武前後翼輔急々如律令、

とさながら東（西）文忌寸部の呪をつくりかえた感がある（拙著「台密と陰陽道」『古代文化』二十四巻八号）。この法は仁和寺の喜勝が大原の阿弥陀房静真に伝えてより復興したといわれ、台密・東密両密教で行われたものであった。やがて中世に入り東密の流では空海作に仮託した『中臣祓訓解』を生み出すに至り、既述『神道集』でも「大仲臣経」などと呼ばれてその功徳は盛んに民間に宣伝せられ、一切の願を満すこと疾風のごとく所求に従って円満なること自在天のようである、一座の祓をするだけで百日の難を祓い、首座の祭文で千日の咎をまぬがれると強調する。鎌倉時代民間の浄土信仰流行に対応して密教も末法適応性を高唱し神道理論を導入して今生・後生にわたる利益を説いたのである。

さて『大神宮参詣記』下巻では通海の主張する真言宗神道の理論が展開されている。二所大神宮を陰陽に比し、定恵に象り、日輪は胎蔵界の大日、月輪は金剛界の大日、内宮は西より東へ向い、外宮は東より西に向って参るので、東西両部の曼茶羅といい、また天地両曼茶羅とも呼ぶとするの類である。伊勢神宮で仏教を忌み遠ざける習慣については、彼が同宮神官家出身だけに重大な問題としている。これについて『沙石集』は、むかし日本がなかった頃、大海の底に大日の印文あり、皇太神が鉾を指入れてすくい上げ、その滴《したた》りで仏教流布の国をつくりはじめたとき、第六天の魔王がこれを妨害しようとした、よって

皇太神は魔王に仏法はとり入れないからとだまして追いかえした、その約束で仏法を表面上は忌み、仏語は隠語にして仏を「立ずくみ」、経を「染紙」、僧を「髪長」、堂を「こりたき」という風によぶが、本当は内々では三宝を守り給うので、日本の仏法は全く大神宮のお蔭であるとのべている（第十三章「和光同塵」の項参照）が、通海はそれは聖教に見えないところであると反対し、僧侶の話として、第六天の魔王とは伊舎那天すなわち伊奘諾尊である。伊舎那天は仏法護持の天で密教の伝法灌頂に性三昧耶戒を授けるとき、十二天の屛風を立てる、その十二天の随一である。仏法を忌めと大日の垂迹が天照大神に約束されようはずがない。また第六天魔王はむかし降三世明王に降伏させられた折、菩提心を発し灌頂を受けられたとの儀軌の文があり、仏法を忌むなどということはないとのべ、これに対し俗人は神宮に仏法を忌むのは大昔からのことであるからいまになって改めるのはむつかしいではないかと答え、通海のあきらめたような気持が打ち出されている。それにしても伊勢神官の出家入道や造寺作善は平安時代、永頼以来盛んなものがあったが、その詳細は紙幅の関係で前著に譲りここでは割愛しておきたい（拙著『神仏習合思潮』二二六—二三〇ページ、『宇治山田市史』下巻）。

『麗気記』の神道論

さきの「神道五部書」をうけたものとして注意される空海仮託の『麗気記』も、恐らく外宮祠官の手になるもの、いわゆる「天地麗気記」はこの書の中の一巻の名称にすぎない。すべて十八巻ではじめの「天地麗気記」では天神七葉は過去七仏が転じて天の七星になったもの、地神五葉は現在の四仏に舎那を加えた五仏の垂迹、五行の神ともなったものと説く。以下盛んに「御形文図」による理論が展開され、図形まで挿入した点に本書の特色があり、これは一見、誰にも理解し易い方法と考えられる。ついで外宮の禰宜家行は『類聚神祇本源』十五巻を元応二年（一三二〇）に公にした。その内容は天地開闢・本朝造化・天神所化・天宮・内宮・外宮遷座・宝基・形文・心御柱・内宮別宮・外宮別宮・神宣・禁誡・神鏡・神道玄義の諸篇から成る。

天地開闢篇では『周易』『老子経』『五行大義』『淮《え》南子《なんじ》』などを引き、易や老荘説を紹介し、『新瑞分門纂図博聞録』から太極図説を転載し、当時のわが国に宋学の新説を紹介する魁となったのは注目すべきである。以下の諸篇では「神道五部書」『神皇実録』『麗気記』を盛んに援用し、『麗気記』より記事は一段と整理された感あり、ことに機前哲学といわれる説明は人の興味をひくものがあろう。すなわち神道玄義篇に「志す所は機前を以って法と為し、行う所は清浄を以って先と為す」とあり、混沌の始めは教なく、「万物の化存するがごとく亡ずるがごとくして下下来来し、自《おのれ》を尊ばず」、これがすなわち大道であり、この大道に従い神を守るを肝要とし、その神をまつるには清浄を宗としなければならないと教えるもので、度会常昌はその著『大神宮両宮之事』の中でこれを「機前教なし、疾前薬なく、此両神（内外両宮）を正直捨方便の神と申す」と明快に表現している。『類聚神祇本源』は後宇多・後醍醐両天皇の叡覧に供し、北畠親房に伝えられて南朝政権に少なからず影響を与えた。家行が真言僧より神道伝授をうけた次第は西田氏の詳しい研究（同氏「伊勢神道と中世仏教との関係」）にゆずる。

北畠親房と慈遍の神道論

両部神道は北畠親房の『神皇正統記』に至って独自の発展を遂げた。彼はまず神国の概念を規定し「大日本は神国也、天祖はじめて基をひらき日神ながく統を伝給ふ、我国のみ此事あり、異朝には其たぐひなし、此故に神国と云也」と宣言し「豊葦原千五百秋瑞穂国」「大八洲」「大日本豊秋津洲《やまとしま》」などの異名もあるとした。ついでインド・中国・日本と国土の発祥を比較し、わが国のみ一種姓の中でも正統な道がうけつがれている特異な国柄であると説き、神道はたやすくあらわさずというけれども、神代より正理にて受け伝えたいわれを述べることを目的としているところから、神皇の正統記と名づけたとしている。伊勢神道の説をうけ国常立尊より面足尊までを五行の徳に配し、諾・冉二尊は陰陽または伊舎那天・伊舎那后にあて、三種の神器は日月星の霊とした。鏡は正直、玉は慈悲、剣は智慧の本源で、この三徳は神勅を通じて明らかにせられ、はじめて天下は治る。神の道は仏教・儒教の力で弘まったので、応神天皇のとき儒書を弘められ、聖徳太子は仏教を教えられた。これら両者はみな権化の神聖であったから、天照大神の御心をうけてなさったのであると論じている。

親房のかかる論法はただちに神本仏迹に結びつかないが、仏教・儒教が神道を弘めるための方便とする考えの基にはその意識が当然横たわっていたのである。神武より歴代の記述にうつる前に百王思想を批判し、百王とは十々を掛けた百でなく、無窮の意味をもった百で、天孫への神勅により三種の神器とともに帝系は無限であると主張している。応神天皇については御託宣をもって八正道を示し、垂迹されたから、八幡を垂迹の号とする、八方に八色の幡を立てる形は密教で阿弥陀の三昧耶形を指すとし、そのあと「神道五部書」がのせた倭姫命の託宣を引き伊勢・八幡両宗廟の御心に叶うため正直を第一にせよと教え、儒教も仏教も超えた原始の世界に立ちかえることをすすめている。それは正直の概念が清浄とともに無上道あるいは真如とも名づくべき本覚門を基調とする神道の本質を指す語だからである。親房の神道論書である『元元集』がそうした理念を根本として成立したのは、むろん原初の心に還れとする意見は末法の時代とても卑下する必要なく、「天地の始めは今日を始めとする理あり」との立場にすすみ、それゆえ君も臣も神をさること遠からず、神明の本誓を悟り道を忘れず、邪なからんことを思うべきであると末法思想を否定した。天台・真言の二宗について親房は、天台は伝教が唐の天台山に登り道邃《どうすい》和尚より教えをうけ一宗の奥義すべて伝え、慈覚・智証両大師さらに入唐して宗風を盛んにした結果、唐では国乱れて経教多く失われ、かえって彼地より日本に天台の経典を求めて宗の復興をしたくらいで、天台宗は日本が本となったと断じ、真言についても弘法は唐の恵果阿闍梨六人の付法弟子中、第一の継承者であり、真言宗は日本に正統が伝わった。この宗は神通乗と呼ばれ、如来果上の法門で諸教に超えた極秘密であり、わが国は神代よりの縁起、この宗の所説に符合していると両密教の日本中心論をとなえながら、やはり真言宗を第一の宗派として取扱っている。華厳・三論・法相・禅・律の諸宗派についても、いずれを信じてもそれぞれに随分の利益あり、一宗を信じ他宗をそしるのは大きな誤りである。仏教のみならず儒教・道教ないしもろもろの道いやしき芸まで興し用いるのが聖代であると包括的な宗教観を展開しているのは、神明の皇統を伝える君の政治を神道の顕現と理解する親房にとって、ここに伊勢神道の神本仏迹説からくる当然の帰結となるであろう。なお親房は大神神社へ参詣の折『大三輪神三座鎮座次第』を一見、研究しており、三輪神道をも学んだのであった。

以上によって親房の思想の根底には神本仏迹的思想があることを推察するが、これは南朝の皇統を中心とする万世一系の君主の政治が神の道を具現し、したがってその国は神国であるとの政治意識が前提となっている。しかし細部においては仏本神迹的思想をものこしており、これはのこしているというより仏本神迹的なものも全体としては神本仏迹的論理の中においてその意義をもつとする考えに発展したものとも解される。

たとえば応神天皇や聖徳太子を権化の神聖としながら、仏菩薩の応迹と認めているのは著しい例であるが、親房と同じ頃に出た慈遍がその神道書『豊葦原神風和記』の中で神を法性神・有覚神・実迷神に分ち、法性神は法身如来と同体であり、本地垂迹の二つを立てない。有覚神は諸の権現で仏菩薩が本を隠して万の神とあらわれたもの、実迷神は一切の邪神で益なく人を悩し、偽われる託宣を多く出す類としており、実迷神はあたかも存覚の『諸神本懐集』にいう実社の神を思わせる。安居院《あぐい》の『神道集』では、第十三章にみた通り、存覚が排撃した実社の神もこれをしりぞけなかったので本覚思想はいっそう徹底されているのであるが、慈遍の考えはこれらと多少異なり、三種の神のうちでも法性神のみは本迹説を超越したもの、いわば神本仏迹的なもので、無相無為の本覚神というべく、有覚神とは八幡神のごとく煩悩の衆生より出発して菩薩にまで昇華してきた向上門の始覚神にほかならず、聖徳太子も伝来の三教により感化せられ、解脱して和国の教主にまで至ったもの、同じく始覚門の神といわなければならない。そして窮局、始覚神も本覚神の御本誓を具現するための存在として意義づけられるので、所詮、実迷神のごとき邪神以外の神々はすべて法性神・本覚神へ昇華すべく方向づけられていたのである。慈遍は吉田兼好の兄とも伊勢祠官家出身ともいわれ、叡山に登り天台宗を学んだとも伝えられるが、やはりその思想の主流は伊勢神道にあったものと思われる。

最後に法隆寺では鎌倉後期、同寺学僧顕真得業が聖徳太子信仰興隆の風潮にのり太子流神道を唱導し、太子ゆかりの人物を網羅した聖皇曼荼羅がつくられたことを付言しておきたい。

一七　卜部家の神道

卜部氏の発祥と平野・吉田両派の発展

吉田神道を完成したのは兼倶であるが、それには古くからの伝統的な卜部家の学問と思想が基礎となり、既述のさまざまな神道説が大きな影響を与えているので、まず卜部家の歴史的展望からはじめよう。

古代にあっては卜部姓をもって朝廷に仕え、亀卜のことに従った家であるが、卜部氏は中臣氏の出身で雷大臣命のあと、伊豆・壱岐・対馬等四国の卜部氏に分れた中の伊豆卜部氏の系統ともいわれるが定かでない。雷大臣命は天児屋根命十一世の裔で、仲哀天皇のとき卜占に関係した中臣烏賊使主と『中臣氏系図』に見え、こうした伝承は平安朝も初め頃すでに成立していたのである。いずれにせよ、律令制の中で卜部氏は神祇官の下級官僚として中臣氏の下に立ち、大嘗祭・鎮火祭・大祓以下各種の祭典に亀卜を担当し、解除つまり祓を行なった。卜占は中国の影響をうけ、陰陽家の易占が重んぜられるにつれ、陰陽師の活動に関連して煩雑化し卜部氏の仕事は繁忙となるいっぽう、行事的形式化の傾向が強くなった。軒廊《こんろう》御卜は恒例・臨時の行事としてよく知られる。

吉田家の祖といわれる卜部平麻呂は『三代実録』元慶五年（八八一）十二月二日条によれば、伊豆国の人、幼にして亀卜の道を習い神祇官の卜部となり、火を揚げ亀を作し義疑を決し効多く、承和のはじめ（八三四）遣唐使に従い、帰朝後、神祇大史に任じ嘉祥三年（八五〇）少祐に転じ、斉衡四年（八五七）外従五位下を授けられ、天安二年（八五八）権大祐に拝し宮主を兼ねた。貞観八年（八六六）三河権介に遷り同十年従五位下、備後・丹波介、元慶五年十二月五日、七十五歳で没した。吉田家は後世先祖の系譜に権威をつけようとして『文徳実録』『三代実録』の記事を改竄したといわれるが、西田長男氏は『文徳実録』天安二年七月十七日条の「神祇権大祐外従五位下占部宿禰業基を兼ねて宮主と為す」とある業基、『三代実録』貞観八年二月十二日条の「外従五位下行神祇大祐卜部宿禰真雄を三河権介と為す」とある真雄をそれぞれ平麻呂に改めたのは誤りでなく、三者はいずれも同一であると主張せられ、伴信友の考証に従い斉衡三年九月、兄雄貞と同時に卜部を占部に改め、はじめて宿禰の骨《かばね》を賜い、その後業基・真雄より平麻呂へと改名し、占部を卜部へ復したりしたことを認められている。『類聚三代格』にのせる貞観十四年の太政官符によれば、その頃平麻呂は平野社預もしており、吉田家が平野社に因縁をもつに至る機縁がここにひらけたのである。平野社は西田氏によればもと鍛冶族としての物部氏一族がまつった竈神であり、光仁皇后高野新笠の御生誕ないし御生育に縁ある土地にまつられていたために皇后の生家和《やまと》氏（のち高野氏）では産土《うぶすな》神とあがめ、やがて皇室と関係を生ずるに至って京都へ勧請され、神祇界に重きをなし、平安後期、官幣二十二社の列に入るところとなった。それゆえ平麻呂が社の預となったことは吉田家の格式を高める上に寄与するところがあったであろう。平麻呂の孫兼延はさらに吉田神社の預をもかねたが、吉田社は藤原山蔭の創立にかかり、やがて官幣二十二社の一つに列せられ、藤原氏の氏神として急速な発展を遂げたから、吉田家は再びその地位を重からしめる機会にめぐまれたのである。

萩原龍夫氏は『吉田家語』によって兼延の二子から吉田と平野の神職家が分れたようにのべられたが、西田氏の掲げられた『吉田家日次記』の抜書（鈴鹿家所蔵）によれば、平麻呂五世の孫、兼忠の二子から分れたとしており、嫡男兼親は吉田社家となり、その猶子兼季からは梅宮社務の家が出た。次男兼国は平野社家となり兼国の曾孫兼次の次男兼清からは粟田宮の社務の家が分れたとなっている。鎌倉時代に入ると平野流の兼頼は三条西家所蔵本『文徳実録』の奥書に安貞三年（一二二九）の年号とともに正寿大夫の名で書抜の旨を註しており、石清水八幡宮が『延喜式』に入らぬことや広田大菩薩の問題にも勘申していることが嘉禄二年（一二二六）の『石清水八幡宮寺縁事抄』から知られて、学者としての存在がうかがわれる。兼頼の養子兼文は吉田社家の兼直の子であるが、文永六年（一二六九）の

「伊勢太神宮並宮《ならぶのみや》神体紛失」の勘申や同じ頃の『石上神宮御事抄』などをつくっており、学識のほどが察せられる。そうしてその子が『釈日本紀』の著者として著聞する兼方（懐賢）であった。この書において兼方は天照大神についての註釈にとくに力をいれ、『私記』や『五行大義』を引いて陰陽二神の解釈を詳述した上、「先師説云」の傍註に「此説等当家」と記して「天照大神の本地大日」とし、「大仰云」として「大日本国は真言教、大日の本国の心」云々の文をのせ、両者が符合するのは殊勝事なりとのべている。この二つの説を並べた背景には本迹倶高から迹高本下への思想傾向が察せられ、比売語曾社神の考証の中では彼自身の意見として豊前国田川郡の神社などは比売語曾神の垂迹かとのべて神本神迹的思想さえ出しており、熱田社でも同様の考えが示されている。ここには平野卜部家の説、先師の説などが出されているところからみて神本神迹的思想は必ずしも兼方が始めたとは限らず、それ以前よりいい出されていた可能性が強い。かくて平野流卜部氏は鎌倉期に『日本紀』研究を中心として神道説を樹立し、その伝統は次第に世の注目するところとなっていたのである。兼方の子兼員も花園法皇に『日本書紀』を進講した学者であり、同時になかなかの策士でもあったことは『太平記』（巻二十五）の挿話から想像せられる。

貞和四年（一三四八）十月二十七日、崇光院御即位により兼員の子兼前は軒廊の御占を奉り、悠紀《ゆき》・主基《すき》の国郡を卜定せられた大嘗会が行われた。ところがその頃院の御所南殿に不祥事あり、触穢になろうかと朝廷より法家へ御下問になったが、前大判事明清が叡慮のままにと申し上げたので、予定通り大嘗会はすすめられた。これをきいた吉田卜部家の神祇大副兼豊は立腹し、「天地開闢以来清濁汚穢を忌み慎む事は神道の重んずるところ、このたびの珍事触穢の儀なくして大礼の神事が無為にすめば、わが一流の神書を火に入れ出家遁世の身になりましょう」と開き直った。その後も仙洞には怪異の事がつづいた（以上の逸話は吉田家の権威確立後、『園太暦』観応元年十月の触穢勘申の記事によって吉田家が平野家と対抗上挿入されたものといわれる）。けだし兼豊の頃より平野卜部象に代って吉田卜部家が擡頭してきたのである。

兼豊の父兼夏も学者でその自筆にかかる乾元本『日本紀』があり、群書類従本『古語拾遺』の奥書には嘉元四年（一三〇六）八月二十一日付で、「およそ此書朝夕練習するところなり」との兼夏の文と「延慶元年（一三〇八）四月十七日之を修補す、片時といえども他処へ出すべからず、仍て余本一両所用意せしむるものなり」との兼豊の文が記されている。兼豊は上記のごとくわが一流の神書といって自家の神道説の権威をおおいに誇っただけに、康安二年（一三六二）『宮主秘事口伝』一巻を著わし、わが一流の神書を秘伝化した。兼豊の子兼凞はさらに摂政二条良基のため永徳三年（一三八三）草薙剣について委細講述し面目をほどこし、応安六年（一三七三）『日本書紀』を講義し、一条経嗣にも応安四年・応永三年（一三九六）と二度、同書を講ずるところあり、永徳三年には後亀山上皇から、『日本紀』については他家より注進すべからずと光栄ある言葉を賜わるなど重きをなした。それは彼の地位にも反映し、永和元年（一三七五）卜部朝臣の姓を賜い家を吉田と号し、至徳三年（一三八六）従三位、ついで明徳元年（一三九〇）正三位にすすんだ。応永九年五十五歳で浄宝寺住持運阿上人を戒師として得度した。出家後、神楽岡上に神光寺をたて念仏に余念がなかった。兼凞の子兼敦は左大将藤原満基の求めにより応永十年二月、天神七代・地神五代ならびに天児屋根命以来の系図を加点伝授しており、坊城俊任よりは神道の元老、神事万事相替らず憑み申すべしといわれるほどであった。兼敦の孫兼名は同族中前例なき従二位にすすんだ人、兼倶は兼名の子として永享七年（一四三五）に生れた。はじめ兼敏といい、応仁元年（一四六七）兼倶と改めた。宝徳元年（一四四九）十五歳ですでに宮主正五位権少副兼中務少輔になって軒廊の御卜に参加し、同年十二月二十五日の父との軒廊御卜に礼節なしと中原康富から評され、若年ながらその行動が目立つものであったらしい。応仁二年（一四六八）吉田社が兵火に焼かれ、文明五年（一四七三）には賀茂社神人に吉田社領を押領されて訴えるなど、多難な時期にもかかわらず活躍し、内侍所の清祓や安鎮祭に奉仕し、要路に『日本紀』を講じ、文明十二年（一四八〇）には累進して従二位に至り、また文明八年の賀茂社神体勘申に「神道長上」と称するなど、神祇界の重鎮としてその地位は自他ともに許すところとなった。

兼倶の唯一神道樹立

それとともに彼は斎場所建立と吉田家の神道完成を企図し、やがて後者は遠祖兼延に仮託された『唯一神道名法要集』の成立となってあらわれた。いまその内容を概観すると、すべて問答体になっており、はじめに神道を分別して第一に本迹縁起神道、第二に両部習合神道、第三に元本宗源神道の三者とし、第一はある社において祭神が降臨勧請されてより縁起の由緒についてその社の秘伝をつくり口決相承するもの、第二は胎・金両界をもって内外両宮に習合するもの、第三は陰陽不測の元元、一念未生の本本を明らかにし、さらに「一気未分之元神」を明らかにして万法純一の元初に帰するもの、これこそ唯一の神道というべきものであるとする。第三の説明はむろん「神道五部書」にいう「元を元として元初に入り本を本として本心に任す」との絶対無為の状態を大道とする道家的思想からきているのはいうまでもない。第三の神道は天児屋根命の託宣によるもので、これを分って顕露教と隠幽教とする。前者は『先代旧事本紀』『古事記』『日本書紀』の三部本書によって立てられる教で、天地の開闢、神代の元由、王臣の系譜を明らかにするもの、後者は三部神経である『天元神変神妙経』『地元神通神妙経』『人元神力神妙経』によって立てられた教で天地人三才を霊応せしめ三元三妙の加持を行うものである。三部神経はむろん吉田家で造作した偽経である。隠幽教は内清浄、顕露教は外清浄と称し、内清浄の道場（内場）は斎場、外清浄の道場（外場）は斎庭という。この内清浄道場には万宗と諸源の両壇あり、前者は金剛界、後者は胎蔵界を意味し、また両壇は天地陰陽の元図、内外両宮の本像、内天外天の表相、地中海底の印文である。大嘗会のとき太政官庁にたてられる悠紀・

主基両殿は前者が万宗壇、後者が語源壇の神殿にあたる。この辺の説明は真言密教の両部思想にもとづいたものである。

外場では天神地祇人鬼三才の礼奠を行う。そこでよまれる啓白の祭文には『延喜式』にのせる祝詞以下さまざまのものがあるが、そのはじめによまれる「高天原」の三字は阿字本不生の字母、一切陀羅尼の根本、言語の最頂で、諸法の心地、万行の源と意義づけた。内場でよまれる祈願表白文ははじめに无上霊宝神道加持の言葉があり、天上霊宝の天上は高天原で太極天をさし霊は森羅万象にやどる神霊、宝は神明相承の十種の神財をさす。次には内場の加持で行われる十八神道とは天地人それぞれの六神道を総合したものである。以下天地人の三分割による作法や理論を盛んに展開するが、そのあと天の五行と称して陰陽道を導入する。国狭槌尊以下面足惶根尊までを五行の神にあてることは伊勢神道からうけた説であるが、五行にも天地人の説をあてはめて右の五行神は天の五行とし、別に地の五行人の五行と称して別に神々をこれらに配当している。しかし何といっても本書の中心はいわゆる三教枝葉花実説（根葉花実論）にある。これについては神国において仏法を崇ぶ由来ならびに何時代から何の因縁でそうなったか、また他国の教法は必要なのかといった質問を立て、その解答としてわが国は開闢以来億劫万万歳の後に漸く釈尊が出現した。したがって仏法伝来は末代の晩年に属する。欽明天皇のときの仏教伝来は釈迦入滅より千五百年、漢土に弘まってより四百数十年の後である。いまごろわが国に渡来しても世人は信用しない。推古天皇の御世、聖徳太子は密奏を行なった。曰く、吾が日本は種子を生じ震旦は枝葉を現わし天竺は花実を開く、ゆえに仏教は万法の花実であり、儒教は万法の枝葉であり神道は万法の根本である。仏教・儒教は皆神道の分化にすぎぬ。枝葉・花実をもってその根源を顕わすが、花落ちて根に帰るがゆえにいま此の仏法が東漸したのはわが国が三国の根本たるを明らかにするためである。それ以来仏教が日本に流布しているのであると。かかる考えは兼倶の創案であろうか、それともよって来る理論がすでにあったのであろうか。西田長男氏（同氏「三教枝葉花実説の成立」）はそれについて二 - 三の文献をあげ、兼倶は伊勢神道・太子流神道ですでに考えられたところを綜合発展させたものであると論ぜられている。その文献とは智円律師の『鼻帰書』、慈遍の『旧事本紀玄義』と相阿の編する『国阿上人絵伝』などであって、『鼻帰書』には「種ヨリ仏法ノ花、天竺唐土ニサキテ至極ハ我国ヘ来ル事、菓ハ必ズ種ヘ落カカル義也、……大乗ノ仏モ此大神宝也、三国ノ導師是也、故ニ聖徳太子ニ現シ我心性ノ天然法爾ノ法ヲ弘メ給フ也」、『旧事本紀玄義』には「抑も和国は三界の根、余州を尋ぬれば此国の末、日本は則ち種子の芽の如きをいう、……唐は枝葉を掌り梵は菓実を得、花落ちて根に帰す」、『国阿上人絵伝』には「聖徳太子誕生ありて仏法をひろめ給ふ、兼て神道をつたへて推古天皇へ奏して曰く、日本種子を生じ震旦枝葉を現わし天竺花実を開く、故に神道は仏道の根源也、儒道は仏法の枝葉なり、天竺にて仏法の花実をあらはす、又花落て根に帰するごとく仏法東漸す」と記されているものである。吉田家に時宗の影響があるのは兼凞が運阿を戒師にした例からもうかがえる。

いずれにせよ兼倶が万法にすぐれ、万法の基としてつくり上げた唯一神道なるものは、彼がしりぞけた両部神道や陰陽五行説・儒家・道家の思想を根拠としたものであった。彼は本書終りの部分で唯一神道は開元修真道にほかならぬと主張し、真道とは純一無雑の真元神を明らかにする道で、すべての法すべての道の濫觴となるもの、畢竟それは宗源になると結論するが、そこには本書がしばしば引用している『三元神道三妙加持経』の内容の大部分が引用されている。この経は出村勝明氏（同氏「唯一神道名法要集の成立期」）によれば明応六年（一四九七）以前の成立であるという。兼倶が祖兼直に仮託してつくった『神道大意』はこの経を解釈・敷衍したもので、たとえば頭の七穴すなわち天の七星、腹の五臓すなわち地の五行、合せて十二、これは天神七代・地神五代合せて十二神に対応する。日に十二時あり歳に十二月あり人に十二因縁あるも同じ理である。すべては天神地祇の変作、日月は天地の魂魄、人の魂魄は日月二神の霊性であると説明し、神を三種に分け、一に元神、二に託神、三に鬼神とする。これは既述慈遍の『豊葦原神風和記』の三分類の考えをとりいれたのかもしれぬが、やや趣きを異にし、元神は日月星辰の神、その光、天に現じその徳三界におよぶも、ただちにその妙体をみることができないので浄妙不測の天神と号する。託神は草木等の類で四季に応じ生老病死の色あるも無心無念である。鬼神は人心の動作に従って動くもの、万物の主、人心の宗とするところで鬼神鎮まれば国家安く鬼神乱るれば国家破る、ゆえに伏義は八卦を画して八神を祭り、釈迦は天地のために十二神を祭り、仏法のために八十神を祭り、伽藍のために十八神を祭り、霊山の鎮守のために金毘羅神を祭る。金毘羅神は三輪大明神である旨、伝教大師帰朝の記文にのせられていると。この神の分類は要するに『神道大意』の劈頭「天地に在ては之を神といひ、万物に在ては之を霊といひ、人倫に在ては之を心といふ、心とは神なり、故に神は天地の根元なり」といった考えに通ずるので、つきつめれば分類された三神も窮局天地陰陽をはじめた神に帰する理である。

兼倶はかかる神道理論の大成には吉田家のみならず、平野家でとなえられてきた諸説もすべて包容する態度をもって臨んだが、中世盛んに流布した三社託宣のごときも吉田神主に託宣したものだとの造説をもって包摂していったのである。彼が公家社会にかかる造説を広める努力をしていた次第は『親長卿記』『実隆公記』などの文献から証せられる。そうしてついに三社託宣本縁ともいわれる『神楽岡縁起』をつくり、彼がこの岡にたてた斎場を弘仁八年（八一七）卜部氏の祖智治麻呂がはじめたものだと称し、そこで智治麻呂が元本宗源神道の灌頂をはじめたとき嵯峨天皇行幸し、天皇は天照大神、供奉の空海は八幡神、智治麻呂は先祖春日大明神の御内証をつくったのが三社託宣の発祥であると造作した。

兼倶と三社託宣の流行

一体、三社託宣として三神の託宣文が三尊形式をもってあらわされたのは文献的には室町初期の作とおぼしき『醍醐枝葉抄』で左のごとく読まれる。

八幡大菩薩　銅焔雖レ為レ食不レ受二心汚人之物一
　　　　　　銅焔雖レ為レ座不レ至二心汚人之処一
天照皇大神　謀計雖レ為二眼前之利潤一必当二神明之罰一
　　　　　　正直雖レ非二一旦之依怙一終蒙二日月之憐一
春日大明神　雖レ曳二千日之注連一不レ至二邪見之家一
　　　　　　雖レ為二重服之深厚一必至二慈悲之室一

この三つの託宣文は各自もとは別個にいい出され弘まったもので、その文も文献により多少の異同がある。まず天照大神については『沙石集』に聖徳太子の言葉とし、『古今神学類篇』は『聖徳太子御記文』と称する書物に出るものとするが、池田庄太郎氏所蔵嘉禎二年（一二三六）書写本『十七条憲法』の前文にみえる「謀計為《ハモ》二眼前之利潤一、終当《ニル》二神明之罰《ニ》一、正直非《ハモ》二当時之依怙一遂関《ニル》二日月之恵《ニ》一」の一句はその最古の所見とせられる。『十七条憲法』の前文としている点に『聖徳太子御記文』から出たことを物語っている。しかも池田氏本の奥書には興福寺沙門良是が東大寺三論書庫からこの文献を見出して写した旨を記しており、三論書庫は東南院にあったから、この託宣文が同院に何らか関係があったのではないかと思われる。八幡神の託宣文については発祥ははるかに古く、天平十二年（七四〇）、聖武天皇が大仏造立の思召があったとき下された宇佐八幡の託宣中に「神我れ天神地祇を率いざなひて必ず成し奉らむ、事立有らずば、銅湯を水と成し、我身を草木土に交りて障る事無くなさむ」(『続日本紀』天平勝宝元年十二月十五日条)とあり、これが基となって大仏鋳造の際にみる銅鉄の赤熱する有様を連想しつつ『梵網経』にみえる破戒者の熱地獄にさいなまれる戒文を利用して東大寺東南院あたりの僧侶が作ったものではあるまいか。したがって天照大神・八幡神のいずれもが東大寺に関係あるもの、つまり東大寺の本尊盧舎那仏の本地としての天照大神と東大寺鎮守の八幡神で、それに地元の春日明神を加え、この三社託宣はすべて南都の僧、東大寺東南院からいい出されたものと西田氏(同氏「三社託宣の制作」)は論ぜられた。春日大明神は既説『諸神本懐集』にもみえるが、三神の託宣を合せて同氏は東南院門主聖珍法親王かその周辺の僧侶によってこの三尊形式の文が創案されたのであろうとのべられている。

この推定の根拠となる『三社託宣略抄』には三社託宣の起りとして正応年中(一二八八―九二)東南院において聖珍法親王門主のとき庭前の池水に三社託宣文があらわれた奇瑞を挙げ、ここはむかし醍醐寺の聖宝が住んで三論を学び、呪をもって院に棲息する大蛇を追出したとの由来を記している。中世末より近世にかけては託宣文もいろいろの趣向を凝らした類似のものがつくられ、吉田神道のほか垂加神道・復古神道などにもとりいれられ、近世の偽書である『旧事大成経』にも変形した形のがのせられている。なお神奈川県の清浄光寺にある三社託宣神号は後醍醐天皇灌頂像とも伝えられるが、影像の上方に三社の神号を紙本墨書で張りつけてある（図42）。後醍醐天皇が果していかなる関係をもつものか明らかでないが、室町初期、三社礼拝の流行に伴う産物として生み出された一種の神影図であろう。

『御湯殿の上の日記』延徳元年（一四八九）八月二十一日条には、兼倶が禁中で三社託宣の供養を営み、香炉・檀紙等を賜わっているとあるが、かような供養の礼拝対象に右の影像の類が用いられたとも考えられよう。さて中臣祓についても兼倶は造詣深く、大祓詞全体を十三段に分ち、しきりに講義を行い、その聞書がのこされているがいまは省略に従う。

図42　三社託宣神影図（清浄光寺蔵）

明応六年（一四九七）二月九日、兼倶は日蓮宗の本圀・妙蓮・妙本三寺に対する三十番神についての質問状を契機として日蓮宗側と論争したが、この中でその祖兼益に日蓮が神道を伝授されたと称し、三十番神は地神第三代尊神降臨のとき供奉された三十二神すなわち禁闕直日の番神で、この三十二神名号の秘訓が日蓮に授与されたと主張している。この論争で兼倶は吉田神道の影響を日蓮宗におよぼし、日蓮宗は日蓮の事蹟に吉田家との関係を加えることにより、法華神道が天台神道の亜流でないとの印象を世に示したのである。

兼倶の吉田斎場創設と伊勢神宮勧請の画策

以上神道理論の完成と宣伝につとめた兼倶は、これをその祭祀・儀礼の上にも示して権威づけと伝統化をはかった。その中心をなすものが斎場所創設と伊勢両大神の勧請であった。吉田家では以前より邸内に斎所をもうけ、ここで重要な行儀作法を修してきた。文明五年（一四七三）の頃、兼倶は改めて斎場所の拡張を上奏して勅許を得、九年には斎場所が日本最上の霊社、天神地神八百万神、六十余州三千余社毎日降臨の勝庭で、その神事勤行が応仁の乱の西軍側降伏、都の平安を招来したとして神威霊験顕著なるを吹聴し、この際京中の諸人に万雑一芸一役あるいは諸商売一銭宛を課し、斎場所新築の費用にしたいと言上した。あたかも応仁の乱が終熄に向い、焼亡した吉田社復興の必要もあり、かたがた斎場所の発展を彼は企図したのである。かくて文明十六年、日野富子の援助で斎場所の上棟・

遷座が実現し、吉田社も上杉房定の奉加で造営された。斎場所の名称・構造は大嘗会の斎場から思いついたもので、後者の内院・外院をとって内場・外場の別をもうけ、八角の八神殿をまねて六角の太元宮が建てられた。太元宮は茅葺丹塗八角の殿堂に六角の後房が付けられた変った建物で、伊勢両宮以下日本国中諸神祇の祠がその周囲をとりまき、内に神代の霊宝を安置すると称する。

かくて吉田神道の本山というべき神楽岡の偉観がそなわるとともに兼倶はここを日本の神祇祭祀の中心地たらしむべく、第二の飛躍を試みた。その頃伊勢神宮では神領の減少による衰微と両宮神官の対立はなはだしく、文明十八年十二月、宇治の神官らによる外宮焼討のため、外宮神体紛失の流説が広まった。この機会を把んだ兼倶は延徳元年（一四八九）十月、朝廷に密奏して伊勢神宮の神器が斎場所に降臨したと言上した。すなわち三月二十五日夜亥刻風雨雷鳴の最中、黒雲八流、斎場所・八神殿・太元宮の上にたなびき、太元宮に霊物が降り、十月四日戌刻にも天より円光下り太元宮に神器があらわれたとするもので、これらの降下物を叡覧に供し、大神宮真実の御体に間違いなしとの宣旨を賜わった。兼倶はこのほか伊勢両宮が吉田へ降臨のしるしとして鴨川の水に塩気あり、伊勢二見の潮に乗じて来降されたと奏上し、鴨川の川上に塩俵多数埋ませたとも噂せられたが、この謀計一件は兼倶が自己の利益のみでしたことでなく、打ちつづく兵乱に荒廃した京都において朝儀の復興、神祇界の再建、神祇信仰の粛正統一をはかろうとしたところに根本的な原因があろうと清原宣雄氏（同氏「吉田兼倶謀計私考」）は論ぜられた。さらに同氏は卜部氏とむしろ対立関係にある白川家が以上の兼倶の画策に協力しているのもそうした根本的な点での共感があったからであろうとされている。白川家の忠富王は斎場所建立にあたり朝廷にその請願を取次し、太元宮へ降った霊物が伊勢大神宮真実の御体である旨の宣旨も書いたのであった。また延徳二年には兼倶・忠富王連署して荒廃した神祇官の再興を願い出ているのである。

兼倶以後の吉田家の活動

兼倶没後その子兼致早世により孫兼満があとを継いだが、兼倶の子で平野社を継いだ兼永と争いを生じ、そのあげく、兼満は大永五年（一五二五）三月、突然自宅に火を放って焼き出奔した。このとき兼倶関係の文献記録・祭具は多く失われたらしい。兼倶にはいま一人、清原宗賢の養子になった宣賢（次章参照）という実子があり、兼満出奔のため宣賢はその次男兼右《かねみぎ》を吉田家の当主にたてた。兼右は宣賢の後見によって成長し、吉田家の復興につとめた。彼は禁中や公家の間で神道伝授ならびに講書を行なったのみならず、安芸・周防・長門・越前・伊賀・若狭・伊勢方面を巡歴して吉田神道を弘め、多数の著作を通じて神威向上につとめた。兼右の子兼見は豊臣秀頼から一万石を給せられて秀吉の祭祀をまかされ、それによって慶長四年（一五九九）四月、豊国大明神の神号と正一位の神階を賜わり、豊国社が造営された。兼見の弟で、兼倶や兼右をまつる神龍院の住職であった梵舜はその神宮寺別当となるいっぽう、徳川家康にも近づき、家康の質問に応じて神道の話をしており、神道伝授を行う段階にまで至ったが、一道に偏するのを恐れて家康はこれを中止した（辻善之助氏『日本仏教史』近世篇之二、一二九ページ）。大坂の陣終ったのち、元和元年（一六一五）家康は豊国社を破壊し、神宮寺は梵舜に命じて妙法院に移管せしめた。翌二年四月、家康は没するに先立ち、崇伝・天海・梵舜らを招き死後の祭祀について指図するところがあった。かくて十七日家康の死去により梵舜は吉田神道による廟の造営をはじめ、家康に大明神の号を贈り、本社造立・遷宮以下のことを行おうとしたとき、天海が山王一実神道による祭祀を主張し、ついにこれにゆずった次第は第十五章でのべた通りである。

萩原龍夫氏は兼倶の文明十四年から兼右の永禄十二年（一五六九）に至る八十八年間に吉田家が出した神道裁許状百二十例を通じ、同家の全国的勢力拡大の実情を以下のように考察された。第一は京畿の大社はほとんど関係なく、大社ならば遠国のものに限られ、郷村や寺院鎮守はすべての地域にわたり対象となっている。第二に亡魂等の祟る霊を祀ることによって世人の信頼を集めた。第三は郷村の社人やオトナ層との接触が目立ち、これは神仏習合からの離脱の動きと関連する。以上はそのおもなものであるが、国別には近江国が飛び離れて裁許状の数の多いことを明らかにせられている。

吉田神道と一般社会との結びつきについては同家よりさまざまな世俗の職業者に出され

ている印信《いんじん》が興味をひく。西田氏（同氏「両部神道の社会経済史的考察」）は鈴鹿家所蔵の番匠に関する印信を例とし、商工業者への両部神道の印信授与は中世商工業の座の本所である社寺を通じて行われ、それによって職業の特権が各自の職業者に与えられたもので、社寺が配下の神人・寄人を統制する最も好都合の方法であったと論ぜられている。近世に入り座的特権の消滅につれ、印信の歴史的意義も失われたとはいえ、なおその呪術的神秘性は細々ながら職業の封建的伝統を守る旗じるしとして俗社会に命脈を保ちつづけたのであった。

一八　本地垂迹説の終末

林羅山の理当心地神道

吉田神道の成立によって神本神迹説の確立をみた結果、ここに本地垂迹思想は終局を告げた。長きにわたり、わが思想界を支えてきた原理はいまや神と仏の理論的分離に伴い、その歴史的使命を終ったわけであるが、いかに権威を失ったとはいえ、その影響はなお近世において根強く残存し、明治の神仏分離まで国民生活の底流をなして生きつづけた。否、神仏分離以後といえどもまったくわが国土から払拭されたわけでなかった。その意味で中世以降の神仏習合思想はなお中世に劣らず論ずべきことが多いが、テーマとして与えられた「本地垂迹」の近世における理論的発展には概して見るべきものがないので、林羅山の神道を中心とした概論を試み、もって本書の終章にしたいと思う。

周知のごとく羅山の神道は理当心地神道とよばれる。彼の神道が吉田神道を継承することによって成立したのはいうまでもないが、その神本神迹的思想より儒本神迹的思想への展開はすでに吉田神道に素地が醸成されつつあったとみられる。羅山はとくに兼倶の子清原宣賢を通じて吉田神道を受け入れたから、まず宣賢の思想を一瞥しておこう。この点については今中寛司氏（同氏『近世日本政治思想の成立』）の精細な研究があるのでそれを参考としてのべることとする。

宣賢が吉田家から出てあとを継いだ清原家は一条天皇のとき（九六六—一〇一一）広澄・善澄兄弟が博士および助教に任ぜられ、清原姓を賜わって以来、明経道の家として重きをなし、室町期に入っては五山禅林の影響をうけ、朱子の新註をもとりいれて家学の刷新をはかった。宣賢は養祖父業忠の教えをうけ禁中・幕府に古典や神道書を講述したが、とくに『日本書紀』は吉田神道で三部本書の一と重視されていただけに、彼もこの書についての造詣は浅からず、享禄四年（一五三一）の頃、延暦寺千十房で講義し、これが寛永十七年（一六四〇）にまとめられ、叡山東塔の檀那院から『日本紀神代抄』として公刊された。これはたんなる神代紀の注釈書でなく、これを神典として神道を論じたもので、一条兼良の『纂疏』の影響を深くうけているといわれる。しかも兼良は父一条経嗣や吉田兼凞から『日本書紀』の伝授をうけ、それが『日本書紀纂疏』にも影響していたのである。宣賢は天神とは天地陰陽の根源で一気の起るところこそ、天神たる国常立尊・天御中主神であるとし、儒仏と神祇の三教一致をとき、天地人三才、無二の説を朱子の宇宙論的・人性論的方向において意義づけた。また神は無形にして万物の源である。四季の別あるは神が天地の上に生滅を示してみせるからである。天地の根源は一心にして国常立尊にほかならぬと自然現象をただちに神に結びつけ、これを兼倶に従って心王とよび、天地人三才を司るものとしたが、そこには朱子の心性の学が転用されているのをみる。総体に吉田神道祖述の体制は変らないながらも、儒学とくに朱子学の理気説への傾斜は次第に強まりつつあったのである。

羅山の出身である林家は代々清原家の門人で、なかんずく宣賢の経書・詩集の抄物を多く伝えていた。羅山は京都四条新町に生れ、父の兄吉勝の養子となり、文禄四年(一五九五)十三歳で元服してから建仁寺に入って大統院古澗慈稽につき学んだが、養父吉勝も慈稽に指導をうけていた。同寺両足院には中国からの帰化人の裔である林宗二が住し経書を宣賢に学び、みずからもわが古典の研究を行なって注釈書を出版した人であるが、その孫娘桃隠寿見禅尼は宣賢の養父宗賢に嫁し、林氏と清原家の関係は深く、現在も両足院には当時の内外典籍に関する抄物・写本が多数保存されている。そうしたわけで、羅山は慈稽、さらに宗二とも交りを結び、吉田神道や清原家の家学を両足院の典籍を通じて学び取ったが、彼の神道は『本朝神社考』『神道伝授』などの著書からその思想内容を窺うことができる。後者の著書は正保元年(一六四四)若狭国主酒井侯のため書いたといわれ、前者はわが国諸社の祭神について考証した先駆的文献として注目されるものである。理当心地神道の奥義は『神道伝授』中「神道奥儀」と題してのべられている。それによると神道は王道である。

心の外に別の神なく別の理なし、心清明なるは神の光であり、行迹正しきは神の姿である。政治が行われるのは神の徳、国が治まるは神の力である、これは天照大神より相伝し、神武以来代々帝王一人が統治するのであると。つまり彼の神道は宋学の心即理の考えをもとにした心学的性格を帯び、そこに王道の正しい姿を求めている。神道が心をもって本とするとの心学的な説は羅山以前、伊勢神道や吉田神道にもみられるが、これを王道に結びつけ、儒本神迹的傾向をみせてきたことは藤原惺窩《せいか》よりの影響や時代思潮のしからしむところである。羅山はまた『本朝神社考』で、平安朝に盛んとなった王道は、中世仏教の普及により衰えたが『日本書紀』『延喜式』などの古典が遺されたためそれにより復興することができた。伊勢神宮で仏教を忌むのは上古に物部氏らが崇仏に反対した遺風であり、王道の元《はじ》めは天照大神が三種の霊宝を皇孫に伝えたとき、神道の祖は神離正印を天児屋根命に伝えたときとし、『唯一神道名法要集』は兼倶の偽作と非難した。本地垂迹の理論については『神道伝授』に三儀をあげ、一は仏本神迹すなわち和光同塵の思想、二は神本神迹(ただしこれは羅山が仏は天竺の神で日本の神と異なると説明しているところからみて本当は神本仏迹を意味するらしい)、三は彼の主唱するもので、人をまつって神とあがめれば人を本地、神を垂迹とする。古来よりの神をまつる場合は根本の神が本地で宮社のあるところが垂迹になるとする。人本神迹・神本神迹、いずれをも認めている。

羅山の神道は尾張侯徳川義直に受けつがれ、義直は『神祇宝典』を著わし、儒本神迹の思想を発展させたが、山崎闇斎の垂加神道にも羅山の説は受け入れられた。闇斎は敬をもって神道を説き、五行説をこれに付会するいっぽう、朱子学の理気説をも加えて国常立尊を太極とするなど羅山の思想を継承し、さらに神は天地の心で人は天下の神物、人の心は神明のやどるところであるなど伊勢神道にも影響され、神道五部書の説を参酌している。かくて仏教排撃の儒家神道が進出したにもかかわらず、なお中世の仏家神道そのものも余喘を保ち、延宝元年（一六七三）出版の『両部習合神道抄』、それより降って『三輪流伝授作法』などが公になり、享保三年（一七一八）には源慶安の『両部神道口決抄』が出ている。天和元年（一六八一）、『先代旧事本紀大成経』なる浩瀚な偽書の刊行は世の耳目を驚かした。伊勢神宮祭主は朝廷と幕府に訴え、その結果諸国から書物を回収し、版本と版木が破却せられた。これについて久保田収氏（同氏「旧事大成経成立に関する考察」）は偽書とはいえ、聖徳太子信仰・三教一致思想・山王一実・両部神道などをいれ、神道学の綜合的組織化をはかった点で思想史上注目すべきであると論ぜられている。

わが国本地垂迹説の歴史的意義

以上、仏教伝来以後、千有余年にわたる長い道を歩んできた本地垂迹説をのべきたって、いまここに改めてその歴史的意義を顧みるとき、わたくしは次の四点に要約して考えうると思う。

第一にわが国における本地垂迹説は、いうまでもなく、わが神祇と伝来の釈尊を関係づける理論として展開したものであるが、これを詳細に検討すれば、たんに神と仏の関係と単純に片付けられるものでなく、その間には道教・陰陽道・儒教など、仏教と前後して伝来した中国固有の思想や宗教がこれに纏綿し、複雑な様相を呈しているのである。わけても初期における神仏関係に陰陽道が大きく媒介的役割を果した次第ははじめにのべた通りである。仏教中でも密教の神秘的・呪術的要素は陰陽道や道教にこれと通ずるものがあって等しく外来思想として受入れた日本人には、その間あまり区別は意識されず、いっぽう陰陽道の儀礼作法にはわが神祇のそれと似通った点があって神祇信仰の陰陽道化は著しく、仏教でも護法神は漸次わが固有の信仰にとり入れられて神祇化したから、神も仏もそれぞれ時代の推移とともに多様な変容をみせる中で、本地垂迹説は発展したのである。平安末、本地垂迹説の完成期に入る頃には神や仏の概念自体が両者接触のはじめとくらべて驚くべきほどの変化を遂げ、中世に向うにつれ、いよいよはなはだしく、わが上古の神話の神々のほか、聖徳太子・弘法大師・行基菩薩、さては老子・孔子など異国の歴史的人物におよび、道教・陰陽道の神々・宿星・冥府冥官・密教天部明王など、さまざまのものが神祇と同列に並べられて和光同塵の思想の下に雑然たる多神教的様相を呈し、その中ですでに仏本神迹思想は神本仏迹へと転ずる兆候をみせてきた。天台・真言両宗発足以来高まった本覚思想は鎌倉新仏教の出現となったのみならず、神本仏迹思想の成長を促がし、これが仏家神道の形成によって表面化するとともに、その理論構成は顕密両教・陰陽道・道教・儒教に、新たに伝わった宋学の説をも加えて煩雑極りない習合説を形成し、本地垂迹説本来の姿はその跡かたをとどめないまでに変化した。それゆえ神と仏を対置してその本迹を論ずること自体あまり意味がなくなり、権実思想は権威を失ってついに本地垂迹説の宗教界における指導的地位に終止符が打たれた。かように考えるならば、本地垂迹説はたんに神仏両者の関係を発展変化させたというより、すべての外来の宗教・思想とわが民俗伝統的信仰・思想を広範に接触・混融せしめて、むしろそこから日本人本来の神祇信仰への認識を新たにさせる契機を生み出していったとみるところに、第一の歴史的意義を認めるべきであろう。

第二に、本地垂迹説は仏家によってわが宗教界に導入された哲学的理論ではあったが、広く伝播するに伴い、たんに上層知識階級や特定の宗教家達だけの抽象的知識に終ったのでなく、広く庶民の社会に普及し、彼らの日常生活にも入りこみ、これが信仰の実践につながった点に歴史的意義が存すると思われるのである。かかる伝播普及にあたったものは恐らく修験者・説経師・高野聖・熊野比丘・御師・先達・絵解きその他民間の芸能者たちであったが、本覚思想が極端にまですすむところ、上記のように神祇の概念そのものも、内外にわたるすべての宗教・信仰における礼拝対象を包含するに至って、本迹説は多種多様の解釈と適用を許し、それはおのずから、めいめいの地域社会の歴史的自然的環境に応じた形をとることによって庶民生活の中に定着した。高次な哲学的理論からみれば、荒唐無稽とみえる解釈や説明も、これが本迹説の庶民生活に根を下した赤裸々な姿であるとすれば、その存在意義は決して軽視すべきものではないであろう。

第三に、上述のごとく本地垂迹説がたんなる抽象理論に止らなかったことは、神像の彫刻・絵画や曼荼羅図など、いわゆる習合美術を生み出した事実からも明らかであり、日本美術にそうした特異な分野をつくり出した点にまた一つの歴史的意義があったとせられよう。ことに絵図にしたものは運搬その他の取扱いが便利であるため、上下を問わずこれをみる機会が多く、上述の本迹説を伝播する人々の中にはこれをたずさえて教化ないし宣伝に利用したものもあったであろうし、地域社会で講や結社を組織し、絵図を礼拝対象とした行事をもつところもあったのである。絵画を通じての本迹説の宣伝はむつかしい理論の理解を要せず、直観的に実感をもって一般民衆に受入れられることができたのである。

第四に政治思想との関連である。中世における本地垂迹説の広汎な展開は社会・階級・地域の異なるにつれ、多彩な様相を示したが、公家貴族階級にあっては古代以来の王法仏法相依相助の関係において捉え、公武対立が激化した中世には王法思想の延長である神国思想を強調し、これを古代仏教の所産である本地垂迹理論によって荘厳し、もって朝廷・公家の権威宣揚をはかったのであった。また鎌倉新仏教を神祇軽視の点で古代仏教が非難攻撃した際、本地垂迹説は有力な論拠となった。そうした事情から朝廷・公家の政治理念に寄与した歴史的意義は大きく、まさに本迹説は反動理念的役割を果したといえよう。しかしこれをもってそれがただちにこの説のすべてであり、かつその本質につながると速断するのは必ずしも当をえた考えとはいえない。繰返し述べたごとく、中世の本迹思想によって考えられた神や仏は上層知識階級によって認められたオーソドックスなものばかりではなかった。神祇は官撰の正史に収められた神話や『延喜式』の諸社にみえるもの以外、いわゆる実類に属する民俗的神々や仏教の天部明王など護法的諸尊から転化したもの、道教・陰陽道の中国的な土俗神から転化したものなどがおびただしくまつられ、大社の境内には摂末社が急速にふえて、その中には人間の霊魂や自然崇拝的精霊の祭祠もあり、庶民にとって大社の主神より、こうした境内社の些々たる小神こそ信仰として頼もしいものであった。仏尊にあっても正式な仏典ではあまり重要視されぬもの（蔵王権現・牛頭天王もその一つであったが）、あるいはわが国でその性格を変え、またはそれからヒントをえてつくり出したもの（金毘羅神・証誠殿・牛御子・一童の類）があって、それらは儀軌をはなれ、中世ではおもに庶民生活の実践的な面に対応した形で再生された日本的土俗神になっている。中世の本地垂迹思想は事実上これらの神仏関係にもおよんだのであって、そこでは反動理念どころか、かえって民衆の生活を活気づけ、地域社会の団結を高める契機をつくり出す役割を荷ったのであって、そこにもまた見逃しえない歴史的意義がひそんでいることを指摘して本書の結びとしたい。

関係略年表

年次（西暦）	主要事項
後漢明帝永平七（六四）	後漢明帝、夢想により西域に仏教を求む
一〇（六七）	中インド僧摂摩騰・竺法蘭、『四十二章経』等をもたらし洛陽に来る
東晋穆帝永和四（三四八）	西域僧仏図澄、後趙王の知遇をえて布教し洛陽に寂す
東晋安帝隆安五（四〇一）	亀茲国鳩摩羅什、長安に来る
義熙一〇（四一四）	『註維摩』の著者僧肇寂す
継体七（五一三）	百済より五経博士段揚爾来朝
一〇（五一六）	百済より五経博士高安茂来朝
一六（五二二）	漢人鞍部村主司馬達止来朝し大和国高市郡に草堂を結び仏尊を礼拝したと伝う
欽明一三（五五二）	百済聖明王仏像経巻等をわが朝廷に献ず
敏達一三（五八四）	大神比義、宇佐八幡宮の祝となる
用明一（五八六）	天皇看病のため豊国法師参内す
隋文帝開皇一七（五九七）	『摩訶止観』の著者智顗寂す
推古一〇（六〇二）	百済僧観勒来朝し暦本天文地理書ならびに遁甲方術の書を献ず
唐高祖武徳六（六二三）	三論宗の祖吉蔵寂す
天武四（六七六）	これよりさき天武天皇、陰陽寮をおき、またこの歳はじめて占星台を興す
五（六七七）	はじめて放生会を行う

大宝	三（七〇三）	巫僧法蓮、医術を褒せられ豊前国野四十町を賜わる
霊亀	一（七一五）	若狭彦神社禰宜笠朝臣節文、若狭国遠敷郡白石に影向の神をまつる
霊亀年中	（七一五—六）	藤原武智麻呂、夢告により越前国気比神宮に神宮寺を建つ
養老	四（七二〇）	はじめて宇佐八幡宮に放生会を行う
	五（七二一）	巫僧法蓮、隼人征討への協力により三等親以上の親に宇佐君の姓を賜わる
養老年中	（七一七—二三）	若狭比古神宮寺建立〇若狭比古神社神主和朝臣赤麻呂神願寺を建つ
神亀	二（七二五）	宇佐八幡宮神宮寺弥勒寺の創立
天平	一三（七四一）	宇佐八幡宮に朝廷より広嗣の乱平定祈願の報賽として『金字最勝王経』『法華経』の奉納、三重塔の建立あり
	一四（七四二）	聖武天皇、橘諸兄を使として伊勢神宮に奉幣し大仏造立を祈る
	一七（七四五）	宇佐八幡宮より東大寺造立の費用を寄進す
天平勝宝	一（七四九）	宇佐八幡宮大仏造立援助の託宣を発して上京す〇大仏鋳造成り朝廷は弥勒寺に綿稲等を、八幡神に神階封戸を寄せ、禰宜大神杜女・同田麻呂に大神朝臣の姓と位階を授く
	六（七五四）	大神杜女・同田麻呂、厭魅のことにより流罪せらる
天平勝宝年中	（七四九—五六）	満願、常陸国鹿島神宮に神宮寺を建つ
天平宝字	一（七五七）	満願、箱根三所権現をまつる
	七（七六三）	満願、多度神宮寺創立、多度大菩薩と称す
天平神護	二（七六六）	朝廷、伊勢大神宮寺のため丈六仏造立〇宇佐比咩神に封六百戸寄進さる
神護景雲	一（七六七）	逢鹿瀬寺を伊勢大神宮寺となす〇畿内七道諸国に勅して一七日間国分寺において吉祥悔過を行わしむ
	三（七六九）	宇佐比咩神に神宮寺建立さる

宝亀年中	(七七〇－八〇)	近江国多賀神、参詣の大安寺僧恵勝に読経を乞う
延暦	二 (七八三)	八幡神に護国霊験威力神通大自在王菩薩の号を奉る
	一五 (七九六)	百姓の北辰を祭るを禁ず
延暦	二一 (八〇二)	最澄、渡唐に際し宇佐八幡宮・香春社に参詣、渡海の安全を祈る
大同	一 (八〇六)	空海、『宿曜経』一巻を船載す
	二 (八〇七)	行教、大安寺鎮守に八幡神を勧請す
弘仁	五 (八一四)	最澄、報謝のため宇佐八幡宮・香春社に『法華経』を講じ、香春社に法華院を建つ
天長	四 (八二七)	金亀和尚、八幡神の霊告により豊後国由良に八幡別宮を創立す
	六 (八二九)	弥勒寺に講師職をおき光慧をこれに任ず
貞観	元 (八五九)	行教、清和天皇のため八幡宮に大乗経典の供養転読を行う〇八幡神、石清水遷座を託宣し、行教これをうけて朝廷に上奏す
	三 (八六一)	石清水八幡宮の神殿造営成る
	四 (八六二)	弥勒寺において清和天皇のため安宗・延遠ら一切経書写を行う
	五 (八六三)	京都神泉苑に御霊会を営む
貞観年中	(八五九－七六)	常住寺円如祇園社を創立す
元慶	五 (八八一)	卜部吉田家の祖平麻呂没す
仁和	四 (八八八)	赤山明神を叡山の西坂本にまつる
寛平	八 (八九六)	薬師寺鎮守に八幡神を勧請す
延喜	一〇 (九一〇)	行秀、宇佐の御許山正覚寺を建つ
	二一 (九二一)	筥崎八幡宮、託宣により独立の社となる
延喜年中	(九〇一－二三)	勧修寺鎮守に八幡神を勧請す
承平	四 (九三四)	祇園天神堂建つ

	五（九三五）	祇園観慶寺を定額寺となす
	七（九三七）	筥崎宮境内に多宝塔一基建立さる
承平年中	（九三一－三七）	この頃、神護寺金堂内に八幡大菩薩影像まつらる
天慶	二（九三九）	京都山科辺の尼、石清水八幡宮にまねて八幡神をまつり放生会を営み本宮より破却さる〇京中街頭に男女神像をまつり礼拝すること流行
	四（九四一）	道賢、『冥途記』を撰進す
	五（九四二）	多治比文子に天満天神の託宣下る
	八（九四五）	志多羅神の神幸行列、摂津国より山城国に入り石清水にねり込む
天暦	一（九四七）	近江国比良宮神官良種の子太郎丸に天満天神の託宣下る〇多治比文子邸内の天満天神社を北野に遷す
天徳	三（九五九）	北野天神社の社殿、藤原師輔の援助により増築さる
安和	一（九六八）	この頃、『金剛峯寺建立修行縁起』成る
天禄	一（九七〇）	祇園御霊会行わる
天延	二（九七四）	観慶寺感神院、延暦寺別院となる
永延	一（九八七）	花山法皇、熊野参詣
正暦	三（九九二）	筑紫安楽寺聖廟禰宜藤原長子に天満天神の託宣下る
	五（九九四）	船岡山に御霊会催さる
長保	一（九九九）	雑芸者無骨、祇園会に大嘗会の標のような柱を引いて追捕さる
寛弘	一（一〇〇四）	是算、北野社別当職につく
	二（一〇〇五）	紫野に御霊会（今宮祭）催さる
	四（一〇〇七）	藤原道長、金峯山参詣
	五（一〇〇八）	絹（衣）笠岳御霊会催さる

長和	四（一〇一五）	洛西花園寺付近に疫神社創立
永承	七（一〇五二）	西京の住人、唐朝疫神の託宣を被って今宮祭を行う
延久	二（一〇七〇）	祇園社焼く
永保	一（一〇八一）	藤原為房、熊野参詣
応徳	二（一〇八五）	京中街頭に宝倉建ち、福徳神・長福神・白朱社等と称す
寛治	二（一〇八八）	藤原師通、熊野参詣
	三（一〇八九）	清滝権現、上醍醐の鎮守にまつらる
	四（一〇九〇）	白河上皇、熊野参詣をはじむ
承徳	一（一〇九七）	清滝権現、下醍醐の鎮守にまつらる
天仁	二（一一〇九）	藤原宗忠、熊野参詣
天永	一（一一一〇）	藤原為隆、興福寺金堂に詣で、堂内に春日大明神影を拝す○大安寺に百座法談あり
長承	三（一一三四）	鳥羽上皇、待賢門院・源師時らと熊野参詣
保延	六（一一四〇）	石清水八幡宮火災により延喜の頃造立の神像六体を失う
久安	四（一一四八）	祇園社全焼
久寿	二（一一五五）	鳥羽法皇、最後の熊野参詣
長寛	二（一一六三）	甲斐守藤原忠重所罰につき伊勢・熊野両祭神の同一如何を公家前年より討論す
嘉応	一（一一六九）	後白河上皇、在家姿にての最後の熊野参詣
安元	一（一一七五）	蓮華王院鎮守に八幡以下二十一社および厳島・気比宮などを勧請す
治承	三（一一七九）	観海、祇園三所権現御正体等鋳造の勧進を行う
治承年中	（一一七七－八〇）	平氏の南都焼討により手向山八幡宮神像を焼く
元暦	一（一一八四）	九条兼実、尊忠僧都持参の日吉御正体図絵に銘文を書く○九条兼実、自宅にて春日社頭図を掛けて礼拝す

文治	二	(一一八六)	俊乗房重源、伊勢神宮参詣、『大般若経』書写供養転読、後年また二度参詣
建久	二	(一一九一)	九条兼実、春日社宝前にて春日本地仏曼荼羅を供養す
	四	(一一九三)	一間に日本国諸神祇を勧請し心経を供養した天台座主公顕寂す
元久	一	(一二〇四)	この頃夢想により畠山記念館蔵清滝権現図成る
	二	(一二〇五)	延暦寺、興福寺衆徒、専修念仏の徒の神明不敬を非難す
建保	一	(一二一三)	慈円、「まことには神ぞ仏の道しるべ」云々の歌をつくる
承久	一	(一二一九)	最古の『北野天神縁起』成る
	二	(一二二〇)	藤原頼資、熊野参詣
	三	(一二二一)	祇園社焼く
貞応	二	(一二二三)	大神神社神宮寺平等寺の慶円寂す〇『耀天記』成る
嘉禄	二	(一二二六)	『石清水八幡宮宮寺縁事抄』成る〇『三社託宣文』中、天照大神の託宣文この頃までに成立す
建長	六	(一二五四)	法隆寺顕真、太子曼荼羅を図写せしめ、またこの頃太子流神道を説く
文永	三	(一二六六)	幸円、『三輪流神祇灌頂私記』を書写す
	六	(一二六九)	吉田兼文、伊勢太神宮並宮神体紛失を勘申す
	一〇	(一二七三)	日蓮、佐渡にて『観心本尊鈔』を書き法華大曼荼羅をつくる〇元寇国難祈願のため叡尊、伊勢神宮に両度参詣す
	一一	(一二七四)	一遍、熊野本宮にて六十万人の神勅偈を感得す
弘安	三	(一二八〇)	叡尊、伊勢神宮より神勅をうけ弘正寺を創建す
	四	(一二八一)	この頃、根津美術館蔵那智滝図成る
	五	(一二八二)	平岡八幡宮影像成る
	八	(一二八五)	一遍、美作国一ノ宮に参詣の際、楼門外におどり屋をつくる〇叡尊、大神神社に参

		詣し神宮寺三輪寺の経営を始む○度会行忠、『二所大神宮神名秘書』を撰す
	九（一二八六）	通海、『大神宮参詣記』をあらわす
	一〇（一二八七）	一遍、播磨国飾磨郡松原八幡宮にて念仏の和讃を時衆に頒つ
正応	一（一二八八）	一遍、伊予三島明神、春の桜会に大念仏行道をなす
	二（一二八九）	箱崎神官定秀、『八幡蒙古記』をあらわす
正応年中	（一二八八－九二）	東大寺東南院門主聖珍法親王、『三社託宣文』を感得す
永仁	三（一二九六）	本願寺覚如、『親鸞伝絵』をあらわす
嘉元	四（一三〇六）	勝光明院に保管中の八幡神影図、再び神護寺に戻さる
延慶	二（一三〇九）	『春日権現霊験記』成る
正和	一（一三一二）	藤田美術館蔵春日明神影図成る○『沙石集』の著者無住寂す
文保	二（一三一八）	『八幡愚童訓』この頃までに成立す○『三輪大明神縁起』成る
	三（一三一九）	この頃、宴曲背振山霊験行わる
元応	二（一三二〇）	度会家行、『類聚神祇本源』をあらわす
正中	一（一三二四）	存覚、『諸神本懐集』をあらわす○智円律師、『鼻帰書』をあらわす
元徳	一（一三二九）	檀王法林寺蔵熊野影向図成る
元弘	一（一三三一）	日光輪王寺蔵役行者影像成る
	二（一三三二）	慈遍、『旧事紀玄義』をあらわす
延元	一（一三三六）	吉野如意輪寺蔵、蔵王権現安置厨子内扉および奥板の吉野曼荼羅成る
	三（一三三八）	北畠親房、この頃『元元集』をあらわす
	四（一三三九）	北畠親房、『神皇正統記』をあらわす
貞和	三（一三四七）	光宗、『渓嵐拾葉集』を完成す
延文	三（一三五八）	この頃までに『神道集』成立す

康安	二（一三六二）	吉田兼豊、『宮主秘事口伝』をあらわす
応安	一（一三六八）	仁和寺蔵僧形八幡三尊影図の修理行わる
	二（一三六九）	無著妙融、伊勢神宮近くの千光院にて神官の参禅をうく
	四（一三七一）	吉田兼凞、一条経嗣に両度、『日本書紀』を講ず
永和	一（一三七五）	吉田兼凞、卜部朝臣の姓を賜い、家を吉田と号す
康暦	二（一三八〇）	無著妙融、宇佐神官の求めにより金光明寺を創め甘露大法門を行う
永徳	三（一三八三）	春日神社蔵、春日鹿曼荼羅、二条英印により画かる
応永	一（一三九四）	花山院長親、『両聖記』をあらわす
	九（一四〇二）	吉田兼凞出家し、神楽岡に神光寺を建つ
	一〇（一四〇三）	吉田兼敦、藤原満基に天神地神ならびに天児屋根命以来の系図を加点伝授す
	二九（一四二二）	この頃明兆、武田信重に渡唐天神図を画き贈る
永享	八（一四三六）	愚極礼才、『太威徳天神参径山仏鑑禅師受衣記』をあらわす
文安	四（一四四七）	細見亮市氏蔵山王宮曼荼羅成る
康正	二（一四五六）	生駒神社蔵生駒曼荼羅成る
応仁	二（一四六八）	吉田社、兵火に焼く
文明	二（一四七〇）	祇園社人、牛頭天王の金色像を売り、露見してこれを河に投ず
	八（一四七六）	吉田兼倶、神道長上と称す○この頃大和国広瀬郡久度郷堀内にて春日宮曼荼羅を春日講の本尊として礼拝す
	一一（一四七九）	井上家旧蔵八幡宮曼荼羅、石清水八幡めぐり講の本尊として修理さる
	一三（一四八一）	『日本書紀纂疏』の著者一条兼良没す
	一六（一四八四）	吉田兼倶、斎場所を新築拡張し、太元宮を建つ
延徳	一（一四八九）	吉田兼倶、禁中に三社託宣の供養を営む○吉田兼倶、伊勢神宮の神体が吉田斎場所

			に降下したと密奏す
	二	（一四九〇）	吉田兼倶、白川忠富王連署して神祇官復興を請願す
明応	六	（一四九七）	『三元神道三妙加持経』、この頃までに吉田家において成立す○吉田兼倶、日蓮宗と三十番神につき論争す○妙顕寺日芳、『番神問答記』をあらわす
享禄	四	（一五三一）	清原宣賢、延暦寺千十房で『日本書紀』を講ず
天文	二	（一五三三）	奈良国立博物館蔵、生駒曼荼羅の修理行わる
弘治	二	（一五五六）	山王秘密曼荼羅成る
永禄	一三	（一五七〇）	本立寺日澄、『法華神道秘決』をあらわす
天正	五	（一五七五）	日吉社神官行丸、『日吉神道秘密記』をあらわす
	一八	（一五九〇）	日珖、『神道同一鹹味抄』をあらわす
慶長	一	（一五九六）	闘鶏神社蔵、熊野社参曼荼羅成る
	四	（一五九九）	豊国社造営され、梵舜神宮寺別当となる
元和	三	（一六一七）	徳川家康、天海の建議により山王一実神道の方式をもって葬らる
寛永	一七	（一六四〇）	清原宣賢著『日本紀神代抄』板刊さる
寛永年中		（一六二四－四三）	天海、『東照大権現縁起』を編む
正保年中		（一六四四－四七）	林羅山、『神道伝授』をあらわす
延宝	一	（一六七三）	『両部習合神道抄』刊行さる
天和	一	（一六八一）	偽書『先代旧事本紀大成経』刊行さる
享保	三	（一七一六）	源慶安、『両部神道口決抄』をあらわす
万延	二	（一八六一）	三井文庫蔵、伊勢神宮曼荼羅、土佐光信画く

参考文献

本地垂迹ないし神仏習合に関する文献はおびただしい数に上るが、ここには本書が利用したもののうち、おもなる業績のみを掲げた。

一　著書

清原貞雄『神道史』　昭和七年　厚生閣
島地大等『日本仏教教学史』　昭和八年　明治書院
宮地直一『神道論攷』第一　昭和一七年　古今書院
鈴木泰山『禅宗の地方発展』　昭和一七年　畝傍書房
西田長男『神道史の研究』　昭和一八年　雄山閣
・神道史の理念
・両部神道の社会経済史的考察
・吉田神道の成立期
・神道の死の観念と仏教との関係
大山公淳『神仏交渉史』　昭和一九年　高野山大学
平田俊春『元元集の研究』　昭和一九年　山一書房

景山春樹・高階成章・筑土鈴寛『神祇文化図説』上巻　昭和二三年　芸艸堂
『宗教芸文の研究』　昭和二四年　中央公論社
・和光垂迹
宮地直一『熊野三山の史的研究』　昭和二九年　国民信仰研究所
西田長男『神道史の研究』第二　昭和三二年　理想社
・平野祭神新説
・石清水八幡宮の剏立
・伊勢神道と中世仏教との関係
・神皇正統記の本地垂迹思想
・三教枝葉花実説の成立
・本地垂迹説の終末に就て
・三社託宣の制作
・清原宣賢の日本書紀抄に就て
村山修一『神仏習合思潮』　昭和三二年　平楽寺書店
萩原龍夫『中世祭祀組織の研究』　昭和三七年　吉川弘文館
景山春樹『神道美術の研究』　昭和三七年　山本湖舟堂
・神道曼荼羅の性格
・八幡曼荼羅の研究

・熊野曼荼羅の研究
・春日芸術の展開
・童子神影像小考
・八幡神影像の研究
・みこもりひめの画像
・摩多羅神信仰とその遺宝
・大三輪神社絵図について

中村直勝『起請の心』 昭和三七年 便利堂

続群書類従完成会『群書解題』神祇部 昭和三七—三八年 続群書類従完成会

宮地直一『神社古図集』 昭和三九年 電通出版部

西田長男『神社の歴史的研究』 昭和四一年 塙書房
・神 道—その観念形態—
・伊勢神宮と行基の神仏同体説
・北野天満宮の創建
・祇園牛頭天王縁起の成立
・丹生祝氏文と弘法大師遺告
・僧満願の神宮寺創立

筑土鈴寛『中世文藝の研究』 昭和四一年 有精堂

・諏訪本地・甲賀三郎
・唱導と本地文学と
・緇流文学と教団の物語
・仏教唱導文芸と琵琶法師の物語
・山の宗教と山の文芸
・神誕生と垂跡文学
・神道集と近古小説
柴田実『中世庶民信仰の研究』昭和四一年 角川書店
・八幡神の一性格
・祇園御霊会
・祇園会の沿革
・郷里の念仏
・和光同塵
・衆生擁護の神道
奈良国立博物館『垂迹美術』昭和四一年 角川書店
岡直己『神像彫刻の研究』昭和四一年 角川書店
村山修一『浄土教芸術と弥陀信仰』昭和四一年 至文堂
中野幡能『八幡信仰史の研究』昭和四二年 吉川弘文館

景山春樹『神道美術』〈日本の美術〉　昭和四二年　至文堂
高瀬重雄『古代山岳信仰の史的考察』　昭和四四年　角川書店
京都国立博物館『古絵図』　昭和四四年　京都国立博物館
村山修一『山伏の歴史』　昭和四五年　塙書房
今中寛司『近世日本政治思想の成立』　昭和四七年　創文社
久保田収『神道史の研究』　昭和四八年　皇學館大学出版部
・大神神社における神仏関係
・日光山における神仏関係
・東照宮と山王一実神道
・旧事大成経成立に関する一考察
景山春樹『神道美術』　昭和四八年　雄山閣

二　論文（上掲著書に含まれたものは除く）

清原宣雄「度会神道の成立について」『史林』二七―一　昭和一七年
同「吉田兼倶謀計私考」『中世文化史研究』（星野書店）所収　昭和一九年
内藤晃「三社託宣に関する諸問題」『中世文化史研究』（星野書店）所収　昭和一九年
村山修一「日本神像美術の研究」『京都女子大紀要』三・四　昭和二六年
藤井学「日蓮と神祇」『日本史研究』四四　昭和三二年

黒田俊雄「中世国家と神国思想」『日本宗教史講座』一　昭和三二年
近藤喜博「神道集について」『神道集』（角川書店）所収　昭和三四年
田村円澄「陰陽寮設立以前」『史淵』八二　昭和三五年
景山春樹「多賀信仰と多賀曼荼羅」『神道史研究』一八―五・六　昭和四五年
出村勝明「唯一神道名法要集の成立期」『神道史研究』二〇―二　昭和四七年

図版一覧

〔所蔵は著者執筆時のものである。〕

口絵

挿図

文庫版解説　神仏の源流を求めて

末木　文美士

1、神仏習合研究の遅れ

私が本地垂迹、もう少し広く言えば神仏習合という問題に関心を持ち始めた一九七〇―八〇年代に、この方面の概観を得られる本と言えば、本書、並びに同じ著者の『神仏習合思潮』くらいしかなかった。それほどこの分野の研究は遅れていた。そもそも神道自体がほとんど関心が持たれず、一般で読める本と言えば村上重良『国家神道』くらいで、同書によって前近代の神道についてもようやく概観が得られたというくらいの状況であった。

神道は「国家神道」の名のもとに戦争責任の槍玉にあげられたことで、戦後長い間研究者にとってタブー視されていた。まして神仏習合などと言うと、戦前から白眼視され、まともな研究対象と見られることがなかった。戦前の神道史の見方は、古代に純粋な日本独自の神道の基礎があったものが、中世になると外来の仏教の影響を受けて歪められたと主張するもので、神仏習合とはまさしくそのような不純な堕落形態と見られた。

それが近世の本居宣長らによって、古代の純粋な神道が再発見されたというのである。それを実践に移したのが明治維新の神仏分離であり、ここに制度的にも神道が完全に仏教から独立して純粋化が達成される。明治維新は王政復古を理念とするもので、律令の神祇官を復活させ、古代の神道国家に戻ることを目指した。もっとも実際にはそのような時代錯誤が通用するわけもなかったが、古代を理想化し、中世の神仏習合を否定する観念は残った。

それでは、仏教側からはどのように見られたかと言うと、仏教もまた近代的な宗教に生まれ変わる過程で、キリスト教、とりわけプロテスタンティズムをモデルとした純粋な信仰を目指した。そこでも、神仏習合は不純な堕落形態として否定された。この傾向は戦後も続き、神仏習合は二つの宗教を掛け持ちする不誠実な態度として批判され続けた。

確かに仏教史研究の大御所辻善之助が「本地垂迹説の起源について」（一九〇七。後に『日本仏教史之研究』に収録）を発表するなど、神仏習合研究は早くから着手され、その後も研究者による地道な研究の積み重ねはあった。しかし、その全体像はなかなかうかがい難く、日本の宗教史の中でもきわめてマイナーな部分として取り残されていた。

こうした問題を扱うには、特定の宗教的、あるいは政治的立場に固定化されない柔軟な態度が必要になるが、それはなかなか難しいところがあった。その中で、神仏習合に対して詳細な研究を進めると同時に、それを通史的、体系的に大きくまとめた村山の仕事には驚嘆すべきものがある。神道側からは、西田長男が仏教との関連に注目して優れた仕事をしていたのが、少数の例外であった。

私は村山に生前直接お目にかかる機会はなかったが、その著作からは多くを学んだ。村山は京都帝国大学文学部史学科に学び、長年大阪女子大学で教鞭を執って、同大学名誉教授。京都大学の史学の伝統を受け継いで、きわめて実証的な手法で妙法院の文書の翻刻研究を行なうとともに、中世の宗教史を幅広い視点から研究し、修験道や陰陽道に関する研究にも定評がある。『日本陰陽道史総説』（塙書房、一九八一）は、神仏習合以上に研究者が少なく、全貌を捉えにくい陰陽道に関する大冊の通史である。なお、神仏習合に関する数多くの論文は、『習合思想史論考』（塙書房、一九八七）に纏められている。

2、本書の読み方

大冊の本書を読むために、まず多少の予備知識を整理しておきたい。本地垂迹は神仏習合の一形態であるが、仏が世界の中心であるインドから離れた辺地にある日本の衆生済度のために、在来の神の姿をとって現れたとする説である。院政期頃に完成した形態では、それぞれの神とその本地となる仏の対応関係がほぼ一義的に確定される。その具体的な対応関係は、本書二〇〇—二〇二頁の一覧表に適切に整理されている。

もともと神仏習合は、大陸から渡来した仏教が日本の神々をその支配下に収めるという上下関係を持っていた。仏教は在来の神々を滅ぼすのではなく、仏教的に意味付け直すことで支配するという方法を採った。それは高度な大陸文化を身に付けた大和朝廷が、各地の豪族を滅ぼすのではなく、巧みに支配下に取り込むことで中央集権的な秩序を確立していった過程とも対応する。在来の神々からすれば、仏教の配下に入ることによってその地位と財産を保全されるのが大きな利点であった。こうして仏と神は相互の利益を得ることで安定的な関係を築いていく。本地垂迹説はそのもっとも成熟した形態ということができる。このような本地垂迹を中核とする神仏習合の関係が、明治維新期の神仏分離まで続くことになったのである。

そこで本書であるが、「本地垂迹」ということを正面に掲げるが、それに限定しているわけではなく、その周辺的な神仏習合にも言及しながら、その中に本地垂迹を位置づけていく。本書は全一八章と比較的細かく章が分かれているが、だいたい五つに部分けすることができる。最初の一—四章は、大陸における本地垂迹説の源泉から始め、奈良時代の神仏習合の形成まで、後の本地垂迹のもととなる形態を述べており、いわば序論的な部分ということができる。

次の五—一〇章は、八幡神・御霊神・祇園・天満天神・蔵王権現・熊野と、神仏習合の典型をなす神々を論じていく。これらの神々は、在来の神々と異なり、神仏習合の中で新たに生まれた神々である。八幡は北九州に生まれた神であるが、東大寺の大仏建立の際に上京し、そこからもっとも仏教に関係の深い神として全国的に展開していった。御霊神はいわゆる怨霊が神格化したものであり、政治闘争に敗れて憤死した霊が疫病や自然災害を引き起こす。その霊を神と祀って慰めることで、災害を免れようとするが、その際、密教的儀礼が用いられ、仏教と密接に関連することになる。桓武天皇の異母弟で謀殺された早《さわ》良《ら》親王がもっとも名高い。祇園は渡来神の牛頭《ごず》天王を祀るが、厄病神という点で、御霊神と同類である。天満天神は、言うまでもなく大宰府で憤死した菅原道真の霊を祀ったものだが、御霊神の中でももっとも広く普及している。金剛蔵王権現と熊野は修験系の神仏習合で、蔵王権現は役小角《えんのおづの》によって感得された神で、吉野・大峯系の主神とされる。熊野は紀伊半島の先端で、吉野・大峯と一体化して本地垂迹説も早くから形成された。

以上取り上げられた神々は、平安期を通じて成長し、院政期には本地垂迹説がほぼ完成された。その過程には、仏教や神祇信仰に加えて、道教・陰陽道や山岳信仰など、多様な要素が複雑に入り込んでいる。それについても、著者は十分な配慮を払っている。最終的に完成した本地垂迹の形態については、次の一一章冒頭に的確に纏められている（本書、一九八―二〇三頁）。本書の中間のまとめ的な箇所と言える。

一一―一二章は、いわゆる「鎌倉新仏教」と本地垂迹の関係を論ずる。一九七五年に黒田俊雄の「顕密体制論」が出るまでは、鎌倉新仏教中心論の全盛であった。そこでは、神仏習合を支配階層の押し付けと見、それに対して新仏教、特に浄土系諸宗の神祇不拝を

「民衆の革新的理論」（本書、二〇四頁）として高く評価する論調が主流であった。村山は、そのような見方を強く批判し、その理論の「無理は明らか」（同）と切って捨てる。後述のように、村山は神仏習合が庶民の中に浸透していたと見るのであり、これはきわめて適切な見方である。村山がいち早く神仏習合や本地垂迹の研究を推し進めることができたのは、時代の通説に付和雷同しない批判的精神と確かな実証精神を持っていたからである。

一三―一四章は、文芸や美術に現われた神仏習合を取り上げる。神仏習合は抽象的な理論ではない。文学や美術を通して展開していく。非文字資料の活用は今日では常識だが、当時はそれらを統合的に見る視点はまだ確立していなかった。この点を重視して配慮しているのも本書の特徴である。

一五―一七章は、中世の進展の中で、今度は従来の本地垂迹的な仏優位の神仏関係から、次第に神道が自立して神を根本と見る反本地垂迹、あるいは神本仏迹の思想が形成されてくる過程を天台、真言系から唯一神道の形成まで論ずる。その上で、一八章では、本地垂迹説の終わりを近世の儒家神道の成立に見ている。

なお、一九章の最後に「わが国本地垂迹説の歴史的意義」として、いわば本書のまとめがなされている箇所は重要である（本書、四一五―四二〇頁）。そこで挙げられているのは、①神仏習合と言っても、道教・陰陽道・儒教なども入っていること、②庶民の日常生活の中に浸透していること、③習合美術をも生んでいること、④政治思想と関係すること、の四点である。いずれも本書で留意されてきたところであり、これらの点を考えるとき、神仏習合や本地垂迹が決して狭い範囲の特殊な問題ではなく、日本の前近代の宗教史の中核に位置して、広く深く根を張っていたことが分かるであろう。

3、中世神仏研究の進展

以上、本書の概要を大まかに記した。しかし、本書が出版されたのは半世紀も前のことである。その後、中世の神仏関係に関する研究は急速に進展した。ここでは、ごく簡単に記して、本書の読者が進んで勉強する際の参考に供したい。

私がこの方面にいささか深入りすることになったのは、恩師の田村芳朗先生から『神道大系』の天台神道の巻を手伝うように要請されたことによる。『神道大系』全一二〇巻（神道大系編纂会、一九七七―九四）は、松下幸之助の発案で、仏教の大蔵経に匹敵する神道書の集大成を図ったものである。さまざまな批判はあるものの、神道研究の機運を盛り上げるのに十分な役割を果たした。田村先生が一九八九年にご逝去されたために、天台神道の巻は私の手に委ねられ、主に慈遍の著作を収録した上巻を一九九〇年に、『山家要略記』などを収めた下巻は、若手研究者の助力を得て、一九九三年に出版することができた。

この頃から、中世神道に関する研究が盛んになってくる。その理由の一つは、先にも触れたように黒田俊雄によって「顕密体制論」が創唱され（『日本中世の国家と宗教』岩波書店、一九七五)、従来の偏狭な鎌倉新仏教中心論が打破されたことが挙げられる。顕密仏教の価値が再発見され、それに伴って、従来周縁に押しやられていた神仏関係にも光が当てられるようになった。それとともに、顕密寺院の聖教調査が本格化して、従来知られていなかった多数の文献が発掘研究されるようになった。それ以前には、大隅和雄校註『中世神道論』(日本思想大系一九、岩波書店、一九七七)がほとんど唯一の中世神道文献の翻刻註解であったことを思うと、一九九〇年代以後のこの方面の研究の進展は目を見張るものがある。

ここで研究史を詳しく振り返る余裕はないが、最新の研究状況は、伊藤聡・門屋温監修『中世神道入門』(勉誠出版、二〇二二)をご覧いただきたい。なお、拙著『日本宗教史』(岩波書店、二〇〇六)は、神仏関係を軸として日本の宗教史を通史として描いているので、初心者にも全体像をつかむのによいであろう。また、拙著『中世の神と仏』(山川出版社、二〇〇三)は、やや範囲は狭いが小冊子であるから、手に取りやすいであろう。

ここでは、村山の著書以後に進展があった問題をいくつか挙げておきたい。

平安期には神仏習合が発展したことは間違いないが、同時に神祇儀礼が整備された時代でもあった。律令の神祇令で基本的な祭礼が定められたが、『延喜式』に至ると神社の格付けと組織化が進み、それぞれの祭礼が細かく規定されていく。その中で、単純に神仏が習合するのではなく、宮中や伊勢の儀礼には仏教的な要素が意図的に排除される場合も見られる。このようなあり方を神仏隔離と呼ぶ。神仏分離と混同しやすいが、それとは異なり、神仏習合の裏側と見ることができ、神仏関係が単純でいい加減な野合でないことが知られるであろう。

ちなみに、平安期までは神祇信仰と呼ぶが、中世になると神仏が習合しながらも、神祇信仰が独自の理論を模索するようになるので、「中世神道」という呼称が用いられる。中世神道は、その周縁的な問題を含みながら、多様な展開を示しており、今日もっとも研究が活発化している分野ということができる。

中世には、古代になかった新しい神話が形成され、「中世神話」と呼ばれる。例えば、第六天の魔王が日本に仏教が広まることを妨げようとしたとき、天照大神は伊勢には仏教を入れないという条件で魔王の侵攻を防いだという。これは神仏習合と神仏隔離を巧みに結びつける話である。このように中世には奔放で自由な想像力によりさまざまな物語が新たに形成されてくる。また、密教儀礼が神祇儀礼の中に取り込まれ、神道灌頂や天皇即位の際の即位灌頂も発展する。このように、中世の宗教文化の豊かさは今日新たに見直されつつある。

村山は、近世はじめの儒家神道の形成によって神仏習合が終焉したと見ているが、この点も今日再検討が必要となっている。近世においても、基本的に神社は仏教の僧侶の支配下に置かれるのが一般的であり、それ故にこそ、明治維新期に神仏分離が必要とされたのである。確かに儒者による排仏論はかなり過激なものがあり、実際に排仏を実践した藩もあった。後には国学者たちの排仏論が加わり、とりわけ平田派の排仏思想が維新の神仏分離を引き起こすことになる。しかし、実際には近世の庶民は多くは神仏両方を信仰して、特に矛盾を感じなかった。また、偽書として騒動を起こした『先代旧事本紀大成経』のように、積極的に神仏の合同を目指す動きもあった。近世もまた神仏関係の上で見直されなければならなくなっている。

このように、近年の神仏関係に関する研究は大きく進展しつつある。しかし、そのことは村山の著書が時代遅れになったということではない。今日でも神仏習合、本地垂迹をこれほど見事に総合的な視点から描いた著作は出ていない。この分野を学ぶとき、まず読むべき古典として屹立している。

（すえき・ふみひこ　仏教学者）

索　引

さ 行

た　行

な　行

は　行

ま　行

や　行

ら　行

わ　行

本書は吉川弘文館より新装版として刊行された。

初版 金枝篇（上）　J・G・フレイザー　吉川信訳

人類の多様な宗教的想像力が生み出した多様な事例を収集し、その普遍的説明を試みた社会人類学最大の古典。膨大な註を含む初版の本邦初訳。

初版 金枝篇（下）　J・G・フレイザー　吉川信訳

なぜ祭司は前任者を殺さねばならないのか？ そして、殺す前になぜ〈黄金の枝〉を折り取るのか？ 事例の博捜の末、探索行は謎の核心に迫る。

火の起原の神話　J・G・フレイザー　青江舜二郎訳

人類はいかにして火を手に入れたのか。世界各地より夥しい神話や伝説を渉猟し、文明初期の人類の精神世界を探った名著。（前田耕作）

沖縄の食文化　外間守善

琉球文化の源流を解き明かそうとした著者が最後に取り組んだ食文化論。沖縄独特の食材や料理は、いったいどこからもたらされたのか？（斎藤真理子）

未開社会における性と抑圧　B・マリノフスキー　阿部年晴／真崎義博訳

人類における性は、内なる自然と文化的力との相互作用のドラマである。この人間存在の深淵に到るテーマを比較文化的視点から問い直した古典的名著。

ケガレの民俗誌　宮田登

被差別部落、性差別、非常民の世界など、日本民俗の深層に根づいている不浄なる観念と差別の問題を考察した先駆的名著。（赤坂憲雄）

はじめての民俗学　宮田登

現代社会に生きる人々が抱く不安や畏れ、怖さの源はどこにあるのか。民俗学の入門的知識をやさしく説きつつ、現代社会に潜むフォークロアに迫る。

霊魂の民俗学　宮田登

出産・七五三・葬送など、いまも残る日本人の生活儀礼には、いかなる独特な「霊魂観」が息づいているのか。民俗学の泰斗が平明に語る。（林淳）

南方熊楠随筆集　益田勝実編

博覧強記にして奔放不羈、稀代の天才にして孤高の自由人・南方熊楠。この猥雑なまでに豊饒な不世出の頭脳のエッセンス。（益田勝実）

奇談雑史

宮負定雄
佐藤正英／武田由紀子校訂・注

霊異、怨霊、幽明界など、さまざまな奇異な話の集大成。柳田国男は、本書より名論文「山の神とヲコゼ」を生み出す。日本民俗学、説話文学の幻の名著。

贈与論

マルセル・モース
吉田禎吾／江川純一訳

「贈与と交換こそが根源的人類社会を創出した」。人類学、宗教学、経済学ほか諸学に多大の影響を与えた不朽の名著、待望の新訳決定版。

身ぶりと言葉

アンドレ・ルロワ＝グーラン
荒木亨訳

先史学・社会文化人類学の泰斗の代表作。人の生物学的進化、人類学的発展、大脳の発達、言語の文化的機能を壮大なスケールで描いた大著。（松岡正剛）

世界の根源

アンドレ・ルロワ＝グーラン
蔵持不三也訳

人間の進化に迫った人類学者ルロワ＝グーラン。半生を回顧しつつ、人類学・歴史学・博物館の方向性、言語・記号論・身体技法等を縦横無尽に論じる。

民俗地名語彙事典

松永美吉
日本地名研究所編

柳田国男の薫陶を受けた著者が、博捜と精査により日本の地名に関する基礎情報を集成。土地の記憶を次世代へつなぐための必携の事典。（小田富英）

日本の歴史をよみなおす（全）

網野善彦

中世日本に新しい光をあて、その真実と多彩な横顔を平明に語り、日本社会のイメージを根本から問い直す。超ロングセラーを続編と併せ文庫化。

米・百姓・天皇

網野善彦
石井進

日本とはどんな国なのか、なぜ米が日本史を解く鍵なのか、通史を書く意味は何なのか。これまでの日本史理解に根本的転回を迫る衝撃の書。（伊藤正敏）

列島の歴史を語る

網野善彦
藤沢・網野さんを囲む会編

日本は決して「一つ」ではなかった！　中世史に新次元を開いた著者が、日本の地理的・歴史的な多様性と豊かさを平明に語った講演録。（五味文彦）

列島文化再考

網野善彦／塚本学／
坪井洋文／宮田登

近代国家の枠組みに縛られた歴史観をくつがえし、列島に生きた人々の真の姿を描き出す、歴史学・民俗学の幸福なコラボレーション。（新谷尚紀）

日本社会再考　網野善彦

歴史の虚像の数々を根底から覆してきた網野史学。漁業から交易まで多彩な活躍を繰り広げた海民に光をあて、知られざる日本像を鮮烈に甦らせた名著。

図説 和菓子の歴史　青木直己

饅頭、羊羹、金平糖にカステラ、その時々の外国文化の影響を受けながら多種多様に発展した和菓子。その歴史を多数の図版とともに平易に解説。

今昔東海道独案内 東篇　今井金吾

いにしえから庶民が辿ってきた幹線道路・東海道。日本人の歴史を、著者が自分の足で辿りなおした名著。東篇は日本橋より浜松まで。（今尾恵介）

居酒屋の誕生　飯野亮一

寛延年間の江戸に誕生しすぐに大発展を遂げた居酒屋。しかしなぜ他の都市ではなく江戸だったのか。一次資料を丹念にひもとき、その誕生の謎にせまる。

すし 天ぷら 蕎麦 うなぎ　飯野亮一

二八蕎麦の二八とは？　握りずしの元祖は？　なぜうなぎに山椒？　膨大な一次史料を渉猟しそんな疑問を徹底解明。これを読まずに食文化は語れない！

天丼 かつ丼 牛丼 うな丼 親子丼　飯野亮一

身分制の廃止で作ることが可能になった親子丼、関東大震災が広めた牛丼等々、どんぶり物二百年の歴史をさかのぼり、驚きの誕生ドラマをひもとく！

増補 アジア主義を問いなおす　井上寿一

侵略を正当化するレトリックか、それとも真の共存共栄をめざした理想か。アジア主義を外交史的観点から再考し、その今日的意義を問う。増補決定版。

歴史学研究法　今井登志喜

「歴史学とは何か」について「古典的歴史学方法論」の論点を的確にまとめる。方法の実践例として、「塩尻峠の合戦」を取り上げる。（松沢裕作）

十五年戦争小史　江口圭一

満州事変、日中戦争、アジア太平洋戦争を一連の「十五年戦争」と捉え、戦争拡大に向かう曲折にみちた過程を克明に描いた画期的通史。（加藤陽子）

親鸞からの手紙 阿満利麿

現存する親鸞の手紙全42通を年月順に編纂し、現代語訳と解説で構成。これにより、親鸞の人間的苦悩と宗教的深化が、鮮明に現代に立ち現れる。

行動する仏教 阿満利麿

戦争、貧富の差、放射能の恐怖……。このどうしようもない世の中ででも、絶望せずに生きてゆける、21世紀にふさわしい新たな仏教の提案。

無量寿経 阿満利麿注解

なぜ阿弥陀仏の名を称えるだけで救われるのか。法然や親鸞がその理解に心血を注いだ経典の本質を、懇切丁寧に説き明かす。文庫オリジナル。

『歎異抄』講義 阿満利麿

参加者の質問に答えながら碩学が一字一句解説した『歎異抄』入門の決定版。読めばなぜ南無阿弥陀仏と称えるだけでいいのかが心底納得できる。

柳宗悦 阿満利麿

私財をなげうってまで美しいものの蒐集に奔走した柳宗悦。それほどに柳を駆り立てたのは、美が宗教的救済をもたらすという確信だった。（鈴木照雄）

道元禅師の『典座教訓』を読む 秋月龍珉

「食」における禅の心とはなにか。道元が禅寺の食事係である典座の心構えを説いた一書を現代人の日常の視点で読み解き、禅の核心に迫る。（竹村牧男）

原典訳 アヴェスター 伊藤義教訳

ゾロアスター教の聖典『アヴェスター』から最重要部分を精選。原典から訳出した唯一の邦訳である。比較思想に欠かせない必携書。（前田耕作）

書き換えられた聖書 バート・D・アーマン 松田和也訳

キリスト教の正典、新約聖書。聖書研究の大家がそこに含まれる数々の改竄・誤謬を指摘し、書き換えられた背景とその原初の姿に迫る。（筒井賢治）

カトリックの信仰 岩下壮一

神の知恵への人間の参与とは何か。近代日本カトリシズムの指導者・岩下壮一が公教要理を詳説し、キリスト教の精髄を明かした名著。（稲垣良典）

十牛図　上田閑照／柳田聖山
禅の古典「十牛図」を手引きに、自己と他、自然と人間、自身への関わりを通し、真の自己への道を探る。現代語訳と詳注を併録。（西村惠信）

原典訳 ウパニシャッド　岩本裕編訳
インド思想の根幹であり後の思想の源ともなったウパニシャッド。本書では主要篇を抜粋、梵我一如、輪廻・業・解脱の思想を浮き彫りにする。（立川武蔵）

世界宗教史（全8巻）　ミルチア・エリアーデ
宗教現象の史的展開を膨大な資料を博捜し著された人類の壮大な精神史。エリアーデの遺志にそって共同執筆された諸地域の宗教の巻を含む。

世界宗教史 1　ミルチア・エリアーデ　中村恭子訳
人類の原初の宗教的営みに始まり、メソポタミア、古代エジプト、インダス川流域、ヒッタイト、地中海地域、初期イスラエルの諸宗教を収める。

世界宗教史 2　ミルチア・エリアーデ　松村一男訳
20世紀最大の宗教学者のライフワーク。本巻はヴェーダの宗教、ゼウスとオリュンポスの神々、ディオニュソス信仰等を収める。（荒木美智雄）

世界宗教史 3　ミルチア・エリアーデ　島田裕巳訳
仰韶、竜山文化から孔子、老子までの古代中国の宗教と、バラモン、ヒンドゥー、仏陀とその時代、オルフェウスの神話、ヘレニズム文化などを考察。

世界宗教史 4　ミルチア・エリアーデ　柴田史子訳
ナーガールジュナまでの仏教の歴史とジャイナ教から、ヒンドゥー教の総合、ユダヤ教の試練、キリスト教の誕生などを収録。（島田裕巳）

世界宗教史 5　ミルチア・エリアーデ　鶴岡賀雄訳
古代ユーラシア大陸の宗教、八―九世紀までのキリスト教、ムハンマドとイスラーム、イスラームと神秘主義、ハシディズムまでのユダヤ教など。

世界宗教史 6　ミルチア・エリアーデ　鶴岡賀雄訳
中世後期から宗教改革前夜までのヨーロッパの宗教運動、宗教改革前後における宗教、魔術、ヘルメス主義の伝統、チベットの諸宗教を収録。

世界宗教史7　ミルチア・エリアーデ　奥山倫明／木塚隆志／深澤英隆訳

エリアーデ没後、同僚や弟子たちによって完成された最終巻の前半部。メソアメリカ、インドネシア、オセアニア、オーストラリアなどの宗教。

世界宗教史8　ミルチア・エリアーデ　奥山倫明／木塚隆志／深澤英隆訳

西・中央アフリカ、南・北アメリカの宗教、日本の神道と民俗宗教。啓蒙期以降ヨーロッパの宗教的創造性と世俗化などを収録。全8巻完結。

回教概論　大川周明

最高水準の知性を持つと言われたアジア主義者の力作。イスラム教の成立経緯や、経典などの要旨が的確に記された第一級の概論。（中村廣治郎）

神社の古代史　岡田精司

古代日本ではどのような神々が祀られていたのか。《祭祀の原像》を求めて、伊勢、宗像、住吉、鹿島など主要な神社の成り立ちや特徴を解説する。

中国禅宗史　小川隆

唐代から宋代において、禅の思想は大きく展開した。各種禅語録を思想史的な文脈に即して読みなおす試み。〈禅の語録〉全二〇巻の「総説」を文庫化。

原典訳 チベットの死者の書　川崎信定訳

死の瞬間から次の生までの間に魂が辿る四十九日の旅――中有（バルドゥ）のありさまを克明に描き、死者に正しい解脱の方向を示す指南の書。

インドの思想　川崎信定

多民族、多言語、多文化。これらを併存させるインドという国を作ってきた考え方とは。ヒンドゥー教や仏教等、主要な思想を案内する恰好の入門書。

旧約聖書の誕生　加藤隆

旧約聖書は多様な見解を持つ文書を寄せ集めて作られた書物である。各文書が成立した歴史的事情から旧約を読み解く。現代日本人のための入門書。

神道　トーマス・カスーリス　衣笠正晃訳　守屋友江監訳

日本人の精神構造に大きな影響を与え、国の運命をも変えてしまった「カミ」の複雑な歴史を、米比較宗教学界の権威が鮮やかに描き出す。

ミトラの密儀　フランツ・キュモン　小川英雄訳

東方からローマ帝国に伝えられ、キリスト教と覇を競った謎の古代密儀宗教。その全貌を初めて明らかにした、第一人者による古典的名著。（前田耕作）

生の仏教　死の仏教　京極逸蔵

アメリカ社会に大乗仏教を根付かせた伝道師による、世界一わかりやすい仏教入門。知識としてではなく、心の底から仏教が理解できる！（ケネス田中）

空海コレクション1　空海　宮坂宥勝監修

主著『十住心論』の精髄を略述した『秘蔵宝鑰』、及び顕密を比較対照して密教の特色を明らかにした『弁顕密二教論』の二篇を収録。（立川武蔵）

空海コレクション2　空海　宮坂宥勝監修

真言密教の根本思想『即身成仏義』『声字実相義』『吽字義』及び密教独自の解釈による『般若心経秘鍵』と『請来目録』を収録。（立川武蔵）

空海コレクション3
秘密曼荼羅十住心論（上）　福田亮成校訂・訳

日本仏教史上最も雄大な思想書。無明の世界から抜け出すための光明の道を、心の十の発展段階（十住心）として展開する。上巻は第五住心までを収録。

空海コレクション4
秘密曼荼羅十住心論（下）　福田亮成校訂・訳

下巻は、大乗仏教から密教へ。第六住心の唯識、第七中観、第八天台、第九華厳を経て、第十の法身大日如来の真実をさとる真言密教の奥義までを収録。

修験道入門　五来重

国土の八割が山の日本では、仏教や民間信仰と結合して修験道が生まれた。霊山の開祖、山伏の修行等を通して、日本人の宗教の原点を追う。（鈴木正崇）

鎌倉仏教　佐藤弘夫

宗教とは何か。それは信念をいかに生きるかということだ。法然・親鸞・道元・日蓮らの足跡をたどり、鎌倉仏教を「生きた宗教」として鮮やかに捉える。

観無量寿経　佐藤春夫訳・注　石田充之解説

我が子に命狙われる「王舎城の悲劇」で有名な浄土仏教の根本経典。思い通りに生きることのできない我々を救う究極の教えを、名訳で読む。（阿満利麿）

道教とはなにか 坂出祥伸

「道教がわかれば、中国がわかる」と魯迅は言った。伝統宗教として現在でも民衆に根強く崇拝されている道教の全貌とその究極的真理を詳らかにする。

須弥山と極楽 定方晟

仏教は宇宙をどう捉えたか。五世紀インドの書『倶舎論』の須弥山説を基礎に他説も参照し、仏教的宇宙観とその変遷を簡明に説いた入門書。（佐々木閑）

増補 日蓮入門 末木文美士

多面的な思想家、日蓮。権力に挑む宗教家、内省的な理論家、大らかな夢想家など、人柄に触れつつ遺文を読解き、思想世界を探る。（花野充道）

反・仏教学 末木文美士

人間は本来的に、公共の秩序に収まらないものを抱えた存在だ。〈人間〉の領域＝倫理を超えた他者／死者との関わりを、仏教の視座から問う。

禅に生きる 鈴木大拙コレクション 鈴木大拙 守屋友江編訳

静的なイメージで語られることの多い大拙。しかし彼の仏教は、この世をよりよく生きていく力を与えるアクティブなものだった。その全貌に迫る著作選。

文語訳聖書を読む 鈴木範久

明治期以来、多くの人々に愛読されてきた文語訳聖書。名句の数々とともに、日本人の精神生活と表現世界を豊かにした所以に迫る。文庫オリジナル。

内村鑑三交流事典 鈴木範久

近代日本を代表するキリスト者・内村鑑三。その多彩な交流は、一個の文化的山脈を形成していた。事典形式で時代と精神の姿に迫る。文庫オリジナル。

ローマ教皇史 鈴木宣明

二千年以上、全世界に影響を与え続けてきたカトリック教会。その組織的中核である歴代のローマ教皇に沿って、キリスト教全史を読む。（藤崎衛）

空海入門 竹内信夫

空海が生涯をかけて探求したものとは何か――。稀有な個性への深い共感を基に、著作の入念な解釈と現地調査によってその真実へ迫った画期的入門書。